Brasil: Um Destino

Harald S. van der Straaten

Brasil: Um Destino

tradução
Lacê Medeiros Breyer

LEI DE INCENTIVO À CULTURA
MINISTÉRIO DA CULTURA

INSTITUTO CULTURAL Maurício de Nassau

L·G·E EDITORA

1998

Direitos Exclusivos para esta edição
Linha Gráfica Editora
SIG - Quadra 2 - lote 460
70610 400 Brasília - DF
fone (061) 224 7706 - fax (061) 224 1895

TRADUÇÃO:
Lacê Medeiros Breyer

CAPA:
Antônio Carlos Navarro

EDIÇÃO FINAL DE TEXTO E COMPOSIÇÃO:
Paralelo 15 Editores

FOTOLITOS E IMPRESSÃO:
Linha Gráfica Editora

ISBN 85-7238-042-6

Ficha Catalográfica

van der Straaten, Harald S.
Brasil: Um Destino / Harald S. van der Straaten. Tradução Lacê Medeiros Breyer. Brasília: Linha Gráfica Editora, 1998.
176 p.
1. História do Brasil. 2. História da Holanda. I. Título. II. Autor

CDU 949
981

Sumário

a meu neto Hidde

Prefácio

Os sentimentos dos maiores partidos políticos da Holanda foram despertados, no curso do ano de 1978, por uma questão particularmente delicada que afetou severamente as relações até então cordiais entre as lideranças políticas do país. O contrato com o "dúbio parceiro" Brasil permaneceu um assunto altamente controverso. Poucos dos ardentes debatedores da URENCO podem ter-se dado conta, entretanto, que o objeto de sua insatisfação tem sido muito familiar há séculos — um país com o qual a história holandesa está intimamente vinculada.

Os primeiros contatos desenvolveram-se há cerca de quatrocentos anos e as explorações tentativas logo transformaram-se em sólido e amistoso intercâmbio comercial, cujas conseqüências foram uma formidável relação de amor e ódio, tão fascinante quanto um filme de Ingmar Bergman. Naqueles dias, muitos holandeses empenhavam-se em viagens de aventura através dos oceanos, freqüentemente inspirados e subsidiados por astutos empreendedores antuerpianos que ditavam aos mercadores sem pecúnia de Amsterdã vôos mais ousados, que passaram a decolar para regiões onde os novos assentamentos humanos surgiam e desapareciam.

Em 1624, vários milhares de emigrantes rumaram ao Brasil com grandes esperanças. Só voltariam para casa, amargamente desapontados, trinta anos depois, deixando um país onde muitos de seus companheiros perderam suas vidas, lutando em uma desesperada guerra de guerrilha na selva contra um impiedoso inimigo. Um país, nas líricas palavras de Nieuhof, "de clima ou atmosfera incomumente saudável... refrescado pelo Grande Oceano, a leste, sem ilhas interrompendo os ventos que temperam o calor durante a maior parte do ano...", um país em cujo agradável clima muitas centenas de famílias holandesas encontraram um novo lar, com possibilidades sem precedentes, um país, maldito ou adorado; para os holandeses, um velho companheiro nas alegrias e nas tristezas; um destino...

Capítulo 1

De pioneiros a corsários

De modo a esboçar um quadro do desenvolvimento histórico das relações entre Holanda e Brasil, neste e nos capítulos seguintes, devemos voltar a meados do século XVI. Em 1557, surgiu um livro em Marburg, Alemanha, que logo despertou um vivo interesse. Foi reimpresso quatro vezes, naquele mesmo ano, e, em 1558, uma tradução holandesa foi publicada por Plantin, na Antuérpia. O livro conquistou imediatamente fama internacional. Sua popularidade não diminuiu ao longo dos séculos. Nos quatro séculos que seguiram seu lançamento, foi publicado oitenta vezes em oito línguas diferentes. Fascinou ao leitor intelectual que descobriu, na tradução latina, os modos e costumes de povos estrangeiros. Fascinou os mercadores holandeses, franceses e ingleses que descobriram novos mercados; navegadores que debruçaram-se sobre os mapas; soldados, que obtiveram informações suficientemente detalhadas para formar uma idéia sobre o panorama geográfico e sobre a organização política de um país em que o primeiro homem branco, o português Pedro Álvares Cabral, tinha aportado havia apenas cinquenta anos. Fincara uma grande cruz e, tomando posse da terra em nome do rei de Portugal, chamou-a Terra de Santa Cruz. Logo depois, deram-lhe um novo nome, obtido da designação de uma espécie de árvore muito comum no país, tornando-se a terra conhecida como Brasil.

As aventuras de Hans Staden de Homberg

O título do livro provocava uma forte atração: "*Wahrhaftige Historia und Beschreibung eines Landes der Wilden, nackten, grimmigen Menschenfresser, in der neuen Welt Amerika gelegen...*" — *A verdadeira história e descrição de um país pertencente a povos selvagens, nus, ferozes e canibais situado no Novo Mundo, América* — com prefácio de um personagem de grande respeito que conferia autenticidade ao trabalho, o erudito Dr. Johannes Dryander, aliás Eichmann, professor de medicina em Marburg. O livro fora escrito por Hans Staden, jovem cavalheiro de boa família, de Homberg, em Hessen, que fizera duas viagens ao Brasil e tinha sido mantido cativo, em sua segunda viagem, durante nove meses, por índios Tupinambá.

As viagens de Hans Staden cobriram um período de sete anos, e é improvável que tenham sido motivadas exclusivamente por senso de aventuras. Há indicações que motivos políticos exerceram importante papel. Como luterano convicto, é possível que tenha tomado parte na Guerra de Schmalkalden (1546-1547), lutando no exército de Philip, conde de Hessen, e quando o imperador Carlos V, expoente da fé católica romana, desfez a Confederação dos Estados Germânicos Luteranos, Staden encontrou-se em apuros, sendo obrigado a deixar sua terra tão rápido quanto possível. Isso foi na primavera de 1548.

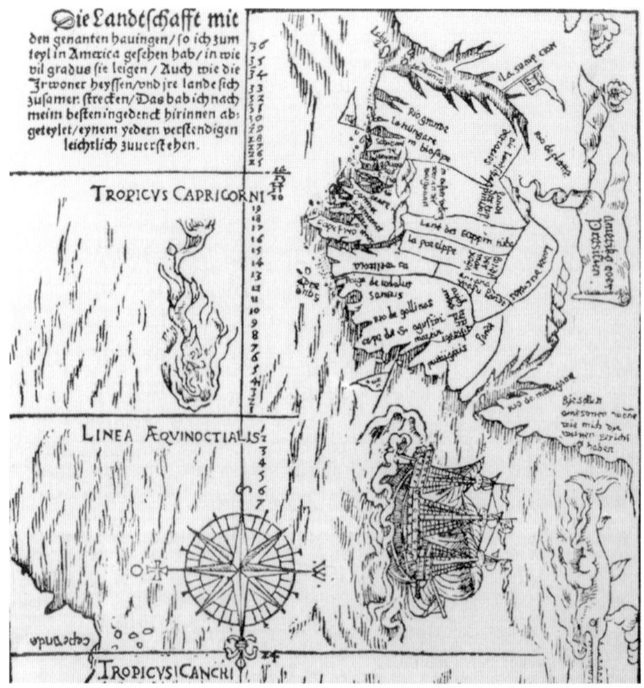

Xilogravura de Hans Staden. Esta, juntamente com 34 outras xilogravuras, foi descoberta por Hans Just Winckelmann em Kassel em 1663. Ele as reproduziu em sua obra "Der Amerikanischen Neuen Welt Beschreibung", de 1664.

Mapa do Brasil: xilogravura, segundo desenho de Hans Staden.

Viajou via Bremen para Kampen in Overrijssel, onde encontrou, nas docas, uma embarcação com uma carga de sal com destino a Portugal. Quatro semanas depois, chegou ao porto português de Setúbal, de onde seguiu para Lisboa, hospedando-se em uma estalagem administrada por um alemão.

O hospedeiro prometeu ajuda a Hans Staden, procurando prontamente embarcá-lo em um navio. Contudo, os navios do rei com destino às Índias já tinham seguido viagem, restando a oportunidade de um lugar em uma nau com viagem marcada para o Brasil. O capitão dessa nave encontrava-se sob considerável pressão, não somente por estar planejando fazer escambo nas costas do Brasil, mas ainda por deter a missão real de apreender todos os navios que estivessem comerciando com os mouros na Barbária. Estava, ademais, instruído para atacar os navios franceses que mantivessem contato com os selvagens do Brasil e, finalmente, o rei de Portugal confiara-lhe o transporte de condenados portugueses cujas vidas foram poupadas por estarem dispostos a assentarem-se no Brasil.

Oitenta e quatro dias depois, o navio entrava na baía de Pernambuco, onde os condenados foram desembarcados. O próprio Hans Staden tomou parte na libertação de portugueses que haviam sido cercados por alguns índios próximo à Igaraçu, retornando a salvo para Lisboa depois de uma ausência de 16 meses. Foi a descrição de sua segunda viagem, entretanto, que fez de seu livro um best-seller.

Dessa vez, a viagem foi rumo à bacia do Prata e à Terra do Ouro, no Peru, conquistada pelos espanhóis oitenta anos antes. Staden deixou Portugal, seguindo para a Espanha, na primavera de 1550 e juntou-se a uma expedição sob o comando de um certo Dom Diego de Sanabria, que prometera ao rei da Espanha consolidar as conquistas e os assentamentos na foz do Prata e na região que agora constitui o Paraguai. Três navios com 250 homens e 50 mulheres e crianças a bordo deram velas sob o comando de Juan de Salazar, fundador da capital do Paraguai, Assunção. Após um naufrágio, dias de fome, a experiência de um resgate e uma grande sorte, Hans Staden encontrou-se na ilha de Santo Amaro, defronte a cidade de Santos, onde sua verdadeira aventura teve início.

"No dia anterior tinha eu mandado o meu escravo para o matto a procurar caça, e queria ir busca-la no dia seguinte... Quando eu ia pelo matto, ouvi dos dois lados do caminho uma grande gritaria, como costumam fazer os selvagens, e avançando para o meu lado. Reconheci então que me tinham cercado e apontavam as flechas sobre mim e picando-me com as lanças. Mas não me feriram mais (graças a Deus) do que em uma perna, despindo-me completamente... correram comigo pelo mato até o mar onde tinham sua canôas. Chegando ao mar vi, á distância de um tiro de pedra, uma ou duas canôas suas, que tinham tirado para terra, por baixo de uma moita e com uma porção delles em roda. Quando me avistaram, trazido pelos outros, correram ao nosso encontro, enfeitados com plumas, como era costume, mordendo os braços, fazendo-me com isso comprehender que me queriam devorar. Diante de mim, ia um rei com o bastão que serve para matar os prisioneiros. Fez um discurso e contou como me tinham capturado e feito seu escravo o *perot* (assim chamavam aos portuguezes), querendo vingar em mim a morte de seus amigos. E ao levarem-me até as canôas, alguns me davam bofetadas... disputavam com aqueles que me detinham... e queriam ter a sua parte, pro-

Cerco de Igaraçu. Hans Staden e seus guerreiros portugueses são cercados pelos índios Caeté. Xilogravura da edição de 1557.

Hans Staden chega à vila de Ubatuba. Da edição de Pieter van der Aa, Leiden, 1707.

pondo matar-me immediatamente... porém o rei que desejava levar-me vivo para casa, para que as mulheres me vissem e se divertissem a minha custa, depois do que matar-me-ia e *Kawewi pepicke*, isto é, queriam fabricar a sua bebida, reunir-se para uma festa e me devorar conjunctamente. Assim me deixaram e me amarraram quatro cordas ao pescoço, fazendo-me entrar numa canôa emquanto ainda estavam em terra. As pontas das cordas amarraram na canôa, que arrastaram para a agua para voltar para a aldeia."

Durante essa insólita experiência, Staden manteve os olhos bem abertos e forneceu valiosas informações sobre seus guardiões os Tupinambá. Descreveu a maneira como construíam suas casa, como acendiam o fogo e como dormiam. Relatou como pescavam, sua aparência física, como preparavam alimentos e bebidas alcoólicas, como os homens e as mulheres pintavam-se, como comprometiam-se e casavam-se e como atacavam uma aldeia hostil.

Hans Staden feito prisioneiro pelos índios Tupinambá; embarcação próxima à vila de Bertioga. Da edição de Pieter van der Aa, Leiden, 1707.

Ofereceu um relato sobre suas principais armas, sobre a flora e a fauna da região, bem como sobre as práticas rituais que precediam a morte e o consumo do inimigo. Sobre esse último episódio, Hans Staden escreveu o seguinte relato:

"Quando trazem para casa seus inimigos, as mulheres e as crianças os esbofeteiam. Enfeitam-n'os depois com pennas pardas; cortam-lhes as sobrancelhas; dançam em roda delles, amarrando-os bem, para que não fujam. Dão-lhes uma mulher para os guardar e tambem ter relações com elles. Si ella concebe, educam a criança até ficar grande; e depois, quando melhor lhes parece, matam-na a esta e a devoram. Fornecem aos prisioneiros boa comida; tratam assim delles algum tempo, e ao começarem os preparativos,

* Hans Staden, *Viagem ao Brasil*, versão do texto de Mapurgo de 1557, por Alberto Löfgren, revista e anotada por Theodoro Sampaio, Rio de Janeiro, Officina Industrial Graphica, 1930. [N. do T.]

fabricam muitos potes especiaes, nos quaes põem todo o necessario para pintal-os; ajuntam feixes de pennas que amarram no bastão com que os hão de matar. Trançam tambem uma corda comprida a que chamam Massurana [Mussurana] com a qual os amarram na hora de morrer. Terminados todos os preparativos, marcam o dia do sacrificio. Convidam então os selvagens de outras aldeias para ahi se reunirem naquella época. Enchem todas as vasilhas de bebidas e, um ou dois dias antes que as mulheres tenham feito estas bebidas, conduzem o prisioneiro uma ou duas vezes pela praça e dançam ao redor delle. Reunidos todos os convidados, o chefe da cabana lhes dá as boas vindas e lhes diz: "Vinde ajudar agora a comer o vosso inimigo". Dias antes de começarem a beber, amarram a mussurana ao pescoço do prisioneiro. No mesmo dia, pintam e enfeitam o bastão chamado *Iwera Pemme*, com que o matam... Tem mais de uma braça de comprimento e o untam com uma substancia que gruda. Tomam então cascas pardas de ovos de um passaro chamado *Mackukawa* e moem-nas até reduzil-as a pó, que esfregam no bastão... Uma vez prompto o *Iwera Pemme* com os enfeites de pennas e outras preparações, penduram-no em uma cabana desoccupada e cantam ao redor delle toda a noite. Do mesmo modo pintam a cara do prisioneiro, e emquanto uma das mulheres o está pintando, as outras cantam. E logo que começam a beber, levam o prisioneiro para lá, bebem com elle e com elle se entretêm. Acabando de beber, descançam no dia seguinte; fazem depois uma casinha para o prisioneiro, no logar onde elle deve morrer. Ali fica elle durante a noite, bem guardado. De manhã, antes de clarear o dia, vão dansar e cantar ao redor do bastão com que o devem matar. Tiram então o prisioneiro da casinha e a desmancham, para abrir espaço; amarram a mussurana ao pescoço e em redor do corpo do paciente, esticando-a para os dois lados. Fica elle então no meio, amarrado, e muitos delles a segurarem a corda pelas duas pontas. Deixam-no assim ficar por algum tempo; dão-lhes pedrinhas para elle arremessar sobre as mulheres que andam em roda ameaçando de devoral-o. Estão ellas então pintadas e promptas para, quando o prisioneiro estiver

A face do prisioneiro pintada por uma mulher. A outra mulher dançava. Da edição de Pieter van der Aa, Leiden, 1707.

O ritual de morte de um prisioneiro. Da edição de Pieter van der Aa, Leiden, 1707.

reduzido á postas, comerem os quatro primeiros pedaços ao redor das cabanas. Nisto consiste o seu divertimento. Isto prompto, fazem um fogo cerca de dois passos do prisioneiro para que este o veja... Feito isto, um homem toma da clava; dirige-se para o prisioneiro; pára em sua frente e lhe mostra o cacete para que elle veja. Emquanto isso, aquelle que deve matar o prisioneiro vai com uns 14 ou 15 dos seus e pinta o proprio corpo de pardo, com cinza... De novo aquelle que deve matar o prisioneiro pega na clava e diz: 'Sim, aqui estou, quero te matar, porque os teus mataram a muitos dos meus amigos e os devoraram'. Responde-lhe o outro: 'Depois de morto, tenho ainda muitos amigos que de certo me hão de vingar.' Então desfecha-lhe o matador um golpe na nuca, os miolos saltam e logo as mulheres tomam o corpo, puchando-o para o fogo; esfollam-no até ficar bem alvo e lhe enfiam um páozinho por de traz, para que nada lhes escape. Uma vez esfollado, um homem o toma e lhe corta as pernas, acima dos joelhos, e tambem os braços. Vêm então as mulheres; pegam nos quatro pedaços e correm ao redor das cabanas, fazendo um grande vozerio. Depois abrem-lhe as costas, que separam do lado da frente, e repartem entre si; mas as mulheres guardam os intestinos, fervem-nos e do caldo fazem uma sopa que se chama *Mingau*, que ellas e as crianças bebem. Comem os intestinos e tambem a carne da cabeça; os miolos, a lingua e os mais que houver são para as crianças. Tudo acabado, volta cada qual para sua casa levando seu quinhão. Aquelle, que foi o matador, ganha mais um nome, e o principal das cabanas risca-lhe o braço com o dente de uma animal feroz. Quando sára, fica a marca, e isto é a honra que tem... Tudo isto vi eu e presenciei."

Tudo está bem quando termina bem, pois Hans Staden foi finalmente libertado de seu confinamento por um grupo de salvamento francês. Logo após seu retorno a Hessen, no verão de 1555, recolheu-se para escrever suas memórias.

O assentamento de Villegagnon

Na primavera de 1555 o versátil francês Nicolas Durand de Villegagnon, começou a realizar os preparativos para a fundação de um assentamento no distante Brasil. Homem de brilhante intelecto, combinava uma vasta curiosidade científica com uma excepcional habilidade militar. Era um Cavaleiro de Malta e, sob sua couraça, vestia um camisão de seda vermelha com a cruz branca. Após numerosas aventuras, tanto militares quanto amorosas, decidiu despedir-se da vida agitada. Uma série de amargos desapontamentos em sua vida privada induziu-o a procurar tranqüilidade em uma ilha remota, longe do mundo habitado, e a iniciar uma nova vida com um grupo de homens com idéias afins. Observou com atenção o relato de um amigo, que descreveu com detalhes o clima maravilhoso, os céus esplêndidos e o solo fértil do Brasil. Outros aventureiros que regressaram do Brasil descreveram, com igual entusiasmo, as paisagens daqueles trópicos. Então ele decidiu-se: seria o Brasil. Para executar seus planos, no entanto, precisaria do consentimento do almirante Gaspard de Coligny, Almirante de França, fervoroso discípulo de Calvino e indiscutível líder dos huguenotes. Villegagnon, de imediato, prometeu converter-se ao calvinismo e realizar no Brasil um refúgio para os huguenotes perseguidos e para que todo homem pudesse professar sua religião em completa liberdade. O próprio rei Henrique II foi seduzido pelo plano quando Coligny contou-lhe que a empreitada poderia fornecer ao reino incontáveis riquezas em ouro e prata. Coligny pôs, então, à disposição de Villegagnon, dois navios de duzentas toneladas cada, aparelhados com canhões e outros artigos necessário para a distante viagem, bem como dez mil francos para a aquisição de armas, pólvora e balas. Uma vez acertado o financiamento da expedição, Villegagnon voltou sua atenção para o problema do recrutamento de colonos. Apesar de não estar muito interessado nos huguenotes, sabia que esse era o grupo que, perseguido por toda a França, teria maior interesse por seu empreendimento. Um Cavaleiro de Malta, todavia, dificilmente poderia lançar uma campanha pública de recrutamento entre os protestantes. Fez então promulgar que todos os tementes a Deus, todas as pessoas recatadas e caridosas, poderiam juntar-se a ele na procura de uma comunidade ideal em uma terra distante. Um par de soldados, alguns poucos católicos, um sapateiro e um primo irmão foram os únicos voluntários. Esse malogro não desencorajou Villegagnon, que queria implementar seu plano a todo custo, decidindo-se por uma autorização do rei para examinar as prisões de Paris e recrutar todos os que não fossem velhos ou inválidos para integrarem sua nova colônia. O rei, além do consentimento, fez mais: postou corneteiros nos cruzamentos das ruas de Paris anunciando a viagem de Villegagnon e informando que qualquer pessoa inclinada a aderir à empreitada deveria dirigir-se a seu endereço particular, em Paris. Villegagnon conseguiu juntar uma malta de vagabundos. Não seria mais uma sociedade de indivíduos de mente limpa inspirados por elevados ideais, mas um indisciplinado grupo de quatrocentos contumazes trapaceiros e obstinados salteadores que se lançaram para o Brasil, desde o porto de Le Havre, naquele 6 de maio de 1555.

A viagem ocorreu sem incidentes e, seis meses depois, Villegagnon e seus companheiros aportaram em uma ilha da baía do Rio de Janeiro. Deram à ilha o nome de Coligny, em homenagem ao homem que tornou possível a empreitada. A ilha era circundada de corais, o que impedia a aproximação de qualquer navio.

Dispomos, mediante a maneira como recrutou seus homens, de uma demonstração cabal da personalidade ímpar de Villegagnon: oscilar de um extremo a outro, sem constranger-se, é uma de suas mais surpreendentes características. Mal o grupo tinha posto os pés na terra, Villegagnon fez cair sua máscara amistosa e revelou-se um fanático religioso que comandava sua colônia com cruel severidade. Construiu para si uma casa no meio da ilha, em um platô rochoso com uns 25m de altura, na qual sua refinada e cara mobília, sua biblioteca científica e teológica, bem como sua coleção de ornamentos eclesiásticos foram soberbamente guardadas. Por nenhum momento pensou no interesse de seus colonos, nem nas bases constituintes de qualquer comunidade, na formação de uma grande família; estava exclusivamente interessado na formação de um monastério militar. Qualquer relação com as mulheres dos povos indígenas "selvagens" era proibida, sob pena das galés. Todavia, os casamentos com as autóctones eram possíveis, desde que a mulher fosse batizada. Os padres e frades não eram muito zelosos, e os batismos tornavam-se de pouca utilidade. O próprio Villegagnon continuava a crer no preceito do Velho Testamento, de acordo com o qual duas feras de espécies diferentes nunca poderiam ser encilhadas no mesmo arado.

A despeito da amizade com os índios Tupinambá, que viviam na área costeira, o assentamento estava em constante perigo. Os portugueses hostis nunca estavam longe e eram apoiados pela tribo dos Margaia. Os franceses assentados começaram a construir uma fortaleza chamada Forte de Cologny, e todos os homens mantinham uma arma ao alcance.

Nos meses seguintes, três navios com colonos rumaram à baía do Rio de Janeiro. Os homens, dessa vez, tinham origem muito mais respeitável do que os da primeira leva. Assentaram-se em terra firme na foz do rio Guanabara, escapando assim da influência direta do governo de Villegagnon. Os primeiros meses foram duros: doenças contagiosas manifestaram-se e havia a constante ameaça da fome, uma vez que a população local mostrou-se inesperadamente reticente em fornecer-lhes víveres. Erros na administração levaram a revoltas que foram brutalmente suprimidas.

Jean de Léry junta-se a Villegagnon

Villegagnon compreendeu que o futuro do assentamento só poderia ser assegurado se um núcleo de pessoas de bem fosse trazida da França para possibilitar uma geração de colonos dedicados e confiáveis, a trabalharem para o benefício da França Antártica, tal como concebera. Escreveu uma carta a Coligny pedindo-lhe o envio de pregadores e outros pastores que pudessem disseminar a fé reformada. O pedido foi levado à França pelo primo de Villegagnon, Bois Le Comte, que fez a travessia em um dos navios carregados com produtos brasileiros, e, na primavera de 1556, 14 pessoas apresentaram-se como voluntários. Bois Le Comte conseguiu equipar, às expensas do rei, três belos navios, munindo-os de canhões, víveres e outras necessidades. As três embarcações — Petite Roberge, Grande Roberge e Rosée —, carregando um total de 196 almas, incluindo seis meninos que deveriam aprender a língua dos selvagens e cinco meninas sob os cuidados de uma governanta, levantaram âncora no dia 19 de novembro do mesmo ano e lançaram-se rumo ao Brasil, desde o porto de Honfleur, sob o estrondo de canhões, fanfarra de trombetas, rufar de tambores e o alegre som das gaitas. Entre os passageiros, havia um sapateiro de Genebra, Jean de Léry, que escreveria um fascinante relato sobre sua viagem de aventuras e suas vicissitudes no Brasil, que, junto com a obra de Hans Staden, seria um dos primeiros e mais interessantes relatos publicados em livro sobre o país. Avistaram terra quatro meses depois do embarque, mas foi só em meados de março que a grande comunidade singrou a foz do Guanabara e aportou na ilha Cologny. As boas-vindas foram entusiásticas e os primeiros casamentos entre os servidores de Villegagnon e as meninas da França logo foram celebrados.

A traição de Villegagnon

Foi durante as comemorações de pentecostes que profundas diferenças sobre a interpretação da ceia do Senhor ocorreram entre Villegagnon e os fervorosos seguidores de Calvino. Villegagnon rejeitou a doutrina de Calvino e declarou que o reformador era um descrente despido de toda fé. Aqueles que ousavam opor-se aos seus mandamentos eram flagelados e postos a ferros. Sua meta era a imposição de sua disciplina a qualquer preço. Até mesmo Jean de Léry e um certo número de seus correligionários foram postos a ferros depois de terem excursionado no continente, onde ficaram algum tempo entre os "selvagens". Finalmente, após uma estadia de oito meses, de Léry decidiu deixar o assentamento e voltar à França, depois que Villegagnon enxotou-o com seus seguidores para fora da ilha, em decorrência de seu fervoroso calvinismo. Enquanto esperavam um navio para a viagem de volta, instalaram-se em uma pequena cabana, às margens do Guanabara, quando faziam constantes visitas aos "selvagens", com quem comiam, viviam e bebiam. Essa experiência com os Tupinambá levou à famosa definição do *nobre selvagem,* de de Léry, em profundo contraste com os valores da dissoluta sociedade ocidental.

A preparação do ritual do repasto. Da edição de Pieter van der Aa, Leiden, 1707.

Jean de Léry e o nobre selvagem

No decurso das poucas semanas que esse pequeno grupo de calvinistas viveu na selva e nas aldeias, de Léry chegou à conclusão que o "selvagem" era, por natureza, bom e inocente. À objeção de que os Tupinambá odiavam seus vizinhos, de Léry argumentava que os homens da tribo mostravam grande lealdade em relação a seus aliados, e à questão do que deveríamos pensar das mortes infligidas pelos Tupinambá e do fato de comerem seus inimigos, ele respondia que os membros da civilização ocidental sangravam suas vítimas e as devoravam vivas, enquanto nossos vizinhos e camaradas matavam um ao outro em nome da fé e da piedade, ato muito pior que o hábito dos selvagens, que só comiam seus inimigos depois de mortos.

E a poligamia? Isso está espalhado muito mais entre nós do que entre eles. As mulheres e moças andam nuas, dizia de Léry, e despertam muito menos sentimentos lascivos do que na França, onde as mulheres enfeitam-se todas, pintam seus rostos e vestem perucas... *"davantage, combien que plusieurs parviennent jusques à l'âge de cent ans ou de six vingt ans, peu y en a qui en leur vieille âge ayent les cheveux ni blancs ni gris. Choses qui pour certains monstrent non seulemente le bon air et bonne température de leur pays, mais aussi (eux toujours buvant vrayment à la fontaine de Jouvence) le peu de soin et de souci qu'ils ont des choses de ce monde..."*

Quando de Léry iniciou sua viagem de volta para casa, as incríveis experiências dos últimos meses tinham-no profundamente desapontado em relação a seus camaradas brancos. Ele projetava toda a bondade da natureza humana nos índios brasileiros, idealizando sua honestidade e sua autenticidade. Em sua *Histoire d'un voyage fait au Brésil*, de 1777, de Léry lançou as bases para uma nova imagem dos distantes vizinhos, a do *bom selvagem*. Poucos anos mais tarde, ela foi elaborada pelo filósofo Michel de Montaigne que, em seu *Cannibales*, de 1580, postulou, exatamente como de Léry, uma afinidade lingüística entre o grego e a mais suave língua do mundo, a brasileira, tendo como base suas terminações similares. No século XVII, foi o viajante Père du Tertre que espraiou-se no exótico sonho e na falta de pecados dos inocentes, tendência que culminou em Jean-Jacques Rousseau, no *Discours sur l'origine et le fondement de l'inégalité parmi les hommes*, de 1751, em que a idealização do estado da natureza está relacionada ao mito do *nobre selvagem*.

O retorno de Jean de Léry

No dia 4 de janeiro de 1558, o navio "Jacques" deixou o assentamento na margem do Guanabara com 44 almas e um carregamento de pau-brasil, pimentão, algodão, bugios, sagüis e papagaios. O navio mostrou-se inadequado para a navegação em mar e logo apresentou um vazamento. Com grande dificuldade, foi mantido sobre as águas, mas teve de mudar seu curso e retornar à costa brasileira. Considerou-se a possibilidade de voltar ao assentamento, pois uma viagem para a Europa naquela embarcação não estava longe de ser um completo suicídio. Cinco homens decidiram juntar-se a Villegagnon uma vez mais, convencidos de que seriam saudados com calorosas boas vindas. Quando aconteceu, foram imediatamente aprisionados, julgados e condenados à morte por afogamento.

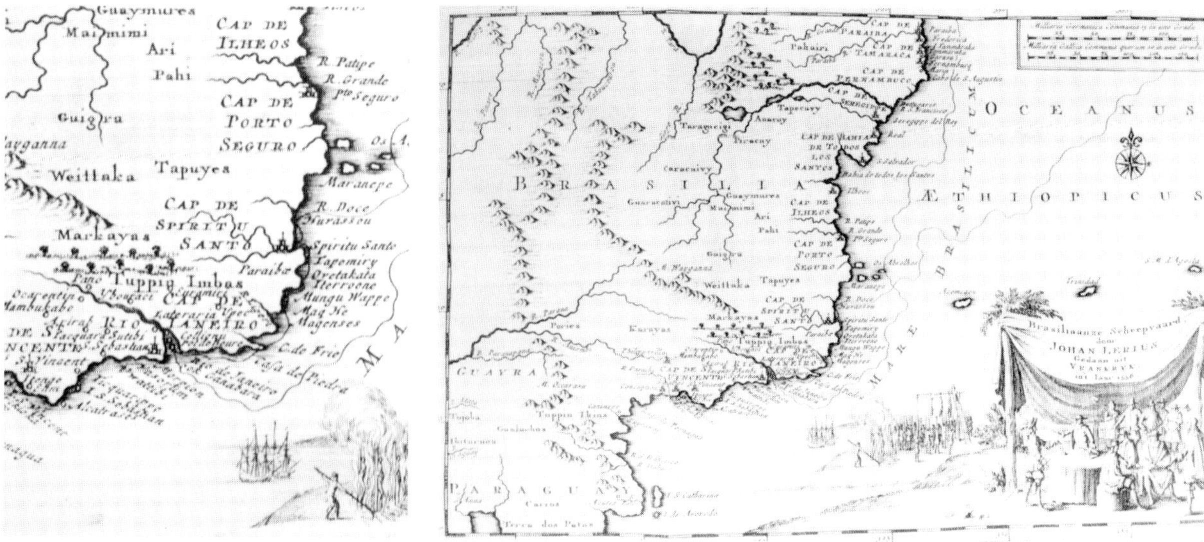

Mapa do Brasil com detalhe aumentado. São claramente mostrados o Forte Coligny e o rio Guanabara. Da edição de Pieter van der Aa, Leiden, 1707.

Na segunda tentativa de Jean de Léry e de seus seguidores em cruzar o Atlântico no mesmo "Jacques", os aventureiros participaram de uma viagem mal-assombrada, na qual foram atormentados por furacões, fogo, constantes vazamentos, foram forçados a comerem ratos, macacos e solados de sapatos. Finalmente, chegaram a Nantes, em estado de total exaustão, encerrando assim o fim de uma aventura verdadeiramente notável. De Léry regressou imediatamente a Gênova, cidade que lhe foi ofereceu a cidadania, em 1560.

E Villegagnon? Fez de tudo para que de Léry fosse julgado por heresia, mas falhou. Voltou à França, desiludido, em 1560, depois que a maior parte de seus companheiros o abandonara, consciente que os poucos seguidores que deixara não eram suficientes para manter a colônia. Na França, tornou-se alvo do ódio dos calvinistas que acusavam-no de traição e passaram a chamá-lo pela alcunha de "cão da América".

A primeira edição de *Viagem ao Brasil*, de Jean de Léry, apareceu em 1578. A tradução neerlandesa só foi publicada em 1597, quando o famoso editor e livreiro Cornelis Claesz, de Amsterdã, lançou a temerária história com um título picante que seria bem apropriado até nos dias atuais: *A história de uma viagem no país do Brasil, também chamado América, contendo a viagem e as coisas mais notáveis vistas pelo autor no mar, como Villegagnon o levou até esse mesmo país, a natureza e o curioso modo de viver dos americanos selvagens... junto com a descrição de numerosos animais, árvores etc. Agora traduzido do francês... e embelezado com várias ilustrações da melhor qualidade.*

A terrível imagem sobre a crueldade dos índios brasileiros, que havia sido conjurada por Hans Staden, estava muito atenuada no relato de de Léry, mas fora reforçada, uma vez mais, pela publicaçao de algumas aventuras de viajantes ingleses.

O diário de Peter Carder

O galês Peter Carder publicou um relato dos inumeráveis infortúnios e desastres que vivenciou em sua viagem junto com Francis Drake, no fim da década de 1570. Tratou extensivamente da crueldade da população contra todos os inimigos. "Eles os amarravam a um poste", escreveu, "e com um enorme bastão de madeira vermelha um dos mais fortes do grupo (após terem todos tomado uma certa bebida forte, dançando em volta dele) de um golpe parte sua cabeça em pedaços".

Carder tomou parte de uma guerra tribal dos índios Tupinambá e descreveu a maneira pela qual o inimigo, os Tapuia, eram tratados: "O rei... fez com que muitas de suas carcaças fossem assadas nas brasas e comidas... É de se notar que quantos homens esses selvagens tiverem morto tantos orifícios eles terão em seu rosto, começando primeiro pelo lábio inferior, então nas suas bochechas, terceiro em ambas as sobrancelhas e por fim em suas orelhas. Aqueles vinte prisioneiros que havíamos trazido, foram mortos, assados e comidos."

Retrato de Sir Walter Raleigh (1552-1618), National Portrait Gallery, Londres. Raleigh procurou incansavelmente por ouro na Guiana e pela misteriosa Cidade de Ouro de Manoa, que os espanhóis chamavam El Dorado.

Anthony Knivet e o ataque de comandos em Santos

Nem sequer "as admiráveis aventuras e estranhas fortunas do mestre Antonie Knivet, que foi com o mestre Thomas Candish em sua segunda viagem ao Mar do Sul, em 1591" afastaram-se do padrão tradicional das narrativas de então. Há, nessa obra, uma boa descrição do ataque e da pilhagem a uma vila da costa leste do Brasil, chamada Santos, que mais tarde ganharia fama como importante porto cafeeiro. Acompanhado de vinte e três comandos, Knivet lançou um ataque àquela vila às vésperas do Natal daquele ano, no exato momento em que os habitantes seguiam para a igreja. Enquanto estavam escondidos, viram passar um barco com um jovem casal, a moça vestida de noiva, rumo à igreja de Santos onde, obviamente, os adolescentes casar-se-iam. O ataque foi um sucesso: "Ouvimos tocarem o sino, e Jasper Jorge, o piloto português, disse-nos que era o momento de desembarcar, porque sabia por estavam no meio da missa, e que, naquele instante, o frade segurava a hóstia sagrada para a adoração dos fiéis. Nem terminara sua fala e já estávamos todos na praia marchando rumo à igreja. Tomamos, sem resistência, todas as espadas dos homens e lá permanecemos até às sete horas, horário previsto para a chegada de nosso bote longo com o resto da companhia, pois ainda éramos apenas vinte e três, e não ousaríamos saquear a cidade com tão poucos. Alguns portugueses que estavam em suas casas, devido a essa demora, conseguiram escapar com seu dinheiro. Após o saque, encontramos uma grande quantidade de víveres e de conservas, de doces e de farinha de mandioca, com a qual fizemos pão muito bom..."

Os visitantes atearam fogo na periferia da cidade e em todos os navios ancorados na baía. Permaneceram dois meses em Santos, rapinando de forma tão extensiva que conseguiram cobrir os custos da expedição em uma única investida. Knivet foi posteriormente capturado pelos Tamoio, e sobreviveu tão-só pelo fato de ter se passado por francês, uma vez que os franceses estavam em bons termos com aquela tribo, desde os tempos imemoriais. Seus comparsas, todos portugueses, foram brutalmente mortos. Knivet ofereceu um detalhado relato do ritual de execução, muito parecido com o ritual descrito por Hans Staden.

Porção nordeste de "Peruviana", como o cartógrafo e entalhador Arnoldus Florentinus, chamava a América do Sul, imitando Plancius. Aqui temos o Brasil, elaborado segundo os mapas de Peter Platevoet (Plancius), pastor e geógrafo flamengo, matemático e o mais famoso astrônomo e cartógrafo de seu tempo, que ensinou a inúmeros navegadores como usar os instrumentos náuticos.

Jan Huygen van Linschoten

Surgiu, em 1596, um livro com uma descrição alentadora e objetiva, uma verdadeira golfada de ar fresco se comparada ao jornalismo tendencioso e sensacionalista daqueles anos. O autor era Jan Huygen van Linschoten, que deixara a casa paterna mal havia completado dezesseis anos de idade. A razão, como mais tarde escreveria aos pais, desde Goa, na Índia, era que "meu coração pensa em terras estrangeiras dia e noite. Só se tem algo para contar quando se é velho. Nenhum tempo é mais desperdiçado do que aquele gasto por um jovem mancebo preso às cordas do avental de sua mãe como um bebê, pois ele nunca saberá o que é a pobreza ou o luxo, o que o mundo contém e isso, freqüentemente, é a causa de sua ruína..."

A importância de sua obra, intitulada *Itineratio, Voyage ofte Schipvaert van Jan Huygen van Linschoten naer Oost ofte Portugaels Indien 1579-1592*, está no fato de apresentar interessante material sobre a passagem marítima para a Índia e, conseqüentemente, oferecer uma grande contribuição para o comércio e a navegação no extremo Oriente. A descrição do Brasil constitui um capítulo separado, na terceira parte. Van Lichstoten derivou suas informações de Jean de Léry e da *Cosmographie universelle*, escrita em 1575, por André Thevet, bem como de sua experiência de três anos em Portugal e na Espanha e seis na Índia.

Van Lichstoten tinha por característica sua excepcional capacidade de observação e o considerável dom narrativo, além de ser um desenhista e um cartógrafo talentoso. Uma estada de poucas semanas em Moçambique, o principal assentamento português no leste da África e escala na passagem para a Índia, permitiu que ele descrevesse os povos da região, suas relações políticas, as características geográficas da área e os procedimentos do comércio, assim como fornecer uma descrição e um esboço do porto. Muitas de suas descrições de viagens eram baseadas nas descrições de viajantes que ele encontrava. Houve, por exemplo, um grupo de mercadores ingleses que regressava de Hormuz por terra, sendo lá denunciado como uma corja de espiões por seus concorrentes italianos, o que acarretou sua prisão em Goa. Jan Huygen fez muito por esses ingleses, pois era então secretário e confidente do arcebispo. Em troca, obteve informações de coisas de grande interesse.

Em Goa, Jan Huygen conheceu um certo Dirk Gerritsz, cognominado China, por conta de suas inúmeras viagens àquele país. Gerritsz deixara sua família aos onze anos a fim de explorar o mundo. Em uma carta aos pais, Jan Huygen escreveu: "Eu estava inclinado a ir a China e ao Japão, que são tão longes daqui como Portugal, e a jornada leva três anos. Se eu tivesse duas ou três centenas de ducados, poderia mais do que duplicá-los. Este ano, um holandês, grande amigo meu, embarcou como oficial e gostaria que eu o acompanhasse, mas achei que seria bobagem partir de mãos vazias; deve-se começar com alguma coisa para poder auferir bom lucro. O mesmo oficial já esteve lá antes e fala muito bem disso. É originário de Enkhuizen e vive aqui há 26 anos, tendo se casado com uma mulher holandesa. Seu nome é Dirk Geritsz, quer fazer essa viagem uma vez mais para então voltar para casa..."

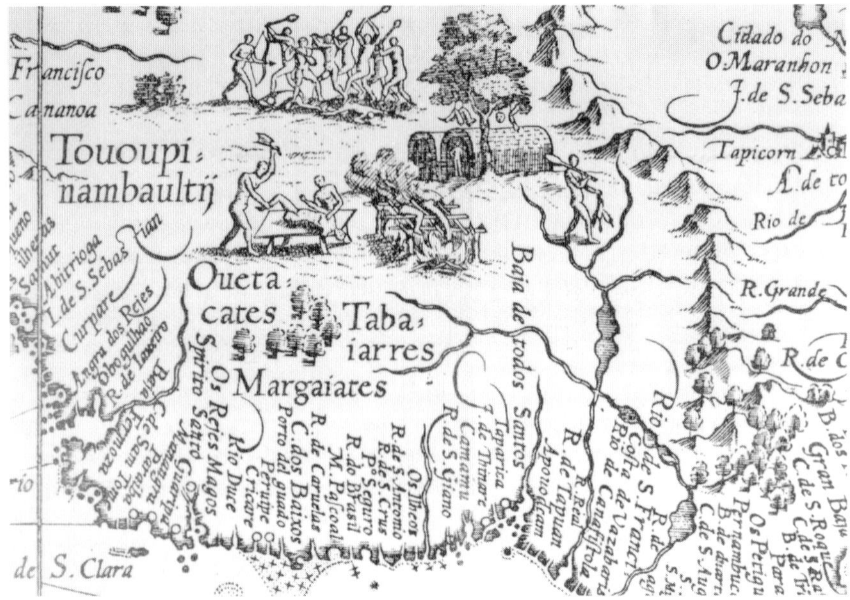

O detalhe mostra a cruel práticas dos índios canibais.

Gerritsz foi um oficial a serviço dos portugueses que viajara pelo extremo Oriente e deu a Jan Huygen importantes informações sobre a China e o Japão. Um certo Gerrit Afhuysen, que Huygen encontrou em sua viagem de volta, contou-lhe sobre a Malásia e as ilhas do arquipélago, sobre o comércio e os produtos de lá. Huygen reuniu todas as informações sobre portos e países do extremo Oriente e quando publicou essa massa de dados em seu *Itineratio*, estava claro que o império português não era o bloco impenetrável em que nenhum estrangeiro poderia pôr os pés impunemente. Estava podre e estragado, poderia ser atacado com sucesso por um simples aventureiro empreendedor. Dois anos após a edição holandesa, apareceram traduções em inglês e alemão, um ano mais tarde, uma tradução em latim e, em 1610, uma em francês. A vulnerabilidade do império português foi então revelada ao mundo ocidental. Os holandeses há muito esperavam abrir uma brecha no recôndito luso hermeticamente fechado, descerrar a possibilidade de comércio naquelas costas distantes.

Holandeses e Zelandeses abrem suas asas

Observamos assim que, mesmo no tempo do assentamento de de Léry, um empreendedor capitão de Hoorn aventurou-se nas costas do Caribe por conta própria. Os arquivos da cidade de Hoorn possuem uma referência ao evento de 1558. Oito anos depois, dois navios, um de Enkhuizen e o outro de Arnemuiden, aportaram na costa de Cuba. Depois disso, não haveria mais como parar os holandeses. Em ondas constantemente crescentes, holandeses e zelandeses dirigiam-se às costas americanas. Inicialmente, viajavam como tripulantes de navios portugueses, mais tarde já como proprietários de navios, disfarçavam seus navios de bandeira holandesa como navios mercantes portugueses, de modo a evitar a troca obrigatória de navios para os produtos com destino ao Brasil, podendo assim navegar diretamente para áreas proibidas e para os abrigos da costa brasileira.

Barent Erickszoon de Enkhuizen era um desses homens. Não via vantagem em concordar com os regulamentos portugueses e, com sua brutal rejeição para com as imposições do inimigo, lançou as bases para uma rota regular a partir da costa da Guiné. O episódio é bem descrito na história de Enkhuizen de Brandt, *Historie der vermaerde zee en koopstadt Enkhuizen*, de 1666. Erickszoon lançou velas no navio "Sint Pieter", do porto de Medemblik, em 1º de novembro de 1590, dirigindo-se primeiro para Hamburgo, seguindo para Mazagan, no oeste de Marrocos, e, finalmente, para o Brasil. Seu objetivo era comerciar diretamente com os residentes da costa — algo estritamente proibido. Após uma calmaria repentina, Erickszoon foi carregado para leste por uma corrente aportando na ilha de Príncipe, no golfo da Guiné, costa oeste da África. Desafortunadamente para Barent, o território já era posse portuguesa, o que acarretou sua prisão logo que os portugueses descobriram sua nacionalidade, apreensivos com os holandeses que não obedeciam às leis do poderoso império português.

Pequenos iates espanhóis (a e b) e um galeão (c), armado com 112 peças de artilharia (Torre del Oro, Sevilha).

Comércio intensivo apesar do estado de guerra

A despeito do estado de guerra com a Espanha, desde 1568, e com Portugal, desde sua incorporação pela Espanha, em 1580, o comércio continuou. Enquanto os exércitos digladiavam-se nos campos de batalha, "mercadores portugueses e espanhóis, vinham e viviam abertamente nas cidades holandesas", de acordo com o testemunho do historiador E. van Reyd. A situação oposta também era verdadeira: mercadores holandeses estabeleceram-se em Cadiz, em Málaga e no Porto e, depois do saque de Cadiz pelos ingleses e holandeses, em 1596, os mercadores holandeses residentes, originários de Amsterdã, Harlem e Middleburg, sofreram prejuízos que somaram trezentos mil florins...

Enquanto os mercadores espanhóis e portugueses podiam estabelecer-se livremente nos Países Baixos Unidos, as coisas começaram a ser mais difíceis para os comerciantes holandeses no reino de Felipe II. Em primeiro lugar, esses holandeses tinham de observar a fé católica romana; e, em segundo lugar, seus passaportes não podiam estar em nome de um holandês. Tinham de "apresentar passaportes falsos, como se tivessem vindo de Hamburgo, de Lubeck ou de Dantzig..." Em 1579, o uso de "nomes falsos" foi proibido na

Da obra De Reis naar Zuid-Amerika, *part. XVI, (Linschoten-Vereeniging, 1918) de Hendrick Ottsen (1598-1601). "Esta ilha de S. Nicolau situa-se em um nível de 17° ao norte da linha equinocial, e lá reabastecemo-nos de água potável, cabras e peixes em abundância, mas fora isso não há nada". À esquerda, está o navio de Cornelis van Heemskerck e, à direita, o de Laurens Bicker. Naus, também chamadas iates, estão sendo construídas. Água está sendo tirada de um córrego e levada aos barcos. À esquerda cabras estão sendo caçadas.*

passagem marítima entre Espanha e Portugal, mas o comércio com as colônias espanholas, sob um nome falso, continuou desenfreadamente. Trocas e destruição alternavam-se com a regularidade de um relógio, pois, no mesmo ano, um capitão holandês, com a ajuda de índios amigos, devastou uma fortaleza espanhola no rio Orinoco, na Venezuela.

O comércio com as colônias portuguesas continuou florescente. Os holandeses, como já disse, entraram em guerra com Portugal em 1580, quando o monarca espanhol incorporou o país a seu próprio reino. Mesmo nossos inimigos, que facilmente poderiam aprisionar os mercadores holandeses e colocá-los em suas galés, não o fizeram de início, pois eram os mercadores holandeses que abasteciam suas colônias com sementes, roupas e víveres. Devido à falta de dinheiro, armazéns, soldados e marinheiros, os espanhóis e os portugueses eram inteiramente dependentes dos holandeses no transporte e na distribuição de bens essenciais.

De início, as relações com Portugal permaneceram amistosas. Para esse convívio pacífico, estabeleceu-se que os holandeses não navegariam sob sua própria bandeira e não se aventurariam nas costas estrangeiras em navios disfarçados de navios mercantes portugueses. Os Estados Gerais davam com freqüência sua permissão para o engajamento de marinheiros portugueses, uma vez que "nenhuma outra nação pode comerciar em certas regiões..." Os negócios floresciam e a importação de açúcar brasileiro para Amsterdã era tamanha que lá essa *commoditie* era cotada a um preço inferior do que em Lisboa... Em março de 1598, "De Rode Leeuw", uma nau de 160 toneladas equipada pelos negociantes Johan van der Veken e Pieter van der Hagen, voltou em segurança para Rotterdam acompanhada de um pequeno iate pilotado por "outras nações", após uma viagem, passando pela ilha de São Tomé, com um carregamento de açúcar embarcado no Brasil. Nesses tempos, raros eram os navios que, como o "De Rode Leeuw" e seu acompanhante, conseguiam retornar para casa sem qualquer problema com o inimigo.

A virada nas relações comerciais com Espanha e Portugal

O ano de 1598 foi um ponto de inflexão nas relações entre a Holanda e o império colonial hispano-português. Daí em diante, aos "flamengos", como eram denominados os holandeses, não era mais permitido perambular impunemente pelas costas dominadas pelo inimigo. Isso, os mercadores e aventureiros flamengos descobriram por experiência própria.

Nos anos que se seguiram, o mundo passou a ser exaustivamente informado sobre as ilimitadas possibilidades oferecidas na distante América do Sul, onde ouro e prata eram ganhos com um simples pedido. Foi o hábil editor Cornelius Claesz, de Amsterdã, o responsável pela produção de uma série de livros que levaram a uma verdadeira febre do ouro. Em 1595, apareceu a segunda edição da viagem de Hans Staden ao Brasil, seguido, dois anos mais tarde, por uma tradução holandesa da expedição de Jean de Léry. Em 1598, apareceu uma tradução das *Viagens às Índias Ocidentais* de José Acosta, juntamente com *A descoberta do grande, rico e belo império da Guiana*, de Walter Raleigh e Laurence Keymis, e um aventuroso opúsculo das vicissitudes de Drake, Cavendish e Hawkins na área costeira da América do Sul, entre o Orinoco e o Amazonas.

O espírito empreendedor em Amsterdã:
Laurens Bicker e Pieter Ruytenburch

Em Amsterdã, havia dois primos que tentariam a sorte na terra do ouro. Laurens Bicker e Pieter Ruytenburch decidiram organizar uma expedição à bacia do Prata, conhecida pelas grandes quantidades de veios argentíferos. Tinham cerca de trinta anos, espírito empreendedor e posses não desprezíveis. Ruytenburch dirigia, em Amsterdã, um próspero armazém com o sonoro nome de *In den rooden Hondt*, e Laurens tinha dinheiro próprio, uma generosa renda proveniente dos lucros de uma cervejaria em Amsterdã. Sem ter encontrado a felicidade também em seu segundo casamento, Laurens vivia ausente de casa, realizando uma série de longas viagens, com freqüência encontrado nos círculos que, sob a liderança de Peter Platevoet — mais conhecido pelo nome de Plancius — tratavam do estudo de matemática, de geografia e de navegação.

Ruytenburch e Bicker solicitaram aos Estados da Holanda e da Frísia do Oeste a permissão de embarque para uma viagem "ao rio da Prata, um rio que se estende até às terras do Peru, onde o rei de Espanha tira a maior parte de sua prata..." A solicitação foi dada desde que examinassem primeiro as possibilidades comerciais da costa da Guiné.

Pieter Ruytenburch permaneceu em casa para tocar o bem sucedido negócio no Middledam, próximo de Damsluis, e foi acordado que o incansável Laurens deveria ir na expedição com os dois navios a sua disposição. Como era o costume no caso de viagens longas e distantes, primeiro fez seu testamento na presença de um notário e lançou velas, em 1º de setembro de 1598, com os navios "De Silveren Werelt" e "De Gouden Werelt", das docas de Texel.

As aventuras do "Silveren Werelt" e do "Gouden Werelt"

O "Silveren Werelt" pesava 160 toneladas e carregava 36 almas. Estava sob o comando de Cornelius van Heemskerck, irmão do famoso almirante Jacob van Heemskerck, com Hendrik Ottsen como mestre, e a quem devemos os detalhes dessa viagem de tirar o fôlego. O "Gouden Werelt" pesava 360 toneladas, um impressionante navio, sob o comando de Laurens Bicker, que obtivera o título de almirante, e carregava 64 almas.

Em vez de sudoeste o curso adotado passava pelo noroeste, pelo norte da Escócia, para escapar da "atenção" dos amistosos ingleses e dos amaldiçoados piratas de Dunquerque. Os navios pararam nas ilhas do Cabo Verde para abastecer-se de suprimentos: peixes, carne de cabra e água. Uma tentativa de obter provisões ricas em vitamina C na ilha de Santiago falhou pois, quando tentaram desembarcar, os homens foram impedidos pelos habitantes. A razão para essa recepção decepcionante deve-se ao irrequieto encontro entre a população local e um grupo de holandeses, três meses antes. O almirante Mahu, em seu caminho às Índias Orientais via o estreito de Magalhães, comandando uma frota de cinco navios, bombardeou as fortificações da ilha no intuito de obter água e suprimentos. No ímpeto, a tripulação, completamente embriagada, aproveitou a agitação para saquear a cidade, roubar e destruir a igreja.

Um segundo desapontamento estava reservado para os companheiros de Bicker, ao tocarem a terra na ilha de Príncipe, no golfo da Guiné. Van Heemskerck e Bicker desembarcaram alegremente, totalmente convencidos que os portugueses os cumprimentariam com a costumeira cordialidade. Contudo, mal entraram na vila e nove membros da tripulação foram mortos pelos portugueses e os dois comandantes feitos prisioneiros. No dia seguinte, os prisioneiros foram embarcados em seus navios e puderam seguir viagem, mas esse tratamento hostil foi a primeira indicação de uma mudança na atitude dos portugueses em relação aos holandeses.

De acordo com as instruções dos Estados da Holanda e da Frísia do Oeste, Bricker continuou sua jornada pelas numerosas ilhas do golfo da Guiné à procura de novas possibilidades mercantis. De São Tomé, os holandeses foram à ilha de Annabom, 120 milhas ao largo. Por conta da forte corrente de Benguela, os dois navios prosseguiam vagarosamente, incapazes de cobrir mais do que dez milhas por dia. O destino, uma vez mais, decidiu atacar, e uma repentina e pesada tormenta tropical, que durou toda a noite, separou os dois navios. Na manhã seguinte, Van Heemskerck, que tinha atingido a rota de Annabom, perdeu de vista seu companheiro. Nada encontrando, malgrado a procura, decidiu ir direto para a costa do Brasil e navegar até a foz do rio da Prata, onde a grande cidade Bonas Aeres — Buenos Aires — estava fincada.

Na ilha de Maldonado, logo antes da foz do rio, Van Heemskerck desembarcou com uma canoa e pendurou uma nota em uma "medida de mosquete" — um objeto de estanho oblongo e arredondado que geralmente continha pólvora para um único tiro — sobre uma cruz de madeira. Avisava Bicker que tinha singrado o rio e deveriam encontrar-se em Bonas Aeres. Os dois comandantes já haviam combinado que, em caso de separação por quaisquer circunstâncias, a ilha de Maldonado seria o próximo local de encontro.

Cedo, na manhã de 29 de julho de 1599, um navio com velas içadas era avistado do porto de Buenos Aires. Era muito maior que os navios portugueses, com os quais os habitantes da cidade estavam acostumados. Singrou rio acima, sondando a profundidade; baixou as velas próximo a um raso e lançou âncora. Tinha 34 homens e vinte armas a bordo e estava totalmente equipado para a guerra. O governador de Buenos Aires, Dom Diego Rodríguez de Valdés y de la Vanda, um veterano soldado, era determinado em seu comportamento e não toleraria qualquer descumprimento dos regulamentos existentes. Mandou alguns oficiais da aduana para o navio a fim de evitar qualquer tentativa de descarregamento. A partir dos relatos dos oficiais aduaneiros, percebeu que não se tratava de uma nau amiga, mas de um navio mercante de propriedade daqueles sedentos negociantes de então, os holandeses. A solicitação do comando do navio holandês, uma permissão para ir descer à terra para discutir o descarregamento do navio, foi respondida pelo governador com a doação da metade de um boi, um sinal de boa vontade. De início, tudo ocorreu bem e os primeiros artigos foram trazidos para a terra. Quando já tinham desembarcado o equivalente a quatro mil florins de mercadorias, os holandeses se recusaram a continuar até que as caixas e as mercadorias tivessem sido vendidas. Diante da recusa, incorreram na suspeita de desejarem trocar mercadorias diretamente com os habitantes — um privilégio reservado exclusivamente à coroa... Os negociantes holandeses, em terra, foram então prontamente aprisionados.

Van Heemskerck feito prisioneiro, Ottsen assume o comando do Silveren Werelt

O capitão Van Heemskerck, sub-escrivão, juntamente com dois carpinteiros, o barbeiro e três marinheiros foram postos a ferro. Prometeu-se-lhes a libertação se estivessem dispostos a desembarcar o resto da mercadoria. As negociações para sua liberação não levaram a lugar nenhum: o governador recusou soltar os prisioneiros porque, segundo ele, "tinham quebrado a palavra". O mestre Ottsen, então no comando do "Silveren Werelt", içou âncora.

Da obra De Reis naar Zuid-Amerika, *part XVI, (Linschoten-Vereeniging, 1918), de Hendrick Ottsen (1598-1601). "Esses selvagens eram de cor vermelha, e tinham longos cabelos arranjados em três tranças. Suas faces eram deformadas, com buracos em seus queixos perfurados, ossos arredondados que serviam como plugues ou tampas. Também tinham furos na partição de seus narizes, e em sua orelhas, perfuradas por dentes de porcos, muito estranho de ver. Vestiam pouco, correndo por aí nus no verão mas no inverno tendo uma cobertura de cinco ou seis peles de animais selvagens costuradas juntas. São canibais; comem animais com seus excrementos em suas tripas, pois são obrigados, por sua religião ou algo parecido, mas creio que vivem como animais. Sua arma é um estilingue, com o qual lançam a pedra no primeiro tiro, daí em diante permanecem desarmados."*

Van Heemskerck e seus companheiros foram mandados para Santa Fé, 400 milhas rio acima, para serem julgados pelo vice-rei.

Pode-se acusar o governador Valdés de ter quebrado a palavra, uma vez que fez prisioneiros homens a quem tinha permitido o desembarque; mas deve-se admitir, também, que os portugueses, sem dúvida, tratavam seus prisioneiros muito bem. Aqueles que praticavam um ofício eram de imediato permitidos a continuar trabalhando. A única condição era que se convertessem ao catolicismo romano. Entretanto, passou um longo tempo antes que Van Heemskerck pudesse por os pés na sua terra natal. Ao se julgar pelo testemunho de seu irmão Jacob, ele ainda não teria retornado à Holanda, no ano de 1607.

Observemos, todavia, o que estaria reservado para o novo comandante Ottsen. Um mês inteiro se passou. O "Silveren Werelt" permaneceu ancorado ao largo da ilha de Maldonado, na esperança de um reencontro com Laurens Bicker. A causa que levou Bicker ao não cumprimento do combinado, jamais foi esclarecida. Ottsen foi à terra em uma canoa e colocou outra carta de aviso em um estanho que pendurou, como a primeira, em um poste de madeira, em um lugar bem visível.

Da obra De Reis naar Zuid-Amerika, *part XVI (Linschoten-Vereeniging, 1918) de Hendrick Ottsen (1598-1601). O ataque surpresa no primeiro dia do ano de 1600 à Baía de Todos os Santos.* A. *é o castelo chamado de Santo Antônio, situado no extremo da baia.* B. *a cidade, chamada Todos os Santos.* C. *Vila Velha.* D. *os sete navios holandeses que permaneceram na baía cerca de um mês, distanciando-se e aproximando-se por um mês, e tomando uma barca.* E. *nosso navio chamado "Silveren Werelt", que os ditos navios holandeses atearam fogo, tendo primeiramente tirado tudo o que era móvel.* F. *é o navio português com vinte peças que os já mencionados navios holandeses afundaram.*

Ottsen feito prisioneiro

Logo após, o temido escorbuto sobreveio a bordo. Quando Ottsen, completamente exausto, dirigiu-se ao porto brasileiro de São Salvador, dois meses depois de deixar Maldonado, apenas cinco membros da tripulação ainda continuavam vivos. Ottsen chegou-se a um pescador que prometeu colocar ele e seus homens em um navio de Hamburgo, mas foi de fato levado ante o governador, que o fez prisioneiro. O governador, substituto do governador-geral Francisco de Souza, o capitão-mor Alvaro de Carvalho, comportou-se impecavelmente em relação a seu prisioneiro. Ottsen escreveu: "...Tirei minha bolsa da minha manga e, oferecendo-a ao governador, disse 'Esse é todo o dinheiro que tenho'. Ele abriu-a e encontrou 12 peças de oito que me devolveria mais tarde. Aplicaram-me uma tala no braço, que havia ficado torto, e levaram-me até uma mulher que cuidaria de mim até minha total recuperação..." Ottsen e seus companheiros receberam permissão para caminhar livremente e recebiam uma pequena quantia de dinheiro por dia.

Durante o ataque surpresa realizado pelo esquadrão do comandante Broer Jansz van Medemblik, o grupo liderado por Ottsen foi temporariamente posto na prisão, o que proporcionou aos flamengos uma esplêndida visão da batalha, na baía abaixo. Ottsen viu as bandeiras tremulantes da Holanda e a população local em verdadeiro estado de pânico. Os holandeses devastaram as localidades mais distantes de Salvador; um navio português foi afundado, outros foram capturados e os demais queimados. O "Silveren Werelt" foi posto a chamas. Na periferia, igrejas e engenhos de açúcar foram incendiados; os altares foram destruídos e profanados. Um ataque direto a São Salvador não pôde ser executado, por conta do grande número de doentes entre os tripulantes holandeses.

Todas essas cenas degradantes ocorreram no primeiro dia do ano de 1600. Hendrik Ottsen teve de esperar outros quatorze meses antes de retornar em segurança para Amsterdã. Mas o que veio a acontecer nesse ínterim com Laurens Bicker e com seu "Gouden Werelt"?

Bicker também cruzou da África para a América do Sul. Procurou ancoragem na vila de São Vicente, situada defronte a Santos, algumas milhares de milhas ao norte da ilha de Maldonado, o local onde tinha inicialmente planejado proteger-se. Naquele momento, o governador geral do Brasil, Dom Francisco de Souza, também estava em São Vicente. Tinha recém-retornado de uma longa expedição ao interior, à procura de ouro e de prata e havia recebido o aviso da chegada de um grande navio mercante holandês. O capitão pediu permissão para trazer sua mercadoria à terra. Dom Francisco consentiu. Uma delegação do navio veio em uma chalupa para dizer ao governador que não tinham más intenções e vinham tão-só comerciar com os habitantes. O governador geral recebeu a delegação muito calorosamente e lhes deu uma garantia selada de que nada de mal lhes aconteceria, após o que Laurens Bicker manobrou seu "Gouden Werelt" no porto e começou a desembarcar sua mercadoria. Cada dia o governador geral visitava o navio de modo a mostrar seu interesse pessoal e quando tudo tinha sido posto em terra e a maior parte dos holandeses estava na cidade, uma delegação portuguesa veio a bordo para dançar e beber com os holandeses.

Laurens Bicker feito prisioneiro

A atitude dos alegres portugueses mudou repentinamente. Desembainharam suas espadas que transpassaram dez holandeses, confiscando, em nome do rei, o navio. Laurens Bicker e seus camaradas feitos prisioneiros foram embarcados em um navio de transporte com destino a São Salvador. Ao chegar à Baía de Todos os Santos, o vaso foi capturado por uma esquadra composta de sete navios de guerra e de dois iates, sob o comando de Broer Janszoon van Medemblik, que estava reconhecendo a "Bahia". Doze dos prisioneiros já haviam morrido de fome e o milagroso resgate de Bicker significou, de acordo com De Stoppelaer, escapar da morte certa na estaca. Sabemos que Hendrik Ottsen voltou à Holanda no final de fevereiro de 1601, mas só se ouviu falar outra vez de Cornelius van Heemskerk quando a Companhia Holandesa das Índias Orientais arrolou-o em processo, movido em 1615, relacionando-o com uma suposta demanda de seu falecido irmão, Jacob van Heemskerck.

E assim terminou uma viagem iniciada com tanta pompa: sem ouro ou prata, e, para alguns, passando longos anos aprisionados, confirmando assim que as amistosas relações comerciais entre a Holanda e os países ibéricos tinham terminado. Esse relato sobre o destino de Van Heemskerck, Bicker e Ottsen foi selecionado entre um grande número de aventuras similares sobre insuspeitos mercadores holandeses em território espanhol ou português.

Comerciantes empreendedores

Foi o negociante Johan van der Veken e o comerciante Daniel van der Meulen, de Leiden, que prepararam quatro navios, em julho de 1597, para o comércio em territórios portugueses. Desnecessário dizer que não contavam com possíveis dificuldades no decurso do empreendimento, especialmente por possuírem espanhóis e portugueses servindo a bordo e que exerceriam, oportunamente, as funções de distribuidores das mercadorias nas áreas sob domínio ibérico. O almirante da esquadra era Melchior van den Kerckhove, que partiu para as Canárias e navegou com dois navios para o Rio de Janeiro e, depois, para Angola, afim de negociar escravos. Para sua surpresa, foi feito prisioneiro em Angola e sua tripulação hispano-portuguesa despojou-o de seu maior navio. Van der Kerckhove foi solto contra um resgate de 50 mil ducados. Em 16 de janeiro de 1599, Van der Meulen, que investira 2.400 florins na empreitada, recebeu uma carta do desapontado Van der Veken relatando-lhe: "Dieu nous veuille récompenser en aultre endroict...", enquanto em Amsterdã dizia-se "que essa seria uma má jornada para os proprietários dos navios..."

Os holandeses estavam indignados com o traiçoeiro comportamento dos portugueses. Guerra nos campos de batalha era algo previsível, todavia, comportamento hostil quando o único objetivo era o comércio honrado e quando as exigências dos portugueses — quais sejam, os contatos com as populações realizados por compatriotas — tinha sido cumprida, isso era revoltante. Os mercadores Van der Veken, Daniel van der Meulen e Pieter van der Haegen foram envolvidos na retaliação executada pelo almirante Van der Does, na qual Broer Janszoon van Medmblik e seu esquadrão tomaram parte.

De relato extraído da publicação *Johan van der Veken en zijn tijd*, do professor J. H. Kernkamp, parece que, apesar da indignação dos holandeses, o espírito mercantil prevalecera. Em 1579, os Estados Gerais despacharam uma esquadra de 73 navios sob o comando do almirante Van der Does para punir Felipe III por sua proibitiva política econômica em relação aos Países Baixos do Norte. Simultaneamente, os Estados Gerais haviam assinado um acordo, em 25 de março de 1599, com Balthasar de Moucherin, um dos maiores espíritos comerciais da época que, como Van der Veken e Pieter van der Haegen, era natural da região sul dos Países Baixos. Conforme esse acordo, a frota de Van der Does seria reforçada por certas naves corsárias sob o comando do almirante Van den Kerckhove, e o objetivo era uma honrosa combinação de espólio e conquista.

Pieter van der Haegen desistiu dessa *joint venture* no último momento. "Resolvemos", escreveria então, "usar apenas nossos três navios e duas chalupas na formação de nossa companhia particular. Será, para nós, mais lucrativo e mais honroso, pois posso imaginar que, se nos juntarmos aos Estados e a Moucheron, haverá muito remorso e tudo deverá ser dividido entre muitos sócios..."

A frota lançou velas de Rotterdam, em 25 de maio de 1599. Melchior van den Kerckhove operava suas cinco naus com absoluta independência, sem outro compromisso com a frota dos Estados Gerais. Repentinamente, ao atingirem as ilhas do Cabo Verde, van den Kerckhove separou-se do resto da esquadra, surpreendendo amigos e inimigos. A 6 de março de 1600, surgiram rumores, entre os mercadores nos Países Baixos, de que Melchior tinha atacado um dos portos da Zelândia e o tinha pilhado extensivamente. Ele não continuaria essa aventura por muito tempo, pois, passados dois meses, dois de seus navios forram arrestados por conta de seus desmandos. A justiça, fez-se presente. Um italiano, Francisco Garbino, foi testemunha de acusação e deu uma descrição muito detalhada e colorida de como Melchior van der Kerckhove e seu capitão, em um insano ataque de fúria, desferiram-lhe um terrível golpe diretamente sobre seu único olho bom. Pieter van der Haegen, um indivíduo reconhecidamente pouco confiável, foi obrigado a pagar uma soma de 20 mil florins como caução, evadindo-se em seguido para local não conhecido...

Não havia, naqueles dias, um senso de moralidade muito desenvolvido, segundo opinião proferida pelo professor de Leiden, o Dr. Domenicus Baudius. Sobre Van der Haegen e Moucheron, opinara: "ninguém sabe mais do que o notório perdulário Van der Haegen como atrair idiotas boquiabertos e manobrá-los para deles fazer o que bem entender, e podemos comparar o vagabundo de Moucheron com aquele pássaro de mau agouro." Contudo, sobre o próprio Dr. Domenicus Baudius, tão exigente sobre os princípios da moralidade, quais os sentimentos que pesavam sobre ele? Os curadores da Universidade de Leiden ameaçavam expulsá-lo do quadro docente da instituição justamente por conta de sua conduta moral pouco exemplar.

Após a expedição punitiva do almirante Van der Does, os holandeses limitaram-se a operações de ataque e fuga. Em 1604, sete navios holandeses, sob o comando do almirante Paulus van Caerden, singraram novamente a Baía de Todos os Santos, rebocaram para o mar um navio ricamente carregado e atearam fogo a outra nau. Alguns anos depois, essas vexaminosas ações tornaram-se uma forma legalizada de pirataria, conhecida como corso. O corso foi a principal fonte de renda para a organização comercial chamada Companhia das Índias Ocidentais, cujo principal objetivo era atacar o inimigo em seus interesses coloniais por meio de uma série de violentos e contínuos ataques. A evolução das relações entre holandeses e portugueses será o tema do próximo capítulo.

Capítulo 2

A derrota da Bahia

Nos primeiros anos do Século XVII, a moral dos soldados espanhóis nos Países Baixos estava no seu ponto mais baixo. Desde 1598, as consignações de dinheiro da Espanha tinham diminuído grandemente, o pagamento era freqüentemente retido e os motins estavam na ordem do dia. Assim, em 1606, contam-se 4.052 amotinados que exigiram atrasados que somavam mais de 1 milhão de florins. A Espanha estava exaurida e não conseguia reorganizar seu exército, mas, ainda assim, não se cogitava na paz. Com efeito, a paz implicava concessões aos inimigos da fé, e uma trégua seria o tácito reconhecimento da derrota. A vida dos militares espanhóis era orientada pelo lema "Deus e Honra".

Ocorreu então um milagre para os hispânicos. Justo ao contrário de suas expectativas, os holandeses se ofereceram para negociar uma trégua. A honra da Espanha estava salva, pois a República dos Países Baixos Unidos também ansiava pela paz. A Holanda estava até o pescoço em dívidas e sem condições de fornecer crédito necessário às várias províncias para o esforço de guerra. Cada vez mais, clamava-se pela cessação das hostilidades. Johan van Oldenbarneveldt colocou-se à cabeça da facção pacifista e foi apoiado pelos Estados Gerais. Havia, de outra parte, um forte partido que defendia o estado de beligerância, apoiando pecuniariamente seu ideal. Um mercador da Antuérpia estabelecido em Amsterdã, Willem Ussenlincx, era um fervoroso calvinista fanático oponente da paz. Como tantos outros "belgas", mostrava o caminho a ser seguido pela Holanda: preparara um plano para a sistemática fundação de assentamentos em territórios sob domínio espanhol e português, tais com as Antilhas, a Flórida, o Chile e o Brasil. Os recursos necessários para a permanência do estado de guerra não era proveniente da exploração de plantações de açúcar ou do uso de milhares de escravos negros, mas do escambo. Vantajosos contratos comerciais poderiam ser estabelecidos com o Brasil, de onde seria possível exportar açúcar no valor de quase 5 milhões de florins ao ano, além de grandes somas obtidas com o comércio de algodão, de madeiras e de corantes.

Amsterdã, também, não obteria qualquer vantagem com a paz, uma vez que um sistema corso bem organizado só poderia ser praticado em tempos de guerra, auferindo grandes receitas. Por fim, o terceiro oponente da paz era o próprio príncipe Maurício, governador da Holanda, Zelândia, Overijssel, Gelderland e Utrecht e chefe do exército dos países dos Estados Gerais, o sul católico romano. O grande rival de Van Oldenbarneveldt era próprio Maurício, líder militar e arauto da guerra, que via no estado de paz simplesmente uma diminuição de seu próprio prestígio. Além do que, em um eventual tratado de paz com a Espanha, Maurício teria de dividir uma grande herança com seu meio irmão, Felipe Guilherme, enviado para a Espanha, por ordem de Alva, quarenta anos antes.

A despeito dos ferozes ataques pessoais de Ussenlincx, que acusavam Van Oldenbarneveldt de venialidade, e os abusos de François van Aerssen, embaixador na corte do Rei Sol, a quem Van Oldenbarneveldt com certeza repreendeu, a trégua foi assinada. As hostilidades cessaram em 24 de abril de 1607. Dois anos depois, a trégua foi selada e haveria de durar doze anos.

Os anos seguintes foram dedicados à reflexão. Comerciantes e políticos agora voltavam suas mentes para os planos que Ussenlincx havia tentado desenvolver junto aos mercadores de Amsterdã e aos magistrados de Haia, ainda na década de 1590. Um interessante documento espanhol, datado de 5 de julho de 1614, despachado pelo duque de Lerma, conselheiro e ministro-chefe de Felipe III, contém detalhes minuciosos sobre os esforços da Holanda e da Zelândia para levantar uma organização comercial nas Índias Ocidentais. Enérgicos e intrépidos mercadores viajaram por todo o país, no intuito de persuadir a população a contribuir com o empreendimento. Seu maior apoio veio da Zelândia, pois havia armazéns e marinheiros disponíveis para um empreendimento dessa envergadura. O documento também menciona o fato que os zelandeses tinham um olhar sobre ao rio das Amazonas, e que uma caravela partira em segredo de Ulissingen rumo àquele rio para fazer o reconhecimento dos ribeirinhos e singrar o rio tão longe quanto possível. Essa empreitada era uma flagrante quebra das regulamentações inglesas, e, naqueles tempos, Ulissingen, bem como Fort Rammekens e Brielle, eram territórios ingleses, com guarnição e governador. Essas cidades estavam com as mãos e com os pés atados, pois o rei James não permitia ações que o rei de Espanha pudesse objetar. As cidades tinham sido ocupadas pelos ingleses trinta anos antes: foram-lhes cedidas em decorrência de um pleito, realizado em 1585, em retribuição às forças auxiliares que a rainha Elizabeth enviara aos Países Baixos, sob o comando de Robert Dudley, conde de Leicester, por requisição dos Estados Gerais. Por meio de uma brilhante manobra política, entretanto, Johan van Oldenbarneveldt conseguiu livrar as três cidades das opressivas tropas britânicas, no verão de 1616. Van Oldenbarneveldt, ao tomar conhecimento das preocupações financeiras que abalavam o rei James, cancelou suas notáveis dívidas adiantadamente. Quatro meses mais tarde, dois grupos de pioneiros embarcaram em uma viagem para a selvagem costa da Guiana. Um grupo assentou-se no rio Essequibo, a noroeste, e o outro no Amazonas, a sudeste.

Pieter Adriaenszoon foi o homem que singrou o Amazonas no "Gouden Haan", e o major John Scott deixou um fascinante relato dessa tentativa de colonização. Descreveu os primeiros anos do assentamento no Amazonas em sua *História e descrição do rio das Amazonas*: "muitas dessas pessoas eram de origem inglesa que habitavam então Vlushing e Ramakins, cidades sob o domínio britânico. Eram 130 homens, sendo que quatorze deles foram acompanhados por suas famílias. Levavam pão, massa, carne, porcos, *bacon*, farelo de aveia, vinagre e vinte barricas de aguardente..."

Esse mesmo Pieter Adriaenszoon mais tarde ganharia fama como almirante Pieter Adrianszoon Ita, no tempo da conquista de Olinda e de Recife, quando foram lançadas as bases do império colonial da República dos Países Baixos Unidos no Brasil. Os portugueses seguiram os movimentos desse primeiro grupo de pioneiros no Amazonas com grande precaução. Um ano antes, em 1615, um certo Jeronymo de Albuquerque havia conseguido expulsar os franceses de São Luiz do Maranhão. Encorajado por esse sucesso, o governador do Brasil tinha ordenado o aparelhamento de uma expedição para explorar o Amazonas e a construção de um forte em uma posição estratégica, da qual fosse possível observar de perto todas as atividades comerciais dos holandeses e dos ingleses na região. Enquanto estava em missão de reconhecimento, o comandante da expedição, Francisco Caldeira de Castelo Branco, ouviu de um francês fugitivo do Maranhão, que fora capturado por Albuquerque, o relato sobre um grupo de zelandeses que estava mostrando seus utensílios aos moradores dos vilarejos rio acima e que alguns deles já estavam dominando com certa proficiência a linguagem das populações ribeirinhas. O francês presenciara, dois dias antes, a passagem de três navios da Zelândia rumando rio acima.

Pieter Pieterszoon Heyn.

Ao ouvir a notícia, Caldeira mandou o francês atrás de mais informações sobre as novas arribadas e, passados poucos dias, Caldeira foi informado que os "olandeses e framengos", ou seja, os holandeses e zelandeses eram cerca de trezentos, fortes e saudáveis, vivendo em duas fortalezas de madeira que serviam de sede a dois engenhos de açúcar. O francês foi ainda informado por um índio que, a uma distância aproximada de 150 milhas do novo assentamento português de Nossa Senhora de Belém, um grupo de homens com quinze barcos estava construindo fortificações. Estavam em companhia de suas mulheres. Os barcos em questão eram as canoas nas quais os índios e os pioneiros transportaram seus suprimentos do "Gouden Haan" para o local em que as fortificações haviam de ser construídas. O assentamento, que incluía ingleses, holandeses e zelandeses sob a liderança de Pieter Adriaenszoon, durou não mais do que seis anos. A posição não era sustentável por mais tempo. As escaramuças com os índios não eram tão graves, mas as coisas ficaram sérias em 1622, quando um certo Luiz Aranha Vasoncellos de Madrid chegou a Belém com instruções especiais para unir-se ao governador do Grão Pará, o enérgico e impiedoso Bento Maciel Parente, para extirpar "holandeses e outros estrangeiros" do território do Amazonas. Uma expedição, sob o comando de Maciel, navegou pelo rio Pará e constatou que estava bloqueado, na entrada para o rio principal, por uma fortaleza operada por holandeses, ingleses e fugitivos franceses apoiados por um grande número de nativos. Maciel atacou a fortaleza, que estava na margem norte da foz do rio Corupá e desalojou os pioneiros de suas trincheiras. Destruiu então as indústrias holandesas, denominadas Orange e Nassau, no rio Xingu, e navegou a jusante do rio Felipe, onde encontraria um navio holandês, às margens da ilha de Tocujos. Maciel atacou com tal violência o inimigo que o capitão, Pieter Adriaenszoon foi obrigado a trazer seu barco para a terra firme para então incendiá-lo. Maciel ainda não estava satisfeito. Após esse episódio, voltou a Corupá, onde construiu uma fortaleza na margem sul imediatamente oposta ao assentamento holandês, em um ponto chamado Mariocay. Esse permaneceu o principal posto avançado português no Amazonas, por mais de setenta anos.

Jan de Moor solicitou à recém fundada Companhia da Índias Ocidentais permissão para livrar os setenta pioneiros. A Companhia instruiu o almirante Willwkens para o resgate. Em 1623, os sobreviventes dessa aventura colonial chegaram à baía de Ulissingen em dois navios ricamente abarrotados de madeira e de tabaco, uma mercadoria que alcançaria o alto preço de 60 mil libras esterlinas.

A Trégua de Doze Anos aproximava-se de seu final. Desde 1618, o governo espanhol estava estudando a possibilidade de se protelar ou não o cessar-fogo. A decisão foi tomada no natal de 1619: continuar a guerra, pois a trégua tinha causado incontáveis danos ao comércio no Novo Mundo e à fé. Em relação aos Países Baixos Unidos, Amsterdã continuava a apoiar uma forma organizada da atividade corsária que poderia fornecer uma sólida fonte de rendas. Os planos de Willem Usselincx foram abandonados e, em 3 de junho de 1621, menos do que dois meses após o término da Trégua de Doze Anos, os Estados Gerais conferiram uma patente por um período de 24 anos para uma organização comercial holandesa que almejava destruir o inimigo atacando constantemente seus interesses coloniais. Essa organização chamava-se Companhia das Índias Ocidentais — CIO — e obteve o monopólio do comércio para toda a América e para toda a África, do trópico de Câncer ao Cabo da Boa Esperança.

A administração da Companhia das Índias Ocidentais era formada por cinco escritórios, chamados câmaras: a de Amsterdã, a da Zelândia — Middelburg, Veere, Ulissingen e Thole —, a de Maas — Rotterdam, Delft e Dordrecht —, a do Quarto-Norte — Alkmaar, Hoorn, Enkhuizen, Edam, Minnikendam e Medemblik —, e, por fim, a da Cidade e País — Frísia e Groningen. Nessas cinco câmaras, tomavam assento 74 diretores. No caso da câmara de Amsterdã, somente negociantes com investimentos superiores a 6 mil florins poderiam ser indicados como diretores; no caso das demais câmaras, o investimento mínimo era de 4 mil florins. Entre os diretores, estavam empreendedores como Pieter Boudaen Courten, Jan de Moor e Cornelius Lampsins, que tinham interesses na costa norte da América do Sul e nas Guianas, Abraham Pere, fundador de um assentamento na costa selvagem da América do Sul, bem como mercadores das costas guianas, como Geleyn ten Haeff e Cornelius Elfsdijck. Todos faziam parte da câmara da Zelândia. O mais proeminente membro da câmara de Amsterdã era Samuel Godjin, o primeiro proprietário de embarcações que ia à captura de baleias e comerciava em Manhattan.

Os diretores deveriam encontrar-se, alternadamente, em Middleburgh e em Amsterdã. Balanços para os financiadores eram previstos a cada três meses após a partida das esquadras, e os lucros superiores a 10% do capital investido deveriam ser pagos diretamente aos sócios. Essas informações sobre a organização interna são suficientes. No que diz respeito às relações externas, a Companhia das Índias Ocidentais — a exemplo da diplomacia inaugurada por sua irmã mais velha, a Companhia Unida da Índias Orientais — podia selar alianças com os "príncipes e nativos" das terras que caíssem sob os domínios de suas licenças, fundar assentamentos em áreas desabitadas, estabelecer guarnições e governos, bem como dispensar justiça. A Companhia das Índias Ocidentais também podia recrutar soldados, desde que pagasse os custos. Os soldados estariam comprometidos, por um juramento de lealdade, aos Estados Gerais, ao conde e aos estatutos da Companhia. Esse vínculo dúbio era o calcanhar-de-aquiles da sólida estrutura dessa organização comercial, porque os direitos e deveres dos soldados nunca ficavam suficientemente claros. Passados vinte e cinco anos, essa responsabilidade ambígua trouxe graves problemas à colorida figura do almirante Witte Corneliszoon de With, justamente nos últimos dias da aventura brasileira.

A captura de Salvador, pelo Almirante Jacob Willekens, em 10 de maio de 1624.

No papel, a organização era perfeita. A questão premente, naqueles dias, resumia-se à capitalização dos recursos necessários ao empreendimento. A meta era 7 milhões de florins. Ussenlicx, o mercador da Antuérpia que vivia em Amsterdã, pioneiro da Companhia das Índias Ocidentais, ficou responsável pela coleta dos fundos — uma grande tarefa, que não seria nem recompensada com uma indicação para a diretoria. A Igreja Católica romana de Utrecht fez uma pequena contribuição depois de considerável hesitação; a parcimoniosa comunidade de Rotterdam manteve-se inicialmente distante. Por fim, o governo da municipalidade e alguns dos principais homens de negócio mostraram-se dispostos a participar do empreendimento. A Companhia das Índias Ocidentais estava pronta para o início de suas atividades. Dois anos de preocupação foram seguidos por um suspiro de alívio. O ano era 1623 e o primeiro objetivo fora alcançado: 7 milhões de florins tinham sido amealhados, o suficiente para lançar uma operação de larga escala contra o império hispano-português. A questão agora era encontrar o ponto vulnerável daquele vasto império, uma brecha que pudesse ferir de morte o poder imperial do inimigo. Ouviram-se vozes acerca da tomada de alguns depósitos de ouro e de prata na costa oeste da América do Sul. Isso significaria o fim do fluxo de ouro para a Espanha e causaria uma verdadeira devastação na vida econômica daquele país. Em seu *Historisch Journael vande Voyagie ghedaen met ses schepen, uytgereet zijnde door de vermaerde Heeren Bewint-Hebberen van de Oost-Indische Compaignie* — "Diário histórico da viagem realizada com seis navios equipados pelos diretores da Companhia das Índias Orientais —, o general Joris van Spielbergen pintou um sugestivo quadro das abundantes riquezas disponíveis na costa boliviana.

Em 2 de julho de 1615, chegou ao porto de Arica, de onde a prata do distrito de Potosí era enviada para a Espanha. Sua vivaz descrição do distrito e da maneira pela qual a prata era enviada de Arica até o Panamá, de onde, pela Porta Vela, era embarcada para seguir viagem até a Espanha. Descrevia o prestígio ligado a tal empreendimento militar. Isso fez com que o conde príncipe Maurício decidisse preparar uma frota para a qual foi dado o apropriado nome de Frota de Nassau. Sua missão era navegar pelo recentemente descoberto Estreito de Le Maire, ao longo da costa oeste da América do Sul, e procurar a oportunidade de fundar um assentamento permanente nas vizinhanças de Arica. Essa empreitada, para a qual onze navios lançaram velas no fim de abril de 1623, sob o comando do almirante Jacques l'Hermite e do vice-almirante Schapenham, terminou em desastre. Quando a expedição chegou em Arica, os galeões de prata espanhola já tinham levantado âncora, os lugares invadidos não poderiam ser defendidos dos ataques hispânicos e, para tornar as coisas piores, o almirante morreu, e "deu-se-lhe um esplêndido sepultamento na ilha de Lima". Essa aventura ensinou à Companhia das Índias Orientais a não atacar e conquistar áreas que requeressem longas linhas de suprimento.

O quadro de governantes da Companhia das Índias Orientais — os Heeren XIX* — decidiu desferir o primeiro ataque em grande escala no Brasil. Um dos senhores era Johannes De Laet, diretor da câmara de Amsterdã e natural da Antuérpia, que descreveu as operações da Companhia das Índias Orientais de sua fundação a 1636, em seu famoso *Anais*. Nesses *Anais*, explicava claramente por que o império hispano-português poderia ser melhor atacado no Brasil: "estaríamos assim tratando com os portugueses, menos temidos que os hispânicos e mais sujeitos a serem conquistados ou forçados a aceitar nossa amizade, pensava-se. Ademais, havia o comércio de açúcar e de pau-brasil na colônia lusa, o que era considerado muito lucrativo e vantajoso por esses holandeses..." Outra razão era a população indígena, manifestamente explorada pelos brancos — criminosos portugueses que aportavam nas costas duas vezes por ano —, que poderia mostrar-se muito receptiva ao convite à amizade com os holandeses

Como o Brasil poderia ser posto de joelhos? Atingindo-se seu coração, que, novamente segundo De Laet, era a Bahia de Todos os Santos: "ela estava situada de tal maneira que nela poder-se-ia entrar facilmente e de lá atacar todas as outras partes da América e das Ilhas..." A decisão de De Laet e dos outros dezoito diretores foi indubitavelmente influenciada por um notável livro que apareceu em 1623 e que fornecia uma grande quantidade de interessantes e relevantes informações sobre o Brasil. Fora escrito por um certo

* Os Dezenove Senhores.

A conquista da fortaleza na Baía de Todos os Santos.

Dierick Ruiters e era intitulado *Toortse der Zee-vaert* — "A tocha de navegação". A obra era sem dúvida uma tocha, um guia de "como singrar as costas situadas ao sul do trópico de Câncer, como o Brasil, as Índias Ocidentais, a Guiné e Angola etc." Ruiters era um homem particularmente versátil: não apenas dotado de considerável talento literário, era ainda navegador, guerreiro, astrônomo e matemático. Nascido em Middleburg, decidiu viajar ao Brasil quando observou, para sua tristeza, que a costa da Guiné não oferecia mais perspectivas comerciais. Diz, em seu livro, que visitou Sergipe, província ao norte da Bahia, entre 1617 e 1618, quando foi aprisionado pelos portugueses, no Rio de Janeiro, e levado a Pernambuco. Durante essa viagem aportou na Baía de Todos os Santos e em Salvador. Era particularmente interessante sua descrição de todos os pontos importantes que possibilitariam uma aproximação à cidade, o que, obviamente, foi realizado com muita discrição. Depois de dois anos e meio de prisão, Dierick Ruiters conseguiu enganar seus guardas. Seu instrutivo relato, entremeado de informações matemáticas e geográficas do famoso português Manuel de Figueiredo, foi devorado pelos especialistas militares. Sobre Salvador, o objetivo da expedição, escreveu: "essa cidade situa-se a oeste da baía no ponto mais elevado do declive da montanha; esse declive é tão acentuado que não pode ser escalado diretamente. Há quatro caminhos que levam à cidade, dois conduzem diretamente ao centro, e a cada extremo do perímetro urbano há um caminho que leva ao centro... Os portugueses são em torno de 1.600 homens — entre jovens e velhos —, que somados às mulheres e às crianças chegam a cerca de 3.000 almas. A cidade é aberta, sem muralhas que pudessem prevenir qualquer um de entrar..." Assim, não é de surpreender que devêssemos encontrar Dierick Ruiters como oficial do iate "Het Postpaert", integrante de uma esquadra de três navios que velejou da Zelândia para o Brasil, em 26 de janeiro de 1624.

Os primeiros navios lançaram-se ao mar em 21 de dezembro de 1623.

A esquadra de dezenove embarcações que saiu de Texel e de Ems incluía o navio capitânia "Zeelandia", de 600 toneladas, comandado pelo almirante Jacob Willekens, que, trinta anos antes, havia sido um bem sucedido mercador de arengue no Nieuwendijk, em Amsterdã. A esquadra também contava com um navio igualmente impressionante, o "Hollandia", levando o coronel do contingente militar, "o nobre Jonckheer Johan van Dorth, Heer van der Horst en Pesch, que tinha honrosamente ocupado muitas elevadas posições nessas províncias e em outras, tanto na política como na guerra". Em 25 de janeiro, Pieter Piterszoon Heyn, atuando como vice-almirante, saiu do porto de Goereese Gat no "Neptunus", de 460 toneladas. No dia seguinte, a frota completa de 26 embarcações estava no mar, rumo ao Brasil, uma impressionante empreitada em que tanto os critérios de qualidade como os de quantidade foram considerados.

A esquadra de Willekens teve uma boa viagem e chegou, uma semana depois, em São Vicente, uma das ilhas do Cabo Verde. O "Hollandia", com o comandante das tropas de terra a bordo, passou reto rumo a Serra Leoa, onde ancorou. Willekens esperou ao largo de São Vicente o resto da frota, suprindo-se de limões, de laranjas, de peixe e de carne de cabras, enquanto as chalupas estavam sendo preparados para o ataque dos comandos na Baía de Todos os Santos. Sem a força de terra de Van Dorth, a frota seguiu seu curso e atingiu Salvador, no dia 8 de maio.

Salvador é situada a nordeste da Baía de Todos os Santos, no declive de uma acentuada falésia. Na praia, numerosos armazéns estavam amparados por dois fortes na enseada da baía, que, por sua vez, recebiam proteção de três pequenos castelos. Era a capital da província mais importante do Brasil e a sede do governo, da alta corte e do arcebispado do Brasil. Contava com 1.400 residências e uma guarnição de 1.550 soldados. A cidade possuía duas igrejas, uns poucos conventos e uma escola jesuíta. Uma considerável frota hispano-portuguesa estava ao largo da costa, armada até os dentes e pronta para retaliar com violência.

A frota holandesa lançou âncora a nove milhas da costa para deliberar. Decidiu-se por uma ação diversionária: quatro navios grandes e um iate, com soldados a bordo, iriam para o sul da baía e lançariam âncoras ante o Forte Antônio, enquanto os demais navios, comandados pelo almirante Willekens e pelo vice-almirante Heyn, navegariam para o interior da baía. Na manhã seguinte, às dez em ponto, Heyn abriu fogo contra as baterias da costa. Com três navios ele reduziu oito vasos portugueses a escombros e quatro outros foram incendiados pelos próprios portugueses. Um considerável obstáculo, entretanto, seria encontrado: uma fortaleza postada em uma elevação rochosa, no centro da baía, onde 600 homens manejavam uma bateria de onze peças de artilharia a dominar toda a baía de uma altura de três metros. O forte tinha de ser tomado e Piet Heyn não hesitou. Três barcos com uma tripulação de vinte homens cada, dirigiu-se rumo à bateria, ocupada em manter os grandes navios holandeses sob fogo constante, o que realmente causava enormes danos. Sob uma saraivada de balas Heyn e um corneteiro escalaram o muro da fortaleza "com tamanha coragem e perícia que, primeiro o corneteiro, depois ele e todos os seus companheiros, chegaram à plataforma — uma ação de grande valentia e virilidade — subindo uns nos ombros dos outros e usando os ganchos dos barcos..."

Os portugueses ficaram atônitos com essa demonstração de bravura, pularam na água e tentaram nadar até a cidade. Nesse ínterim, sete chalupas, com 1.440 homens, sob o comando do sargento-major Allert Schouten, navegaram para a costa. A bordo estava o nosso já conhecido Dierick Ruiters, que, seis anos antes, tinha observado Salvador como prisioneiro dos portugueses e que conhecia a região como a palma de sua mão. Seria o responsável pelo comando do ataque à cidade, a partir da ilha. Da plataforma, Piet Heyn conseguiu silenciar o fogo da praia e deslocou duas peças de artilharia rumo à bateria da costa.

Os soldados de Ruiters alcançaram a terra firme e avançaram ao longo de estreitos caminhos e passagens sem encontrar qualquer resistência significativa. Às portas de Salvador, entretanto, os holandeses que avançavam depararam-se com um fogo pesado; muitos caíram mortos, o que fez Dierick Ruiters decidir por postergar a tomada da cidade até a manhã seguinte.

A cidade parecia estar completamente deserta. Naquela noite, a população havia fugido em pânico. Sob a liderança do bispo Marcos Teixeira, seiscentos homens abandonaram Salvador. As únicas pessoas que Ruiters encontrou foram Diogo de Mendonça Furtado, governador do Brasil, e sua família, que preferiu render-se a acompanhar a covarde retirada do bispo.

O navio de Johan van Dorth ainda não havia aparecido e o comandante das tropas foi incapaz de impor disciplina aos soldados. A soldadesca iniciou a pilhagem da cidade de uma maneira odienta: "todas as casas, as lojas e os armazéns tiveram as portas arrombadas, apoderaram-se daquilo que gostaram e jogaram fora e estragaram todo o resto..." Logo que ouviu o relato sobre esse ato de vandalismo Piet Heyn tomou medidas drásticas. Deu instruções para que os objetos que haviam sido jogados fora fossem recolhidos e inventariados. Constatou que "a grande destruição provocada pela soldadesca causara notável prejuízo, pois os alimentos haviam sido todos jogados fora e tratados como lixo..." Os holandeses coletaram um enorme espólio: linho, lã e seda, 3.900 cestos de açúcar, tabaco, óleo de baleia, sal, pão, vinho e um grande número de armas.

O que haveria acontecido com o comandante em chefe dos soldados, tão conspícuo por sua ausência? Após Johan van Dorth ter-se distanciado da frota em São Vicente e rumado até Serra Leoa, seguiu para o Brasil e lançou âncora a trinta milhas ao sul de Salvador, ao largo da ilha do Morro de São Paulo, onde teve a oportunidade de carenar e limpar seu navio. Cruzou ao longo da costa por três semanas esperando em vão pela frota, e então decidiu navegar até à Baía de Todos os Santos. Quando chegou a Salvador, encontrou a cidade a salvo em mãos holandesas e uma soldadesca tão inebriada pela vitória que dificilmente poderia ser controlada. Conseguiu restaurar a disciplina sem demora, e, no mesmo dia, fez proclamar que os habitantes foragidos poderiam retornar a suas casas sem nada a temer, desde que se comportassem amistosamente com os ocupantes. Seus apelos não surtiram efeito. Aqueles errantes liderados pelo bispo Teixeira estavam certos da veracidade do julgamento do eclesiástico que ameaçava os fugitivos com o diabo e a maldição e dizia serem os holandeses hereges que agiam como bestas, professando uma crença diferente. Os habitantes, em torno de 1.500 homens, passaram a viver nas florestas das cercanias da cidade, sob o comando do bispo, e iniciaram uma perseguição sistemática aos holandeses com ataques de guerrilha, forçando-os, por fim, a permanecerem confinados no interior da cidade.

Se pelo lado continental a situação era essa, pelo lado do mar a sorte ainda sorria para os holandeses: todos os dias, navios portugueses singravam no porto sem noção de que acabavam de cair nas mãos do inimigo. "Um navio proveniente de Lisboa", por exemplo, "pesava umas 120 toneladas, carregado de óleo, farinha, pão e outras mercadorias, dito pelo povo que valia 30 mil ducados..." Logo após, chegou outro navio com onze jesuítas e alguns frades; para completar essa sua carga pouco lucrativa, o navio também levava 7 mil piastras em dinheiro vivo bem como quarenta cestos de açúcar. Poucos dias depois chegou um navio com 200 negros provenientes de Angola, trazidos como escravos para as plantações de açúcar. Até aquele momento, os ocupantes holandeses viviam como em um sonho. Passaram-se três semanas inteiras antes que o iate De Vos fosse enviado à Holanda para relatar o triunfo de Salvador.

Uma semana mais tarde, em 12 de junho, abateu-se o desastre: o inimigo tinha avançado até os bastiões da cidade e, quando descoberto pela sentinela, iniciou-se uma batalha que durou vinte e quatro horas, artilharia pesada e mosquetes contra arcos e flechas. O inimigo retrocedeu deixando um grande

A conquista de São Salvador pelos hispânicos, em 30 de abril de 1625.

número de mortos. Em 12 de junho, Van Dorth saiu a cavalo com cinqüenta infantes para reconhecer os exteriores dos bastiões da cidade, uma audácia que iria lhe custar a vida. Quando o comandante encontrava-se a certa distância de suas tropas, foi mortalmente ferido por flechas disparadas pelo inimigo que se escondia no mato. Sua cabeça foi decepada e seu corpo horrivelmente mutilado. O alarme soou imediatamente e, graças a rápida ação dos holandeses, apoiados por um grupo de escravos negros, o corpo do homem morto foi recuperado. De Laet teceu as seguintes considerações sobre a morte de Van Dorth: "Foi uma imensa perda para a Companhia ser privada de tão experiente e piedoso comandante militar, especialmente pelo grande respeito e pela autoridade que gozava justamente em um tempo em que seus conselhos eram mais necessários...'

Os holandeses decidiram constituir um conselho secreto que indicou Allert Schouten sucessor do líder militar morto. Seu irmão, Willem Schouten, também foi nomeado vice-comandante das tropas de terra.

Prepararam algumas embarcações que, carregadas de açúcar, de tabaco e de peles, levando ainda o governador do Brasil e sua corte, partiram para a Holanda, sob o comando de Jacob Willekens. Não apenas Willekens havia sido instruído pela Companhia das Índias Ocidentais a deixar imediatamente o Brasil, como também Piet Heyn recebera ordens de liderar um ataque ao principal porto de escravos português na costa oeste da África, São Paulo de Luanda.

E assim, no meio do verão de 1624, tudo que restava na Baía de Todos os Santos da imponente frota de 26 naves bélicas eram oito grandes e três pequenos vasos, que esperavam reforços da Holanda. Os holandeses sabiam que os hispânicos e os portugueses estavam preparando uma formidável frota para reconquistar o coração do Brasil.

Um pregador da Zelândia em Salvador, Enoch Sterhenius, descreveu os irmãos Schouten como "dois fracos, presas de sua lascívia, de sua cobiça, das bebidas e das mulheres..." As opiniões de Sterhenius sobre seus semelhantes nunca era muito sútil. Seu juízo sobre os jesuítas não era mais suave: "odiamos essa gente tanto quanto os hispânicos o fazem, pois são frívolos, inconstantes e abdicaram da verdadeira fé... Admite-se que alguns, mas muito poucos, vivem em Amsterdã, como o fazem em Roma, sob o Papa, e na Alemanha, sob o Imperador, mas os nossos homens do campo os desprezam e nós não temos comunhão com eles..." Esse ministro não tinha um senso muito forte de amor ao próximo e a questão posta é se a figura de Allert Schouten merecia ou não algum respeito por parte de seus comandados. Um soldado alemão que tinha tomado parte do ataque holandês na Bahia e que mais tarde contou suas experiências em sua *East-Indianischer Reise*, publicado em 1627, um tal J. G. Aldenburgk, tinha palavras elogiosas para seu comandante. Acreditava que Allert Schouten tinha realizado grandes feitos para a defesa da cidade, e isso foi confirmado por oficiais que voltaram à Holanda na expedição que conduziu o governador geral: trincheiras foram cavadas sob imensa pressão, barricadas foram colocadas em pontos estratégicos e uma fortaleza construída, isso tudo sob incessante chuva que repetidamente causava o colapso dos trabalhadores. Os dois portões principais foram fortificados; forneceram-se lanças pontiagudas de assalto; o forte de três pontas, que ainda estava inacabado no meio da baía, foi concluído e aparelhado com armas e grelhas para esquentar as bolas de fogo. Para o lado do mar, um parapeito de rocha foi construído e as patrulhas holandesas iam repetidamente atrás das linhas inimigas para buscarem o cimento indispensável para construí-la.

Nesse ínterim, os portugueses expulsos de Salvador permaneciam próximos aos bastiões. Após a morte do bispo fugitivo, passaram a ser comandados pelo brilhante oficial de Moura, enquanto, do lado holandês, uma companhia de negros foi formada sob o comando do ex-escravo Francisco. Aldenburgk descreveu-os pitorescamente como segue: "eles correm como porcos, nus em pelo, e, quando ficavam frente ao inimigo, pulam e gritam de uma estranha maneira." As condições higiênicas do reduto deixavam muito a desejar. Cachorros, gatos e lagartos, que poluíam as águas internas necessárias ao abastecimento, eram rigorosamente caçados, o que contribuía à proliferação dos ratos que mordiam as mãos e os pés dos homens dormindo. Decidiu-se então proibir a caça aos gatos.

A terça-feira gorda chegou. Allert Schouten ofereceu um banquete para a ocasião. As festividades fugiram ao controle e duraram oito dias. Até o governador de Potosí, que tinha chegado um pouco antes em um navio espanhol que inadvertidamente singrou à baía e foi prontamente capturado, participou das festividades. Os brindes eram acompanhados por estrondosas salvas desferidas pelos navios. Foi quando, subitamente, Allert Schouten caiu ao chão, morrendo em menos de vinte e quatro horas. O conselho secreto indicou seu irmão como comandante.

Entrementes, na Holanda, o relatório enviado aos Estados Gerais sobre a conquista de Salvador não havia causado mudanças na rotina metropolitana. Os holandeses estavam contentes, as coisas iam bem além mar, mas não havia pressa em mandar uma frota de socorro para apoiar as exíguas forças de onze velas rondando a costa para a proteção de Salvador. Notícias sobre a queda de Salvador, em cartas enviadas de Pernambuco, chegaram a Portugal um mês antes. Ao contrário dos holandeses, os portugueses imediatamente iniciaram a levantar uma grande frota, sob o comando de Dom Fradique de Toledo y Osorio com a missão de destruir a guarnição holandesa.

Era madrugada da manhã de 30 de março de 1625, dia da Páscoa. Willem Claeszoon Stoop, oficial na frota de Pieter Heyn, nomeado general após a partida de Heyn para Angola, estava defronte ao Forte Antônio quando viu surgir uma grande frota vindo em sua direção. Contou 59 velas e estava radiante com a chegada da tão esperada frota de socorro da Holanda, exatamente como o navio mensageiro "De Haese" relatara dezesseis dias antes. Ao aproximar-se da frota distinguiu, para seu horror, a bandeira espanhola no mastro e agora contava 52 vasos grandes e pelo menos onze menores. Era uma frota de tamanho sem precedente com 1.185 armas, 3 mil marinheiros e uma força militar de 11.500 homens, a caminho de Salvador. Stoop deu-se conta que isso significava o fim. Os holandeses não tinham mais que onze vasos e 2 mil homens ao todo. O aviso de Stoop chegou muito tarde. A frota lançou âncora diante das baterias da costa. Uma pesada canhonaria silenciou as baterias, e Fradique de Toledo estacionou suas tropas em dois pontos próximos à cidade. Afortunadamente, ainda haviam víveres suficientes, pois o iate "De Haese" trouxera suficiente munição e suprimentos para oito semanas. Contudo, o forte da costa cedeu.

Quatrocentos holandeses fizeram um desesperado ataque, deixando numerosos mortos e feridos no campo de batalha. Dois navios em fogo foram despachados contra a frota espanhola mas os hispânicos cortaram as âncoras e puseram a frota holandesa sob fogo. Isso significou o fim da frota holandesa. Não restava às tropas da Companhia das Índias Ocidentais senão o ataque ao inimigo com assaltos noturnos, o que não dava descanso ao inimigo mas deixava exaustos os holandeses. Lutavam por três horas, entrincheiravam-se por outras três e descansavam nas três horas seguintes. Apesar da extrema resistência dos holandeses e do solo rochoso, que tornava difícil cavar trincheiras, os espanhóis aproximavam-se cada vez mais. Ao chegarem ao portões da cidade, os espanhóis causaram pânico aos ocupantes de Salvador. Willem Schouten, o comandante, parece não ter sido capaz de controlar tão adversa situação ou ter se dado conta de sua função: não formou um estado-maior ou reuniu um conselho de guerra e, como o tenente-major Jan van der Heyde viria a dizer mais tarde, era totalmente indisciplinado, nunca fazia as rondas e ocupava importante parte de seu tempo com bebida e com libidinagem. Van der Heyde freqüentemente devia ir buscar a senha do dia nos bordéis. Schouten era arrogante com os soldados e comportava-se "com muita vanglória e era insuportável".

Diogo de Mendonça Furtado, governador-geral do Brasil, e Domingos Coinia, Jesuíta Provincial do Brasil, após sua chegada em Amsterdã.

Toledo queria pôr um fim rápido às operações. Estacionou parte de suas tropas em um terceiro vértice, sobre um elevado acima da cidade, de onde poderia atirar no centro. No campo holandês, uma tropa de soldados bêbados com pólvora e balas na boca veio ter Schouten, em seu quarto, no dia 26 de abril. Atiraram-no ao chão e o porta-voz do grupo, Isaak van Breda, aliás, Leckerbeekgen, e o negro Michael de Veneza, exigiram que o comando fosse tomado pelo oficial Ernst Klijff, um homem em quem todos confiavam. O pastor Sterhenius desempenhou um papel importante nesse selvagem episódio. Graças a seus conselhos e pela insistência do conselho de guerra reunido que Klijff, após muito hesitar, aceitou a indicação. Infelizmente, entretanto, o inimigo descobriu o motim. Um desertor holandês relatara todos os detalhes, acrescentando ainda que a maioria dos sitiantes estava exausta e pronta para render-se.

Toledo manteve a artilharia na elevação atirando ininterruptamente. Alguns dias depois, os soldados espanhóis viram um tenente holandês subir por sobre as barricadas e falar com vários oficiais espanhóis. Klijff perdera o controle da situação. Em 28 de abril de 1625, de acordo com as fontes espanholas,

Klijff enviou um emissário ao comandante-em-chefe espanhol para a abertura de negociações. As pesadas condições espanholas para uma pronta capitulação dos holandeses foram rejeitadas: os espanhóis responderam que os portões da cidade deveriam ser abertos imediatamente.

Dois dias mais tarde, Salvador estava sob o domínio espanhol. A guarnição holandesa foi bem tratada. Os soldados deveriam voltar para seus navios desarmados, e os oficiais poderiam ficar com suas espadas. Todos ganharam roupas novas e provisões para quatro meses e meio, armas para se defenderem em eventuais ataques na viagem de volta. De sua parte, os holandeses tinham de prometer não levantar um dedo sequer contra navios hispânicos até que chegassem à República. Dom Fradique de Toledo era um cavalheiro, Sterhenius não tinha dúvidas: "Eu espero que Deus garanta-lhe uma vida longa e feliz..."

Aldenburgk, municiado de toda a experiência e de todo o horror da aventura, contou sobre a viagem de volta em seu *West-Indianischer Reise*. Os homens a bordo comeram ratos e camundongos, mascavam balas de chumbo, para suavizar sua fome, e "Cornwall" enfrentou uma chuva desenfreada. A jornada prosseguiu então por terra até o Canal, onde alguns barcos holandeses, por fim, levaram os homens para Hellevoetsluis.

O espírito geral da República não era radiante. Por certo, os diretores da Companhia das Índias Ocidentais estavam furiosos com a guarnição: não poderiam ter negociado a rendição tendo ciência que uma frota de socorro estava a caminho. Não consideravam o fato de que a Holanda tinha sido morosa no envio de reforços e que nenhuma frota fora enviada ao Brasil até cinco meses após as notícias da conquista de Salvador. O édito publicado pelos Estados Gerais era repleto de palavras fortes. "Todos os soldados registrados, seus oficiais, e todos os demais que ocuparam a cidade de Salvador ao tempo de sua rendição e a perderam por negligência, libertinagem e negligência ao dever, estão dispensados e perdem, conseqüentemente, seu direito a todos os soldos mensais se, por qualquer razão, os reclamarem da Companhia das Índias Ocidentais." Cerca de quarenta soldados e oficiais foram julgados: decretou-se sete sentenças de morte. Klijff, declarado culpado pela rendição da cidade, estava no rol dos sentenciados, mas um perdão foi concedido a todos por súplica de Amalia van Solms, esposa do conde príncipe Frederick Henry. A emoção dos homens condenados foi tanta que quatro caíram de joelhos em sinal de gratidão. E assim, com a leitura das sentenças, em 17 de março de 1626, a aventura terminava em tragédia. E a Companhia das Índias Ocidentais, como resultado de sua inércia, tinha grande parte da culpa.

A falta de disciplina entre as tropas dos irmãos Schouten, que acarretou roubos, incêndios e pilhagens, tinha afetado seriamente a moral das forças militares e certamente contribuiu para uma rápida rendição. A responsabilidade por esse desvio de comportamento deve ser sobretudo atribuída a dois devassos, Philip de Mansfeld e Christian de Brunswick, os famosos reis dos soldados da Guerra dos Trinta Anos, cujas atemorizantes tropas faziam parte da guarnição.

E qual o destino reservado ao governador capturado, Furtado, a seu filho e à sua corte nos Países Baixos? Depois de levado à Holanda pela frota de Willekens, logo após a captura de Salvador, e lá mantido prisioneiro, Furtado e seu filho foram levados à Amsterdã e mantidos como reféns em uma casa particular. Os demais tiveram uma sorte menos auspiciosa. Seis dos onze missionários jesuítas foram jogados na prisão masculina em Amsterdã, em meados de outubro de 1624, enquanto o resto foi aprisionado em Rotterdam. Foram maltratados: o ar da prisão era viciado, mantidos em celas estreitas, eram continuamente abusados pelos carcereiros. Suas cartas eram censuradas e sua alimentação inadequada. Devido à falta de vitamina C, alguns ficaram seriamente doentes, até que os governadores decidiram melhorar as condições de sua detenção, temendo que morressem. De súbito, foi-lhes permitido as visitas, mas todas as tentativas de resgate foram infrutíferas, pois seus carcereiros tinham idéia do valor de mercado de seus "clientes", e o preço não cessava de subir. Depois de dois anos de prisão, foram finalmente resgatados em uma troca.

A soltura dos portugueses foi celebrada por alguns amigos em Amsterdã: três distintos jesuítas, o general da província brasileira, Domingos Coelho, o reitor do colégio jesuíta no Rio de Janeiro, Johannes d'Oliva, e o superior do convento do Espírito Santo, Manuel Tenreira, eram os convidados de honra de um dos mais importantes habitantes católicos romanos de Amsterdã, Jacob Pieterszoon Schaep. Os citadinos amontoavam-se a sua volta e os saudavam. Entre bandeiras tremulantes e muito júbilo, finalmente lançaram velas rumo a Portugal, não sem antes participarem de uma série de ricas recepções em Bruges e Bruxelas, onde foram presenteados com 4 mil florins para sua viagem de volta para casa. Quatro anos mais tarde, em 1630, os onze prisioneiros voltaram à Bahia e tiveram as boas-vindas dos heróis.

Capítulo 3

Pernambuco: a consolidação de uma cabeça-de-ponte

Boudewijn Hendrickszoon

Quando os Estados Gerais ouviram do barco mensageiro "De Vos" o relato sobre a conquista de Salvador, não foram capazes de tomar as medidas necessárias para a consolidação do território conquistado. Os governante simplesmente permaneceram em um profundo estado de satisfação que levou a uma atitude de *laisser-aller* e contribuiu, em larga medida, para a grande derrota da Bahia.

Passaram-se sete meses inteiros antes que uma frota de socorro, com a imponência exigida, sob o comando do prefeito de Edam, Boudewijn Hendrickszoon, fosse para o Brasil proteger a cidade de inesperados ataques inimigos. Era muito tarde. Com passagem pelo porto de Plymouth e pela ilha de Wight, onde as esquadras sob o comando dos almirantes Veron e Lam uniram-se à frota de Hendrickszoon, 45 navios fortemente armados finalmente partiram para a Bahia. A travessia foi difícil: o tempo estava ruim e Salvador só veio à vista em 26 de maio. O desapontamento dos homens é vivamente descrito no segundo volume dos *Anais* de Johannes de Laet: "...e por volta da uma hora da tarde, ao circundar o cabo, vindo da baía onde a cidade está situada, viram, para seu grande pesar, que uma bandeira espanhola tremulava na fortificação da cidade de Salvador e que o general e almirante do inimigo e todos os seus belos navios encontravam-se próximos às baterias. Viram ainda vários navios sem mastro junto aos bastiões, com duas fileiras de armas. Dos barcos inimigos, vinte estavam às velas, esperando forçar nossos navios para o interior, deixando-os à mercê das baterias, não ousando atacar ou esperar nossos navios... Nosso general, ao enxergar a gravidade da situação, deu ordem de baixar a vela-mestra e aguardou o almirante Veron para perguntar-lhe sobre o melhor a ser feito. Ambos julgaram impróprio avançar mais, viram claramente que o inimigo era senhor da cidade." Boudewijn Hendrickszoon decidiu então não atacar e mudar seu curso para o norte, com o objetivo de atacar e destruir a frota hispano-portuguesa. Ao norte, já em Pernambuco, na Baía da Traição, encontrou um local sossegado onde pôde trazer à praia suas centenas de doentes.

Mapa. A costa brasileira.

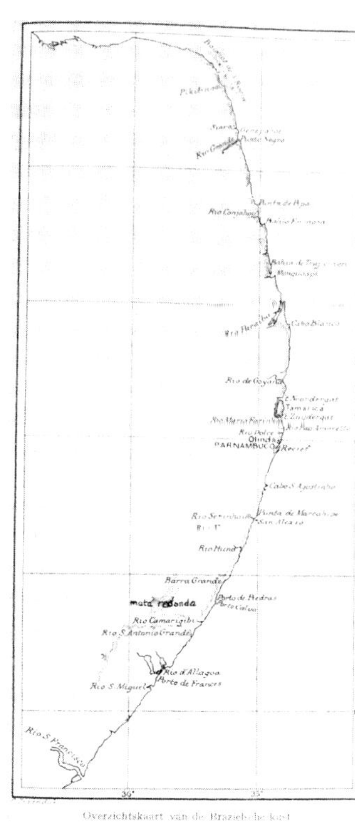

Os holandeses foram calorosamente recebidos pelos índios Tapuia e Potiguar, ambos hostis aos portugueses, que lhes agraciaram com laranjas e outros alimentos para aliviar o sofrimento dos doentes. Contudo, setecentos homens foram enterrados. Um mês inteiro já durava a estadia na baía; já era hora de decidir sobre as ações contra o inimigo. Por fim, resolveram separar-se: Hendrickszoon exploraria a área do Caribe atacando a ilha de San Juan de Porto Rico, enquanto Lam e Veron deveriam concentrar-se na importante fortaleza portuguesa na costa de Achanti, o castelo Elmina, considerado uma das principais estações de escravos do inimigo. Boudewijn Hendrickszoon e Andries Veron nunca retornariam à Holanda. Após um mal sucedido ataque à fortaleza de Porto Rico, Hendrickszoon velejou a oeste rumo a Cuba. Entrou no porto de Havana sem encontrar qualquer oposição. '"Em uma ilhota próxima à ilha principal, encontrou um navio recém-construído... pesando umas duzentas toneladas... e tantos mosquitos que picavam tão ferozmente que era impossível descansar à noite..." Avançou com setecentos homens por um estreito caminho que não permitia a marcha senão em fila indiana, para finalmente chegarem em um curral onde era guardado o gado. A população fugira e o despojo consistia em cinqüenta porcos, oito terneiros gordos, *bacon*, vinte mil laranjas e vários milhares de limões, numerosas bananas e outros petiscos mais. Algumas semanas depois, Hendrickszoon foi derrubado por uma violenta febre, morrendo em 2 de julho de 1626. Foi um homem versátil, diretor da Companhia das Índias Ocidentais, ex-prefeito de Edam, com reputação de piedoso, esperto e intrépido, herói do mar e sábio comandante. Alguns dias após sua morte, seus homens passaram a reclamar da severa falta de alimentos, precipitando o vice-almirante Adriaen Claeszoon e o contra-almirante Cornelius Claeszoon a decidirem pela pronta volta das tropas à Holanda.

A derrota de Elmina

Nesse ínterim, Jacob Lam e Andries Veron encontraram-se no Golfo da Guiné, prontos para o ataque ao castelo português de Elmina. Em 25 de outubro de 1625, Veron foi à terra com 1.200 soldados e 150 negros, e, enquanto os oficiais comandados pelo general Arendt Jacobsz escalavam o elevado onde se situava o castelo, os soldados mostraram-se extraordinariamente descuidados. Cansados e sedentos, deixaram suas armas, alguns à procura d'água, outros mascando tabaco, a maioria deitada ao chão, sem o menor cuidado, como se nenhum inimigo houvesse... Mal os oficiais atingiram as elevações, duzentos nativos correram aos brados rumo à soldadesca desarmada e indefesa, realizando uma matança por atacado, decapitando todos os homens, pois lhes havia sido prometido alta recompensa por cabeça apresentada. O almirante Veron e o capitão Surmondt, depois de defenderem-se longa e valentemente, foram degolados... mais de quatrocentos homens perderam suas vidas.

O general Arendt Jacobsz conseguiu evadir-se com a ajuda de seus negros. Alguns dias depois, o almirante Jacob Lam recolheu os sobreviventes em seus navios, ancorados próximos à costa — seiscentos homens ao todo. Decidiram voltar para casa, passando pela ilha de Annobom onde, em troca de alguns poucos presentes, obtiveram laranjas, limões, bananas, cocos e outras frutas. A esquadra de Jacob Lam chegou em casa no dia 20 de junho de 1626.

O resultado da aventura na Bahia foi a exaustão dos cofre da Companhia das Índias Ocidentais. O corso tornava-se, agora, crescentemente independente e, transformava-se na única fonte de renda para uma destituída organização comercial. No final de 1626, Piet Heyn lançou âncora ao largo de Cabo Verde, o ponto extremo-oeste da costa da África, a fim de trazer à praia seus incontáveis doentes. Uma grande parte dos marujos parecia incapaz de realizar qualquer trabalho a bordo e muitos já haviam morrido. Caçavam pequenos animais e coletavam suprimento de água. Heyn, contudo, achava aconselhável continuar até Serra Leoa, onde poderia reparar seus vasos e procurar madeira e água. Foi o que fez. Em fins de janeiro de 1627, Heyn mudou seu curso para o Brasil onde, de acordo com instruções da Companhia das Índias Ocidentais, iria tentar a reconquista da Bahia.

As ações de Piet Heyn na Baía de Todos os Santos

A esquadra de nove grandes navios e cinco iates avistou um navio inimigo em seu curso e imediatamente lançou-se em perseguição. No início da noite, Heyn tinha dominado a força portuguesa, tomado diferentes tipos de tecidos e 150 barris, dividindo o butim entre os marujos. O inimigo foi colocado a bordo dos vasos holandeses, o navio foi incendiado e a viagem prosseguiu. Na manhã de 3 de março, Piet Heyn alcançou a baía, acompanhado por uma brisa fresca e correu direto rumo a uma frota de umas boas trinta velas, assumindo a âncora sob as baterias inimigas e preparado a dar suas calorosas boas-vindas holandesas.

Nessa operação, uma vez mais, Heyn mostrou ser um homem de sangue singularmente frio. Passou à frente no capitânia "De Amsterdam" e lançou ferros entre os navios do almirante e do vice-almirante portugueses, de onde abriu fogo contra os dois vasos. O vice-almirante desapareceu nas ondas, atingido de escarva a escarva; os soldados pularam a amurada e nadaram para a costa. Enquanto as baterias costeiras mantinham a frota holandesa sob cerrado fogo, Heyn conseguiu seqüestrar 22 navios sob o nariz dos portugueses. Repentinamente, o capitania deu em seco em um banco de areia, não mais podendo mover-se, apesar de todos os esforços. Heyn estava ferido pelo fogo inimigo no braço e na cancla, o vice-almirante fora atingido "por uma bala de mosquete abaixo das costelas curtas". No cômputo final, a frota holandesa sofreu uma baixa de 50 homens.

Os navios capturados foram cercados pela frota holandesa de maneira que não pudessem ser alcançados pelo fogo do inimigo, e a carga foi transferida para dois dos maiores barcos portugueses. Em julho do mesmo ano, seis navios com um valioso carregamento de peles, tabaco, ouro, prataria e açúcar finalmente chegavam a salvo na Holanda.

Os diretores da Companhia ficaram maravilhados. Soltaram, finalmente, um suspiro de alívio: "a Companhia das Índias Ocidentais, que havia sido enfraquecida por muitos infortúnios e danos, começou a recuperar seu fôlego e achar suas pernas de novo..."

Três meses mais tarde, Piet Heyn estava na Baía de Todos os Santos uma vez mais. Deixou um iate, uma fragata e algumas chalupas singrarem rio acima para atacar e capturar navios inimigos. Os portugueses não eram peritos na arte dos holandeses: despejar o fogo assassino nos salteadores. O capitão Padilha, homem que tinha a morte de Van Dorth em sua consciência, repeliu os holandeses com 150 soldados. Piet Heyn havia então ele mesmo entrado em ação, dirigindo seus homens impiedosamente contra o inimigo, inspirando-os tão efetivamente que passaram a espada em mais de uma centena de soldados. Ao assistirem a tal espetáculo, os marujos dos outros navios pularam a amurada e tentaram nadar à praia. Três navios haviam então caído nas mãos de Heyn, mas ele ainda não estava satisfeito. Urgiu seus homens atrás do inimigo em retirada para longe, "em arroios rasos e

Piet Heyn na Baía de Todos os Santos. A gravura 1 representa a ação realizada em 3 de março de 1627; 1a representa as precárias ações nos rasos arroios ao norte da baía, em meados de junho de 1627.

serpenteantes, que ficaram tão estreitos que se podia pegar as folhas das árvores crescendo dos dois lados". Heyn previu uma difícil jornada de retorno. Chalupas que haviam sido enviadas para reconhecimento descobriram que um navio pilhado dias antes pelos holandeses tinha sido deixado para trás e afundado em um arroio estreito. Ademais, o inimigo colocara um barranco de terra ao longo da água, atrás do qual todos os soldados da cidade, junto com muitos oficiais graduados, o governador em pessoa e um certo número de cidadãos curiosos, tinham reunido-se para não perder um único minuto do espetáculo: a profusa destruição de holandeses. Heyn não se deteve. Inicialmente, decidiu dar pouca atenção ao encalhe, armou um certo número de chalupas e navios com armas de um tipo completamente diferente desenvolvidas pelo príncipe Maurício: canhões leves que podiam ser carregados por quatro homens para manter um fogo contínuo sobre o inimigo.

O inimigo foi completamente subjugado sem saber o que ocorria. Valendo-se da consternação dos portugueses, Heyn pode colocar fogo no encalhe em três lugares diferentes. De volta à esquadra, ordenou que todos os navios, iates e chalupas fossem cobertos com couros. A situação parecia não poder ser mais desfavorável. Os barcos estavam no raso; havia um forte vento de popa; e os vasos só poderiam ser retirados com o auxílio de âncoras de apoio. Piet Heyn, como sempre, permaneceu calmo.

"O almirante", escreveu de Laet, "não estava temeroso ou perdido atrás de soluções; sempre encontrava uma saída ousada quando centenas de outros já teriam desistido." Enquanto os navios de Heyn avançavam vagarosamente através do raso para as águas abertas, os inimigos mantiveram um feroz fogo sobre a esquadra. O ataque não produzia efeito: todas as balas escorregavam pelas peles que cobriam os cascos dos barcos. Modestamente, de Laet chamou a isso uma "boa engendração" de Heyn, que alcançava seu objetivo perfeitamente. O almirante passou a noite inteira trabalhando no iate "De Vos", que estava encalhado. Sem o lastro, que fora todo posto à terra, finalmente foi desimpedido, e, no dia seguinte, juntou-se à frota que já havia alcançado as águas profundas. De vários desertores, Heyn descobriu que o inimigo havia perdido algo como quatrocentos homens nos estreitos arroios, uns mortos, outros afogados. Algumas unidades da tropa sob o comando do comandante Joost Banckert juntaram-se aos navios de Heyn em 14 de julho, e com um vento su-sueste, rumaram para a Holanda, onde chegaram no final de outubro de 1627, sem outras adversidades.

Os *Heeren XIX*, em conjunto com outros 55 diretores da Companhia das Índias Ocidentais, esfregaram suas mãos com prazer. O ano de 1627 havia sido uma data apara-choques: o negócio agora estava crescendo, acima de tudo graças às conquistas de Heyn, responsável por uns 38 dos 55 navios capturados naquele ano.

Pieter Adriaensz. Ita no mar de Corais

Para as atividades do novo ano, decidiu-se por iniciar com uma operação tridentada que o inimigo lembraria anos a fio. No fim de janeiro de 1628, duas unidades lançaram-se ao mar. O almirante Pieter Adriaensz. Ita comandava uma unidade com doze velas, que escolheria como teatro de operações o mar de Corais, como era então chamado o Caribe. A frota incluía um navio comandado pelo zelandês Galeyn Van Stapels, repleto de colonos tendo por destino a ilha de Tobago. Após o cumprimento de sua missão, Galeyn juntou-se novamente à esquadra. Nas cercanias de Havana, depois de uma violenta batalha, Ita conseguiu capturar dois dos chamados navios hondurenhos. O evento foi descrito em detalhes por Johannes de Laet: "... uma dura e sangrenta batalha teve lugar, os dois lados armados de canhões e de mosquetes; nossos homens também fizeram fogo nos navios inimigos, pensaram que poderiam abordá-los, mas foram então perseguidos pelos hispânicos... Uma parte dos marujos do "Fortuyn" — o navio de Galeyn Van Stapels —, seguindo as orientações do almirante, abordaram o vice-almirante espanhol com tal valentia e violência que os hispânicos perderam a coragem e tentaram fugir. Dos trezentos homens que estavam no navio, pelo menos a metade foi morta, o resto pulou para água e tentou salvar-se com madeiras boiando e nadando, muitos deles afogaram-se..."

O espólio era considerável: peles, gengibre, índigo e uma grande quantidade de salsaparrilha, então a cura para a temida sífilis, e, finalmente, sete libras e meia de prata bruta.

Alguns dias depois da partida do almirante Ita, uma segunda esquadra, com as mesmas dimensões, sob o comando do "valente herói-do-mar", Dirck Symonsz Van Uytgeest, rumou para o Brasil. Mais tarde, deveria retornar para a Holanda passando pelo mar de Corais. Os comandantes dessa esquadra incluíam o capitão Corneliszoon Jol, o terror dos espanhóis, que o apelidaram de *Pie de Palo* — perna de pau. Conhecia como ninguém o mar de Corais; um navegador sem par, considerado discípulo e herdeiro do grande marinheiro, cartógrafo e hidrógrafo Dierick Ruiters, sob a liderança de quem Jol velejara no antanho.

Heyn e a esquadra de prata

Ao largo da costa do Brasil, muitos navios ricamente carregados com açúcar, pau-brasil e tabaco, couros, linho, seda e diamantes brutos foram capturados. Mesmo assim, o verdadeiro espólio ainda iludia à Companhia das Índias Ocidentais. Sabia-se que os galeões de prata espanhola saíam por volta de julho para o início de sua perigosa viagem desde o Panamá —Terra Firma —, atravessando o mar de Corais rumo a Espanha, via Havana. Dessa vez, a Companhia das Índias Ocidentais estava determinada a não deixar o espólio escapar-lhe.

A Companhia das Índias Ocidentais abriu seus escritórios para uma campanha de recrutamento de homens para a formação de uma força-tarefa sob o comando de Pieter Pieterszoon Heyn. O destino era o mar de Corais, com partida prevista para a primavera. Os melhores marinheiros do país inscreveram-se como voluntários, pois o cuidado que Heyn tomava de seus marujos e soldados, bem como os ricos prêmios em dinheiro dados a cada homem, eram bem conhecidos. Mesmo os oficiais navais consideravam um privilégio servir sob suas ordens: o sexagenário tenente-almirante da esquadra dos Estados Gerais, Hendrick Lonck, considerou uma honra servir como segundo-em-comando de Heyn, e o problemático Witte de With, indicado vice-almirante com apenas vinte e seis anos de idade, orgulhou-se em ser escolhido "conselheiro e capitão do general" do capitânia "De Amsterdam".

A popularidade de Heyn não sofria pela exigência de rigorosa ordem e obediência que impunha a seus homens. Coragem e disciplina eram os princípios norteadores para o sucesso de homens como Heyn, convencido que "uma vida temente a Deus faz um valente soldado, pois aquele que teme ao Senhor não teme à morte". Heyn insistia, com veemência, na estrita observância de todos os deveres religiosos. As instruções para seus homens eram admiravelmente claras: se durante a inspeção mensal, fosse constatado que havia sido comido mais queijo do que o prescrito, isso custaria o soldo de um mês. Negligência nas observâncias seria punida, na primeira ocasião, pela perda da ração de vinho, na segunda ocasião, com a multa de um florim, e, depois da terceira, com a *bota*: um severo castigo físico que implicava no flagelo com um pedaço de corda de uma jarda de comprimento e três polegadas de espessura. Beber e mascar tabaco eram proibidos, por conta do perigo de incêndios, a menos que permitidos pelo oficial de dia, no deque próximo ao mastro principal. A punição para a transgressão desse regulamento era igualmente dura: para a primeira ofensa, quatro dias a pão e a água nos ferros; para ofensas repetidas, ferros além de castigos físicos e uma multa de dois florins. Sujar o barco ao mascar tabaco era punido com a limpeza do deque. Um oficial graduado culpado dessa mesma ofensa poderia fazer um subordinado escovar o deque, desde que supervisionasse o subalterno. Qualquer infração era punida com quatorze dias de "escovação".

A captura do capitânia e do vice-almirante do navio hondurenho por Pyeter Adriaenszoon.Ita, em 1º de agosto de 1628.

No dia 31 do mês de maio desse ano, navios e iates partiram aparelhados com 689 armas e uns bons 4 mil soldados a bordo. A viagem foi via São Vicente, uma das ilhas das Antilhas onde obtinham-se víveres, para a ilha Branca — isla Blanca —, a cem milhas da costa da Venezuela, de modo a pegar rações de carne. Enquanto cabras e pequenos animais estavam sendo caçados, um garoto do navio desapareceu. Após intensas buscas sem sucesso, Piet Heyn viu-se obrigado a deixar o rapaz. A principal força da expedição era o segredo, mas isso não adiantou pois, logo após a partida de Heyn para o mar de Corais, o garoto foi pego por um navio espanhol e a presença da esquadra holandesa foi revelada. Outro ato de descuido foi cometido quando dois navios perdidos, o "Rhode Leeuw" e o "Pinas", ancoraram nas ilhas de Granada e São Cristóvão. Não bastassem esses dois episódios, o almirante Pieter Adriaenszoon. Ita, com seus dois navios hondurenhos, foi visto pelos guardas costeiros ao largo de Havana, em 4 de agosto, e, mais desapontador ainda, a esquadra de Heyn foi avistada no extremo leste da Jamaica. Completamente desavisado que tinha sido descoberto pelo inimigo, a esquadra velejou para seu objetivo.

Graças ao garoto, a frota da prata espanhola de Terra Firma, que estava na costa oeste da América do Sul, permaneceu no porto de Cartagena para iludir Heyn. Quando Heyn estava a oeste do cabo de San Antonio, nos estreitos de Yucatan, aguardando as frotas espanholas do Peru, do Panamá e do México, seus navios foram surpreendidos por uma calmaria e carregados por uma forte corrente oeste até a costa norte de Cuba, rumo a Havana, onde foram avistados pela vigia do castelo do Morro. O governador espanhol de Havana, Dom Lorenzo de Cabrera, imediatamente mandou dois navios mensageiros avisar os barcos da prata do perigo dos holandeses, mas a forte corrente tornou impossível a missão. Um dos barcos foi interceptado por Witte de With, que ouviu dos marujos já estar a caminho a frota da prata. Isso ocorreu justamente quando Heyn decidira velejar de volta para casa, pois não fazia sentido esperar mais. A par dessas novas informações, sabia o que fazer: esperar pela frota nas proximidades da baía de Matanzas, pois nenhum perigo haveria de vir do porto. Apenas um novo galeão foi à ancoragem enquanto outro estava sendo construído. Uma semana depois, no meio da noite de 8 de setembro, ouviram-se tiros. O general Heyn despachou um iate para ver o que acontecia e ouviu que o "Witte Leeuw", sob o comando de Jan Janszoon Van Hoorn, tinha capturado um vaso do México que havia se desviado dos navios espanhóis. Van Hoorn havia acostado o navio, quando ouviu a pergunta "Que quereis?" Os holandeses ficaram exultantes, pois o almirante havia prometido que os marujos que vissem por primeira vez o inimigo seriam recompensados com meia libra de tabaco por cabeça bem como com o pagamento de um mês inteiro, 15 florins. "São os *spics*!"* gritaram. A tripulação foi forçada a render-se e agora a suposição tornava-se certeza, pois esses prisioneiros também disseram que a frota da prata estava ao alcance da mão.

Nasceu o dia. Enquanto subia o Sol, Heyn avistou vinte velas. O primeiro objetivo era sobrepujar os hispânicos que estavam ao norte. Heyn enviou algumas chalupas e, em poucas horas, os navios inimigos estavam todos nas mãos dos holandeses. O espólio era desalentador: couros, farinha e índigo.

A frota espanhola sob o comando de Don Juan de Benavides Bazan cercada pela frota holandesa na Baia de Matanzas.

Não era exatamente esse o objetivo do exercício. Mas os galeões da prata tinham de estar em algum lugar... Heyn prontamente lançou-se em perseguição dos oito navios remanescentes que velejaram à baía de Matanzas. Era lá onde os navios da prata deveriam estar. Nesse meio tempo veio a noite, com uma lua brilhante. A baía estava em um caos total: o galeões em fuga e os navios holandeses em águas desconhecidas. Heyn seguiu os inimigos até o fundo da baía, onde lançou ferros. Lá estava o vice-almirante espanhol. Um tiro de mosquete, seguido pelo grito "Buena guerra", fez a mágica, e os marujos espanhóis atiraram fora suas armas em pânico. Piet Heyn abordou o navio espanhol, ricamente carregado de prata, e comandou seus homens. Três outros grandes navios da prata também haviam caído nas mãos dos holande-

* Spics: pejorativo de hispânico.

ses. Um espanhol que havia pulado para a água e que fora resgatado pelos holandeses convenceu seus companheiros a renderem-se.

Tão logo um navio fosse tomado, a tripulação espanhola era imediatamente desembarcada na praia. Assim, Heyn podia permanecer em melhor controle da situação naquela noite de verão e manter um olho no "muito espólio que há por aí". Obviamente os homens saqueavam pesado sob a calada da noite, pois quando a frota passou pela Inglaterra, em sua viagem de volta, alguns marujos escoceses marcaram suas bagagens e deixaram o navio de uma vez por todas com um butim muito rico. Heyn proibiu estritamente seus barcos e chalupas de terem qualquer contato com os navios capturados porque não confiava em seus homens. Depois de voltar a bordo de seu próprio navio, agradeceu a "Deus Todo-Poderoso pela boa vitória que Ele nos tinha acordado".

O descarregamento do inestimável butim levou uma semana. Emergiram dos inventários, para o júbilo de todos, que havia-se pesado um total de 92 toneladas de prata, "tanto peças fundidas em oitavas e moedas e baixelas de prata bem como peças manufaturadas". Em 17 de setembro, a esquadra rumou para casa, aumentada por cinco presas espanholas totalmente carregadas. Heyn escreveu seu relatório e solicitou um encontro no canal com informações sobre um porto seguro para desembarque na costa da Inglaterra, pois tinha conhecimento que o pessoal de Dunquerque estava disposto a tornar as coisas difíceis para a frota. Mandou alguns navios na frente de modo a manter a frota tão eficiente quanto possível na possibilidade de ataques por corsários e a fim de possibilitar que os barcos pequenos chegassem a Texel por si próprios. Nesse ínterim, após receber as novas dos barcos mensageiros "Vos" e "Ooievaar", Jan Evertsen estava pronto para mandar um esquadrão para receber a triunfante frota à entrada do canal.

Após uma desastrada travessia, na qual alguns navios fizeram água e tiveram de ser reparados com grande dificuldade, Heyn alcançou a ilha de Wight, onde Evertseen esperava-o com sua esquadra. A viagem seguiu rumo. Ele Não confiavam nos ingleses. Quando chegou a Falmouth, deixou somente um terço de seus homens irem à terra, porque pensou na possibilidade dos ingleses tentarem alguma manobra com sua prata. Sua desconfiança não era de todo descabida, pois a alfândega cobrou altas taxas de importação por todos os bens que a frota holandesa trouxe à terra para reembarque. Heyn recusou-se taxativamente a pagar, argumentando que o recarregamento era devido a uma emergência visto que o galeão estava por rachar. Estava disposto a pagar por alguns "couros molhados e estragados", que conseguiu dispor, a um alto preço, quando foram descarregados.

Em 9 de janeiro de 1629, Piet Heyn velejou a Goereese Gat com seus navios. No dia 10, lançou âncora em Hellevoetsluis. E, então, iniciou sua marcha triunfal por toda a Holanda. Em 14 de janeiro, chegou a Haia, com o almirante Lonck, e fez um relatório de sua viagem. Uma formidável festa foi-lhe oferecida: "cinqüenta peças atiraram três vezes cada, e outro tanto foi feito com bombas, fogos de artifício e o repicar de sinos...", e missas de ação de graças foram rezadas nas igrejas. O conde Frederick Henry, junto com os Estados Gerais, condecorou Heyn e Lonck com uma corrente de ouro e uma medalha de ouro. A marcha triunfal prosseguiu então para Leiden, onde os dois heróis foram entretidos tão ricamente que Heyn observou com amargor:

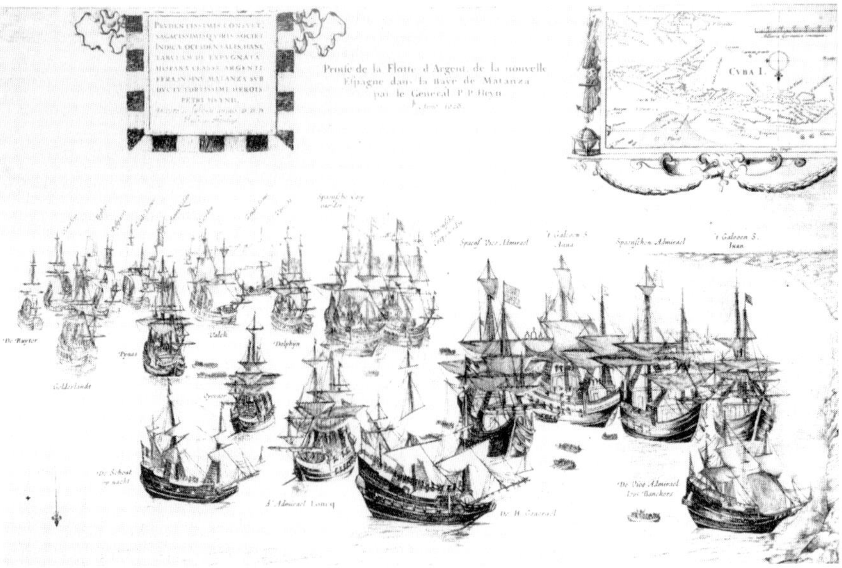

A frota holandesa com os nomes dos navios.

"Veja como o povo se enfurece porque eu trouxe de volta um tesouro tão grande. Mas eu fiz muito pouco por isso e já fiz ações muito mais valentes que essa, mas pouca importância foi-lhes dada..." A indiferente recepção, após seu estrondoso desastre na Baía de Todos os Santos, dois anos antes, obviamente ainda o incomodava.

Passaram por Haarlem, onde as boas-vindas não foram menos esplêndidas, e, por fim, Heyn e Lonck chegaram a Amsterdã, onde foram entretidos pelos diretores na Casa das Índias Ocidentais, em uma festa magnífica que continuou por todo o dia seguinte. Havia todas as razões para celebração: o butim alcançou a cifra dos 13 milhões de florins. Além das calorosas boas-vindas e da corrente e medalha de ouro com que o conde surpreendeu os dois heróis, houve também uma substancial recompensa financeira: dez por cento do valor líquido em dinheiro da presa, uns bons 700 mil florins. Heyn recebeu a desproporcionalmente baixa quantia de 7 mil florins em dinheiro, uma recompensa modesta, ao se considerar que o Almirante Jacob Van Heemskerck recebeu 31 mil florins por um galeão capturado no estreito de Málaca.

Uma vez deduzidos a comissão dos diretores da Companhia, a quantia de um por cento do dinheiro líquido da presa — 70 mil florins —, o pagamento dos acionistas sobre uma quantia de 50 % do butim, bem como o soldo dos dezessete meses para oficiais e marujos, sobrou cerca de 1,5 milhão de florins, dinheiro suficiente para equipar uma nova expedição da mesma envergadura. Os que ficaram insatisfeitos foram os soldados e os marujos, pois sentiram que haviam sido enganados e exigiam o pagamento de quatro meses extra. Puxaram um canhão, batendo um tambor em um óbvio estado de embriaguez, cruzando as ruas de Amsterdã. Pretendiam arrebentar os portões da Casa das Índias Ocidentais, no Heerenmarkt, de modo a pegar a prata ali guardada. Alguns citadinos ajuntaram-se apressadamente e ainda tiveram tempo de formar barricadas nos portões e no interior da Casa com pedras e sacos. O assalto fracassou. E o que fez Piet Heyn com o dinheiro de seu prêmio? Comprou uma sossegada propriedade em Delft.

O butim

Ao se falar da "frota da prata de Piet Heyn" não se corre o risco do exagero. O butim incluía 177 mil libras de prata, no valor de 8 milhões de florins, além de 66 libras de ouro, mil pérolas, uma enorme quantidade de índigo, couros e cochonilha — o precioso corante vermelho —, bezoar — um cálculo ao qual eram atribuídas propriedades medicinais —, almíscar — um subproduto de várias glândulas do almiscareiro que vive na Ásia Central: uma massa cremosa, marrom, com forte odor e usada na fabricação de perfumes — e âmbar — a pedra da vesícula do cachalote, encontrado no Oceano Índico, e também usada para fazer perfumes.

Como Filipe IV, rei da Espanha, reagiu à perda dos "galeones de la plata", a frota da prata repleta de riquezas do Peru, da Terra Firma, de Honduras e do México? Na primeira explosão de raiva, ordenou a morte imediata dos dois comandantes: seriam decapitados e suas cabeças expostas no alto de postes, como exemplo. A fúria e o desapontamento do rei eram compreensíveis. Ficava impossibilitado de resgatar seus empréstimos de curto prazo e, pelos próximos seis meses, incapaz de gastar um único centavo nas forças espanholas nos Países Baixos. Isso implicava, ainda, que nenhuma outra campanha poderia ser lançada. A bolsa de valores da Antuérpia reagiu em pânico e o comércio conheceu uma brusca queda. Os dois chefes militares esperaram cinco anos para sua execução. Após um longo julgamento, o capitão-general, comandante-em-chefe Dom Juan de Benavides Bazan, foi executado em Sevilha, em 18 de maio de 1634. Seu segundo-em-comando, almirante Dom Juan de Leoz, morreu após cinco anos de aprisionamento em uma cela africana.

E Piet Heyn? Logo que as festividades terminaram, tomou uma drástica decisão contrária aos interesses da Companhia das Índias Ocidentais. Renunciou aos serviços da Companhia pois encontrara demasiada oposição em seus esforços de reorganizar a marinha. O conde Frederick Henry, entretanto, conseguiu conquistá-lo para os serviços dos Estados da Holanda, prometendo-lhe o comando da reorganização da frota dos Estados. Foi nomeado tenente-almirante da Holanda e foi o responsável pelo primeiro código disciplinar das frotas da República dos Países Baixos Unidos. Era típico de Heyn que o código iniciasse com a regulamentação das preces diárias e com a proibição da blasfêmia. Apoiava disciplina estrita entre os oficiais e melhores condições para os homens: soldos maiores e uma melhora na qualidade de vida dos marinheiros. Foi desviado para instruir e dispensar justiça, atendendo a pedido do conselho municipal de Rotterdam, pois já havia sido xerife da cidade por sete anos.

Contudo, Heyn não podia ficar muito tempo em um só lugar, resolvendo retornar ao serviço ativo tão rápido quanto pudesse. Seu pedido foi aceito e dessa vez ele foi instruído a atacar e exterminar os corsários de Dunquerque na toca dos leões. Em 17 de junho de 1629, com 51 anos de idade, Heyn avistou quatro navios piratas nos estreitos de Dover, perseguiu-os por toda uma noite e, na manhã de 18 de junho, alcançou-os ao largo do cabo Grisnez. Como era seu hábito, dirigiu seu próprio navio para o meio dos dois maiores navios de Dunquerque, quando foi mortalmente ferido por uma saraivada de balas de uma das primeiras cargas. Sua omoplata fora arrancada. Seu escrevente e seu corneteiro também foram mortos. A frota de Heyn ganhou a batalha: três navios piratas foram capturados. Todavia, a nação holandesa chorou.

Na República, o Partido da Paz voltou ao ataque e propôs, uma vez mais, negociações de paz com o rei de Espanha. Os diretores da Companhia das Índias Ocidentais opunham-se violentamente ao plano, pois os acionistas da organização bem como a própria República sofreriam uma inaceitável perda de rendas. Ademais, a Espanha era uma mina de ouro que, com um total de uma centena de navios equipados para a guerra e manejada por 15 mil soldados e marujos, poderia ser batida a qualquer tempo. O fantástico butim ganho por Heyn, além do mais, significava que 1,5 milhão de florins estavam disponíveis para levantar uma esquadra que poderia provocar uma brecha definitiva na sólida amurada do império hispano-português. O capital da Companhia das Índias Ocidentais atingira a cifra de 18 milhões de florins, a tangível prova de um florescente negócio.

O ataque em Pernambuco

Após extensas deliberações, as cinco câmaras da Companhia das Índias Ocidentais decidiram lançar outro ataque às costas do Brasil, em um ponto onde as plantações de cana-de-acúcar e o pau-brasil fossem abundantes: Pernambuco. Nenhuma frota maior havia sido levantada na Holanda. Os melhores homens foram selecionados. Lonck foi indicado general, junto a Ita, recém-chegado de sua bem sucedida luta contra os dois navios hondurenhos, próximo ao porto de Havana, como almirante. O vice-almirante era Joos Van Trappen, aliás Banckert; Claes Melckmeydt foi nomeado contra-almirante. Cornelis Jol e Simonsz.Van Uytgeest também compunham a equipe. Sessenta e sete navios grandes e pequenos, tripulados por 3.780 marujos e 3.500 soldados, e equipados com 1.170 armas lançaram-se ao mar em 27 de junho de 1629.

A travessia foi tumultuada. Em outubro, Lonck, que aguardou todas as unidades em São Vicente, ainda não tinha visto o navio da tropa sob o comando de Theodoor Van Waerdenburgh. A razão era simples: a República repentinamente encontrou-se em grande perigo devido a uma inesperada invasão dos hispânicos, e a Companhia das Índias Ocidentais havia colocado todos os seus homens a disposição do conde e a serviço do país. Somente após a conquista de Hertogenbosch os homens ficaram novamente disponíveis para a Companhia das Índias Ocidentais. Hendrick Corneliszoon Lonck fora uma boa escolha como capitão-general da força-tarefa, e isso foi possível observar já em uma demonstração de grande bravura ocorrida próximo às Canárias. A batalha teve lugar no dia 23 de agosto. Poucos dias antes, seu vice-almirante, Claes Melckmeydt, havia recebido ordens de cruzar a área com alguns navios e ficar de olho nas manobras inimigas. O próprio Lonck estava velejando com oito navios entre Tenerife e a Grande Canária, quando, ao quebrar da manhã, viu, para seu horror, uma grande frota espanhola atrás de si. Seguramente, eram umas boas quarenta velas. Estava perdido, a menos que pudesse realizar uma manobra que desatinasse o inimigo. Decidiu dar meia volta e cravou a proa diretamente contra a esquadra do inimigo. Foi recebido por um violento fogo e choveram balas em seu deque. Dois homens caíram mortos. Um dos galeões investiu contra os arcos do capitânia, mas errou, permitindo a Lonck esporeá-lo ao lado do porto. "Então ouviu-se um grande grito e murmúrios naquele navio." Lonck foi novamente perseguido pelos hispânicos durante a noite, mas graças a grande mobilidade e velocidade dos navios holandeses e de seu próprio comportamento frio, conseguiu evadir-se.

Lonck dirigiu-se para o grande ponto de encontro da frota, em São Vicente, nas ilhas Canárias, na esperança de encontrar toda a frota de 55 navios. Teve de mostrar-se paciente. Não antes do fim de novembro de 1629, teve início o empreendimento que tinha por meta as costas brasileiras. Os planos dessa colossal frota holandesa não poderiam permanecer desconhecidos do inimigo. A capacidade de fogo sem precedentes — a frota tinha a bagatela de 1.170 peças de artilharia —, significava um agouro não muito bom para a Espanha. A corte imperial em Bruxelas avisara às autoridades de Madri que um ataque a Pernambuco pelos holandeses era iminente. O aviso havia sido registrado como certo, mas não foram tomadas medidas preventivas. Como resultado do episódio da prata, os cofres do Estado estavam vazios e os fundos disponíveis tiveram de ser todos usados para equipar um comboio para proteger a frota espanhola em seu retorno da Terra Firme e de Honduras. Assim, não havia frota para interceptar os holandeses, embora o governo espanhol instruísse um certo Mathias Albuquerque para inspecionar as fortificações de Pernambuco e para completar os reparos remanescentes, tão logo quanto possível. Albuquerque era uma óbvia opção para tal tarefa, pois era o proprietário da terra em torno de Pernambuco e havia governado energicamente a província por sete anos.

O Comandante da Frota Hendrick Corneliszoon Lonck.

Mathias de Albuquerque, conhecido por sua integridade, simplicidade e grande industrialismo foi indicado governador e comandante-em-chefe das quatro grandes províncias do nordeste do Brasil: Pernambuco, Itamaracá, Paraíba e Rio Grande. Estava em Madri por ocasião de sua indicação e partiu imediatamente para Lisboa, onde, em vez de um impressivo exército, simplesmente encontrou um navio com 27 soldados à sua disposição. Quando da chegada em Olinda, uma cidade a poucas milhas de Pernambuco, a província inteira parecia ter amostrado apenas 130 soldados. A fortaleza era uma ruína e os soldados eram inexperientes e estavam insuficientemente armados. Ainda assim, a inventividade de Albuquerque e sua capacidade de liderança eram tais que conseguiu inspirar seus homens não somente a completar as fortificações mas também a construir dois fortes novos. Tanto quanto dois mil homens tornaram-se voluntários e foram submetidos a um intenso curso de treinamento de comandos. Albuquerque contava com a sorte de que a frota holandesa ainda não tivesse surgido. Devido às dificuldades e à demorada viagem, os portugueses tiveram toda a oportunidade de prepararem-se para o ataque longamente esperado.

O Comandante da tropa Jhr Theodoor van Waerdenburgh.

A frota de Lonck

Nesse ínterim, a frota de Lonck chegava ameaçadoramente mais perto. Não havia paz ou sossego a bordo. As provisões e a higiene deixavam muito a desejar. As minguadas rações levavam os homens a constantes brigas: carne duas vezes por semana, toicinho uma vez por semana, ambos em pequena

"...então ouviu-se um grande grito e murmúrio naquele navio..."

quantidade, ração apenas com cevada, feijão e ervilhas e um pouco de bacalhau, tudo em diminutas quantidades. A água também era racionada: um pote por dia e exalando um forte cheiro desagradável. Quatro libras e meia de biscoito e meia libra de manteiga eram distribuídas uma vez por semana. As refeições eram feitas ao chão, pois não haviam cadeiras e mesas para os homens. Cada qual tinha direito a somente três queijos gouda para toda a viagem. A doença era rompante: ao largo da costa do Brasil, havia 1.246 doentes a bordo, dos quais 246 morreram. Um tocador de tambor, por exemplo, morreu, sua camisa branca coberta de piolhos. Nem bem havia sido lavada com água do mar, já começava de novo a fervilhar de vermes. O tocador de tambor deu seu último suspiro com a cabeça muito inchada e com os olhos tapados por piolhos. Os mortos eram costurados em um cobertor, colocados ante o mastro e atirados por sobre a amurada, após uma oração.

Apenas ao chegar às costas de Pernambuco o almirante Lonck revelou seu plano de ataque. Como resultado de um forte vento sueste, somado a uma forte corrente norte, esperou-se até o início de fevereiro de 1630 para que a frota fosse manobrada em posição ideal de lançar o ataque a Olinda.

O ataque a Olinda, capital de Pernambuco

Olinda era a capital da província de Pernambuco e estava situada em uma colina. Uma cidade próspera, com esplêndidas edificações e muitas igrejas. Dos três mil habitantes, duzentos eram ricos negociantes. A cidade era flanqueada por dois fortes: São Jorge, na praia; e o outro forte, o chamado Forte da Água, nas pedras de coral, também conhecido como Forte de São Francisco. Foi construído com grandes pedras cinzas, cercado por altas muralhas e equipado com peças de artilharia, sendo nove de metal e vinte e duas de ferro.

Umas poucas milhas distante de Olinda, Recife situava-se em um pequeno istmo, que continha uma abertura atrás da qual ficava escondida uma lagoa. Albuquerque fechou a abertura com uma pesada corrente, para evitar que os navios holandeses ameaçassem a frota portuguesa. Para maior segurança, também afundou um lanchão antes da entrada da lagoa. Enquanto,

Lonck mantinha um fogo constante no forte, o coronel Van Waerdenburgh fez um movimento de flanco. Com 16 navios e 3 mil homens, aterrou sete milhas ao norte de Olinda, próximo ao Pau Amarelo "ante uns poucos portugueses, tanto a cavalo ou a pé, que ficaram atônitos com seu procedimento", segundo as palavras de de Laet.

Os homens passaram a noite na praia. Estava assustadoramente quieta. No dia seguinte, Van Waerderburgh tomou a precaução de mandar as chalupas de volta para os navios de guerra, porque poderia dar na cabeça dos soldados

O ataque a Pernambuco.

voltar. Após as costumeiras preces da manhã, as tropas foram divididas em três grupos: ao tenente-coronel Verelst foram dados 934 homens, necessários à formação da ponta-de-lança; o batalhão estava sob o comando do tenente-coronel Steyn Callenfels, e essa unidade era composta de 1.049 homens; e, por fim, a vanguarda, comandada por Foucke Honx, com uma tropa de 965 homens.

E assim composta, a força-tarefa holandesa avançou ao longo das praias, sob um sol escaldante e um calor desconhecido por aqueles homens, rumo a Olinda. As tropas alcançaram um ribeirão, o rio Doce, onde encontraram a primeira resistência: a infantaria e a cavalaria portuguesas estavam entrincheiradas, na outra margem, mas a violência do ataque dos holandeses pôs o inimigo a correr e causou numerosas vítimas.

A maior parte dos fugitivos dirigiu-se para a floresta e, depois de terem tomado uma pequena passagem, os holandeses ocuparam o convento jesuíta nas imediações. Aqueles que resistiram foram impiedosamente transpassados pelas espadas ou baleados e, para finalizar o ataque com um gesto, as bandeiras foram desfraldadas na janela da torre. Em uma feroz luta, na qual Foucke Honx sobressaiu-se, Olinda capitulou. Contra as expressas ordens de Albuquerque, os habitantes fugiram em pânico levando consigo suas posses. As tropas, que haviam perdido os sentidos pelo calor e exaustão, deixaram suas unidades e saquearam a cidade em estado de frenesi. Um capitão polonês das forças holandesas, Crestofle Arciszewski, raivoso pelo indisciplinado comportamento dos soldados, escreveu: "... e eles beberam o vinho que lá estava em abundância e não voltaram para seus estandartes por três dias, tempo no qual os oficiais fizeram o mesmo, assim que se o inimigo, que estava próximo à cidade, tivesse atacado com apenas 300 homens, seríamos todos abatidos..."

O comandante-em-chefe dos portugueses estava enfurecido pela atitude da população e pôs fogo nos armazéns da mais distante Recife, como medida de represália. Dezessete mil cestos de açúcar e uma grande quantidade de madeira-corante desapareceram em chamas, ao valor de tanto quanto dois milhões de ducados. Olinda, sem dúvida, havia caído, mas a segurança das tropas não estava de modo algum assegurada enquanto os fortes de São Jorge

Vista de Pernambuco.

Vista de Olinda.

e de São Francisco ainda estivessem em operação. Steyn Callenfels recebeu ordens de atacar o Forte de São Jorge com 600 homens.

A tormenta de São Jorge

Steyn saiu com seus homens após o pôr-do-sol. Era uma noite sem lua. Correu às muralhas com escadas mas descobriu, para seu desapontamento que eram muito curtas. O inimigo acordou, atirou e jogou tudo o que estivesse ao alcance de suas mãos: vinte homens foram mortos e o mesmo tanto ferido. Mas os holandeses não desistiram. Mudaram de tática, e passaram ao assalto do portão com machados. Novamente foram forçados ao recuo, após duas horas de dura luta e pelo vigoroso fogo do Forte de São Francisco, situado mais acima. Steyn Callenfels então ordenou que se cavassem trincheiras na própria linha de fogo. Dispôs-se uma bateria com capacidade de revidar o fogo do Forte de São Jorge, que não estava preparado para a violência do ataque. As balas fizeram um grande buraco na parede, que, preenchido com bolas de lã, tornou-se vulnerável ao fogo. A resistência chegara ao limite. A bandeira vermelha foi arriada e a bandeira branca desfraldada como um sinal de rendição.

Os dois fortes entregaram-se. Os holandeses foram lenientes em suas exigências: os inimigos poderiam ficar com suas armas mas não com a pólvora, e receberam barcos com os quais poderiam cruzar o rio para o continente, onde poderiam fazer o que bem entendessem. Alguns reféns garantiriam a observância dos acordos. Olinda havia caído, os dois fortes estavam na mão dos holandeses, restava Recife. Steyn Callenfels foi então instruído para avançar à ilhota de Antônio Vaz, que se localiza diante de Recife, no outro lado do rio Biberibe.

Recife destacava-se como principalmente de local de armazenagem para o porto de Olinda. A cidade parecia estar deserta e o convento estava ocupado. O acesso ao porto entre os dois fortes estava bloqueado e haviam sido colocadas as correntes. Uma dura tarefa tinha sido completada e os ocupantes agora pensavam que poderiam voltar suas mãos à reconstrução. Entretanto, Albuquerque pensava de outra maneira.

Arraial do Bom Jesus

Albuquerque tinha muitos amigos entre os pioneiros brancos daquela região, e com sua ajuda organizou pequenos e eficientes grupos de resistência que haveriam de perturbar continuamente os holandeses. Ele assentou-se em uma casa de fazenda, pertencente a um amigo, localizada em uma área de mata fechada e pantanosa, a uma boa hora de caminhada de Olinda, circundada pelos rios Capibaribe e Beberibe. Essa tornou-se seu quartel-general, de onde comandaria as operações contra os holandeses. Logo reuniu 300 homens que colocou em um campo preparado para a ocasião, o chamado "Arraial do Bom Jesus"

Os homens receberam um treinamento completo de luta na selva e, em pouco tempo, as "capitanias de emboscada", unidades de guerrilha, tinham sido formadas e deveriam aplicar táticas que eram novas para os holandeses. Construíram posições fortificadas em pontos particulares de modo que os holandeses estivessem completamente cercados: um certo Luiz Barbaldo Begerra, por exemplo, ocupou alguns construções vazias com 60 homens; Antônio Ribeiro de Lacerda e seus 130 homens defenderiam as incursões ao rio dos Afogados e próximo, nas vizinhanças, Lourenço Cavalcanti de Albuquerque guardava a barranca do Biberibe com outros 60 homens. Além disso, Mathias de Albuquerque gozava do apoio dos índios Tupi e Tapuia, sempre prontos a matar os inimigos com suas flechas envenenadas.

Essas táticas tomaram os holandeses de surpresa: quando os homens de uma companhia deitaram-se em um banhado para descansar, de modo a recuperar suas energias, foram repentinamente atacados com balas e flechas. Afortunadamente fizeram bom uso de seus escudos, mas dez mortos era certamente um alarmante sinal. A guerra aumentava de intensidade e de sofrimento. Acostumados aos métodos de luta europeus, os holandeses não tinham idéia de como enfrentar um inimigo móvel e, quando tomados como prisioneiros, eram sumariamente executados da forma mais espetacular, preferivelmente no topo de uma montanha ou próximo a um convento, bem a vista de seus companheiros. Ao mesmo tempo, os índios torturavam seus inimigos até o âmago do coração. Uma guerra sem prisioneiros.

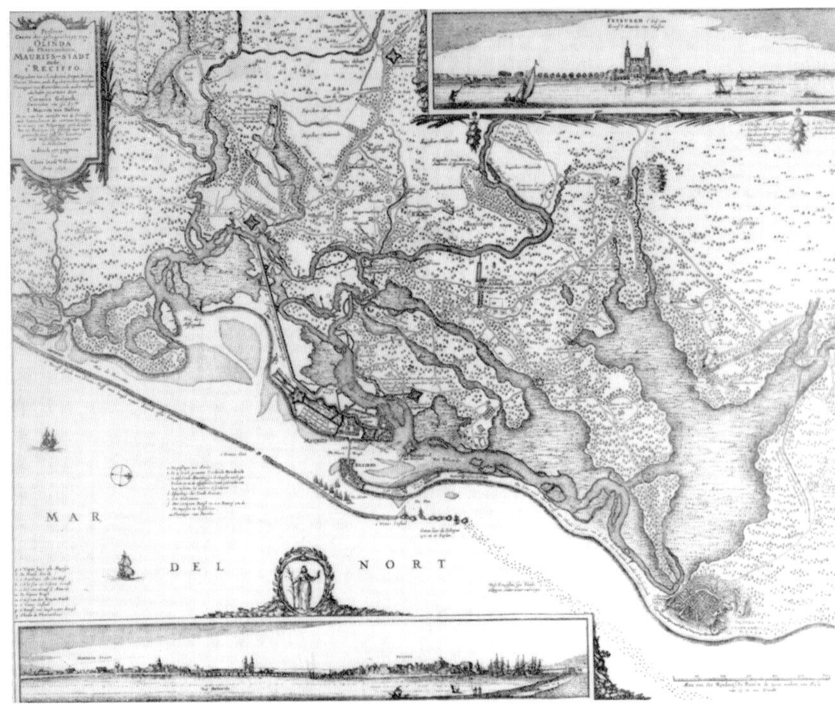

A costa em torno de Pernambuco e o interior.

A situação tornou-se ainda mais precária. Os holandeses não tinham madeira, água, frutas ou carne; e para sobreviver, tinham de fazer perigosas excursões ao continente, onde podiam esperar ataques mortais dos índios. Mas os portugueses também tinham dificuldades: também sofriam fome, andavam descalços e vestiam-se em trapos, além de serem atormentados pelos mosquitos. Assistiram desolados a construção pelos holandeses do Forte de Bruyne, para reforçar o Forte São Jorge e o Forte Ernest, em Recife. Mas os holandeses, que dominavam todo o acesso ao mar, não tinham chance de chegar à terra. Apesar das incursões serem realizadas sob pesada escolta, sempre havia o perigo da morte traiçoeira. Isso foi o que o almirante Lonck descobriu ao cavalgar com uma escolta de 50 homens pela arenosa língua de terra de Olinda ao Recife. Foi atacado por um grande grupo de índios e seu cavalo foi atingido por duas flechas. Trinta e seis de seus homens foram mortos e o resto ferido. Apesar dos fortes ferimentos, seu cavalo conseguiu levá-lo a salvo para fora do campo de batalha. Os portugueses não pararam nem para envenenar os poços: Cornelis Jol — o famoso almirante chamado "pie de palo", "que andava tão bem em sua perna de madeira que dificilmente teria sido notado e era tão ligeiro a bordo como outros com suas duas pernas", de acordo com Johannes de Laet — capturou alguns portugueses com as mãos vermelhas ao aterrar na ilha de Antônio Vaz com algumas chalupas. Não pode evitar que uma certa quantidade de seus soldados, que estavam morrendo de sede, bebessem a água do poço. Muitos morreram e outros salvaram-se por pouco graças à ingestão de fármacos. Algumas semanas depois, o vice-almirante Ita encontrou-se em uma posição ainda mais crítica do que a de seu comandante: após uma discussão com o conselho político, o corpo do governo estabelecido em Olinda, partiu para Recife com uma forte escolta. Caía chuva pesada. Repentinamente, a escolta de 90 homens fortes foi atacada por índios. O tempo foi bem escolhido: a pólvora estava úmida e os mosquetes não podiam ser usados. Os holandeses estavam à mercê dos "pagãos". Muitos fugiram em pânico das flechas envenenadas do inimigo. O almirante Ita e o comandante coronel Daye enfrentaram sozinhos o inimigo incomum que gritava sem cessar. Então, não mais que de repente, Van Waerdenburgh estava lá como um anjo mensageiro, e correu em seu auxílio com suas tropas. Trinta perderam suas vidas naquele combate.

A moral dos holandeses começou a cambalear. Albuquerque sentiu sua chance e atacou o novo Forte Ernest, na ilha de Antônio Vaz. Os desconcertados holandeses logo voltaram ao ataque sob a inspiradora liderança do major von Schoppe e puseram o inimigo a correr. Os portugueses estavam então determinados a quebrar o bloqueio a qualquer custo e os ataques noturnos seguiam-se uns aos outros. Os fortes mantiveram-se, mas a ração diária dos holandeses estava então reduzida a ratos e gatos. Os portugueses contentavam-se com uma espiga de milho por dia.

Nesse ínterim, muitos soldados das tropas holandesas adoeceram, sobretudo devido à aguda carência de vitamina C. Medidas haveriam de ser tomadas, e um grupo de soldados, com uma forte escolta, saiu da cidade rumo à floresta. As mesmas ocorrências, uma vez mais: os inimigos atacaram e só foram repelidos após violenta luta, deixando numerosos mortos

Traição entre os holandeses

Parecia que os movimentos das tropas holandesas eram sempre conhecidos antecipadamente pelo inimigo. Isso significava a presença de um traidor no campo holandês. As suspeitas caíram em um cidadão de Brabant, um certo Adriaen Verdonck, que vivia em Olinda antes que a cidade caísse sob o jugo holandês. Muito prestativo, conseguiu imediatamente estabelecer importantes contatos com os oficiais comandantes: comia regularmente na mesa do coronel Van Waerdenburgh e conhecia seus mais secretos planos. Verdonck foi posto a ferros. Uma confissão lhe foi extorquida na prancha, mas, passada a provação, o holandês de Olinda revogou suas declarações. Desesperado, tentou fugir por uma clarabóia, mas só conseguiu abrir um buraco em sua cabeça. Foi novamente torturado, mas, ao ser convocado para novo interrogatório no outro dia, deu seu último suspiro. A sede de vingança dos holandeses era inesgotável: Verdonck foi arrastado pelo patíbulo por duas cordas puxadas por quatro negros; dois de seus dedos foram cortados, foi então decapitado e esquartejado. Sua cabeça foi transfixada no alto de um poste e seus quatro quartos foram expostos ao inimigo, em vários pontos, pendurados em patíbulos. Mesmo naqueles dias, os holandeses sabiam o que fazer com um traidor.

Nesse meio tempo, tornou-se claro que a área urbana em expansão tornava impossível construir uma muralha em volta de Olinda e que as colinas cobertas com uma mata baixa, na qual o inimigo podia esconder-se com grande facilidade, eram indefensáveis. Finalmente, devido a muita insistência, o conselho político decidiu abandonar Olinda e voltar ao Recife. Olinda foi totalmente arrasada e, a partir de então, Recife tornou-se a sede do governo.

Estamos em 1631. Os holandeses reuniram-se em um pequeno pedaço de território, cuja localização tornava-o um dos locais mais impenetráveis. A "derrota" da Bahia, cinco anos antes, ainda assombrava os diretores da Companhia das Índias Ocidentais, como um trauma aterrorizante: jamais um evento como aquele deveria repetir-se.

O general Adriaen Janszoon Pater

Os *Heeren XIX* imediatamente despacharam uma frota de socorro de dezesseis navios com um total de 2.130 homens a bordo, sob o comando do general Adriaen Janszoon Pater e do almirante Martin Thijssen. Seu destino era a costa brasileira, sua missão, a defesa de Recife. Isso era uma medida necessária, pois Filipe IV da Espanha havia dado ordens de purgar o Brasil dos holandeses ao famoso almirante, Dom Antonio de Oquendo — um homem que, de acordo com o catálogo do Museu Marítimo de Madri, havia participado de cem batalhas no mar e perdido uma só, contra o almirante Tromp.

É de se observar o pavoroso relato dessa batalha, que terminou em vantagem para os hispânicos, transcrito por Johannes de Laet no oitavo volume de seus *Anais*. Era setembro de 1631. "No dia 11, o general avistou a frota espanhola uma hora antes do pôr do sol, a su-sueste e a sueste. Então o general

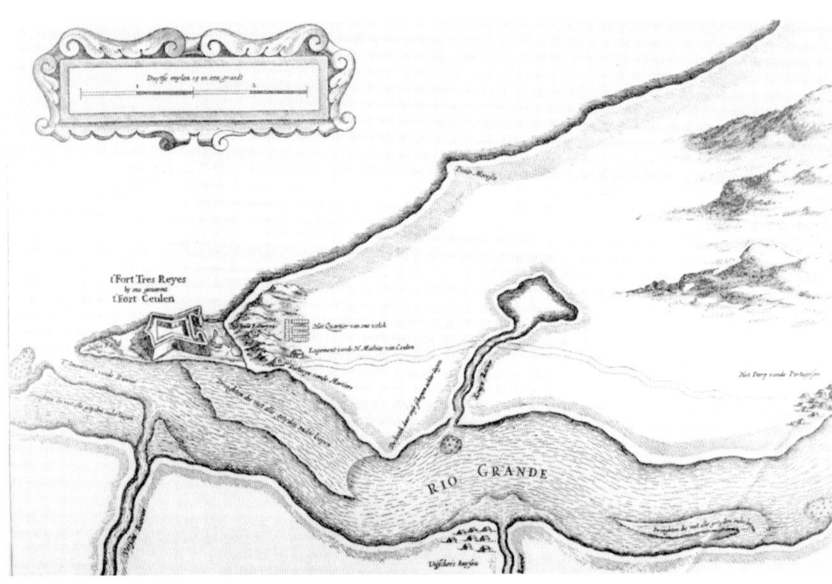

Planta de situação do Forte Ceulen, no Rio Grande.

avisou seus barcos com as bandeiras e também despachou o iate "Nieuw Nederlandt", que corria atrás do capitânia, para todos demais navios com instruções para que se preparassem para ação e para que se mantivessem juntos. Navegaram de sueste a sul a noite inteira, em noite de lua clara. Assim, ao amanhecer, a frota espanhola estaria posicionada a este-sueste da esquadra. Os espanhóis tinham a força de 53 velas, até onde se podia contar. O general Pater, então a um quarto de milha do inimigo, convidou todos os capitães a bordo de seu navio e deu ordens para que acostassem todos os galeões espanhóis dois a dois — contava com 16 vasos e iates e estava incorretamente informado sobre a força inimiga, acreditando na existência de apenas oito galeões na frota —, e admoestou fortemente cada homem a agir valentemente, pois todo o bem-estar da Companhia e a honra da marinha dependiam disso. Cada homem prometeu distinguir-se, mas poucos cumpriram a obrigação. O navio "Walcheren" secundou o general, o "Provincie Utrecht", o almirante, e assim por diante. Quando as frotas estavam a tal distância uma da outra que pôde-se distinguir o tamanho dos navios e contada a artilharia, alguns capitães ficaram tão assustados que não ousaram atacar. O general Pater, cuja coragem não esmorecera a despeito de estar consciente sobre a desigualdade das forças, avançou bravamente e acostou o navio do general Dom Antônio de Oquedo e foi valentemente apoiado por Jan Mast, oficial do "Walcheren". Seguiu-se uma violenta batalha e outros galeões velejaram para secundar seu general. O Nosso Senhor queria punir nossos homens pois, no meio da batalha, pegou fogo o esterno do navio do general Pater, e apesar dos esforços para dominá-lo ficou tão violento que toda a tripulação teve de correr para a proa do vaso e não havia outra alternativa senão ser tomado pelas cordas por outros navios da frota. Esses foram muito omissos e nenhum apareceu. Assim, o general, que por um longo tempo estava pendurado em uma corda presa no galeão, finalmente perdeu as forças por exaustão e afundou..."

O general Pater, tristemente abandonado à sua própria sorte por seus capitães, afogou-se miseravelmente. Seu próprio navio, o "Prince Willem" de mil toneladas e o "Provincie Utrecht", de 600 toneladas, foram consumidos pelo fogo. O navio de Oquendo foi despedaçado a tiros. Os holandeses perderam quinhentos homens, os hispânicos consideravelmente mais: somente no capitânia "Santiago", 250 homens de um total de 400 perderam suas vidas. "A noite, por fim, deu cabo da luta", escreveu de Laet. Oquendo colocou mil homens na praia, próximo a Porto Calvo e voltou sua esquadra no rumo de casa. O perigo havia passado. Os holandeses permaneceram supremos nas águas brasileiras. No confronto que levara a pesadas perdas para ambos os lados, a balança, gradualmente, pendeu em favor dos holandeses.

Domingos Fernandes Calabar

Um mulato português deu uma grande contribuição a essa progressiva virada. Seu nome era Domingos Fernandes Calabar. Forte como um touro, era corajoso, um experimentado lutador na selva e um tático de estatura. Não ficou esclarecida a causa de sua deserção em favor dos holandeses. Como um lutador de guerrilhas no arraial, havia distinguido-se por sua bravura em várias ocasiões. Calabar não era o primeiro brasileiro a desertar. Nos meses anteriores, tantos negros haviam vindo ao acampamento holandês que foram formados em uma companhia especial. Eram principalmente escravos negros que aproveitaram a chance para escapar do tratamento freqüentemente desumano dos plantadores e dos moradores. De início, os holandeses suspeitaram muito de Calabar. A atitude em relação a ele mudou inteiramente quando o mulato elaborou de próprio punho um plano para a conquista da estrategicamente importante cidade de Igaraçu. Parecia um plano extremamente original e, por sugestão de Calabar, em 30 de abril de 1632, o coronel Van Waerdenburgh avançou com uma coluna por um caminho barrento na floresta que levava à cidade. Na manhã de 1º de maio, os portugueses foram surpreendidos e Igaraçu capturada. Antes que os soldados começassem a saquear, Van Waerdenburgh colocou todas as mulheres e filhas casadoiras na igreja, sob forte escolta, e ordenado também que os duzentos barris de vinho fossem colocados sob cadeado e chaves de modo a evitar o caos e a bebedeira já ocorridos em Olinda.

Calabar, rapidamente, aprendeu um excelente holandês, fazia as refeições com Van Waerdenburgh e tornou-se grande amigo de von Schoppe. A série de sucessos que se seguiram devem ser atribuídos apenas a ele. Trazido a Porto Calvo, ele conhecia o distrito melhor do que todos. Sob sua liderança, o inimigo era constantemente atacado em seu ponto mais fraco, e uma vitória era seguida da outra. A supremacia psicológica dos portugueses havia acabado. Graças aos talentos estratégicos de Calabar, a impenetrável fortaleza no rio Formoso foi capturada do inimigo, em fevereiro de 1633. A guarnição de vinte homens lutou até o amargo fim. Por recomendação sua, foi construída uma fortaleza em um local tão bem escolhido que as linhas de suprimento portuguesas foram cortadas e as tropas holandesas, cobertas pela artilharia da fortaleza, poderiam avançar nos campos de cana-de-açúcar, em volta de Recife. von Schoppe, que havia sido promovido a coronel, capturou a ilha de Itamaracá, onde um forte foi construído, ao qual foi dado o apropriado nome de Schuppe-stad. A segurança da linha costeira no norte foi assegurada pela conquista do Forte dos Reis Magos, no Rio Grande.

Contato com os nativos

Era chegado o momento dos investimentos de longo prazo, bem como de tentar ganhar a população nativa para o lado holandês. O rei da tribo dos Tapuia, Nhandui, parecia estar disposto a colaborar. Seu povo havia sofrido assombrosas represálias após sua ajuda aos holandeses, seis anos antes, quando o general Boudewjin Hendrickszoon desembarcou exausto, na baía da Traição. O holandês não tinha água a bordo e incontáveis homens estavam seriamente doentes. Foram amorosamente cuidados pelos Tapuia, mas, após a partida dos holandeses, os índios foram deixados à vingança dos portugueses. Nhandui enviou um brasileiro ao acampamento holandês com a seguinte pergunta: os holandeses "queriam formar um só povo com o nosso"? Todavia, nem todos os Tapuia escolheram ficar do lado holandês: muitos eram fiéis ao famoso Martim Soares Moreno, que havia crescido entre eles, conhecia a língua tapuia melhor do que ninguém e era famoso pelo seu notável costume de correr completamente nu, à batalha. Os índios Tupi também permaneciam fiéis aos portugueses, devido à influência do chefe Poti, Dom Felipe Camarão, que morreu na guerra de independência, alguns anos mais tarde, com a idade de 47 anos.

Um severo baque ao inimigo foi a perda do cabo de Santo Agostinho, o único porto onde reforços e suprimentos poderiam chegar em caravelas. Para o futuro, o desembarque teria de ser realizado em algum arroio desobstruído e deserto, seguido de uma marcha por banhados e através de mata fechada até o arraial.

Calabar ensinou aos generais Arciszewski e von Schoppe a técnica e as táticas da guerra de guerrilha. Eles eram pupilos aplicados e logo suficientemente experientes para enfrentarem o inimigo com suas próprias armas. Numerosos nativos vieram aos holandeses e formaram unidades de guerrilha, sob a liderança desses destemidos guerreiros. Ambos tiveram uma vida aventurosa e a expedição militar ao Brasil ofereceu-lhes a chance única de uma bem sucedida carreira.

Crestofle d'Artischau Arciszewski.

Crestofle Arciszewski e Sigismund von Schoppe

Crestofle d'Artischau Arciszewski, como ele assinava suas cartas, era um polaco de descendência nobre, aparentado a principesca família dos Radziwills. Em sua juventude, chegou ao ponto de matar, no calor do momento, um advogado que apoderara-se da propriedade de sua família. Sua vida foi poupada, mas ele foi banido e terminou em Haia, como correspondente político de seu tio. Em Haia foi aconselhado sobre sua formação por seu primo Janusz Radziwill, que insistiu em seu ingresso na universidade de Leiden, onde a educação era muito mais consistente — e mais protestante — que na França. O jovem Radziwill, juntamente com muitos outros estudantes poloneses que estudaram em Leiden, nos anos de 1630, teve uma esplêndida estada e causou sensação quando tomou parte em uma greve de estudantes que foi fortemente condenada um discurso do magnífico reitor Cuneus. Aos 32 anos, Arciszewski junta-se ao exército do conde príncipe Maurício, e cinco anos mais tarde, em 1629, viajou ao Brasil, na frota de Hendrick Corneliszoon Lonck. Na mesma frota havia um oficial da Alemanha Oriental, Sigismund von Schoppe, também chamado Sigemundt von Schkoppe, senhor de Krebsbergen e Grand Cotzen, um soldado de bigodes vermelhos, bravo e muito rígido, que serviu aos interesses da Companhia das Índias Ocidentais no Brasil por vinte e quatro anos, até a capitulação em Taborda. Pouco se sabe da vida de von Schoppe fora do Brasil. Quanto a Arciszewski, era um intelectual com paixão pelo latim e com grande conhecimento dos clássicos, que mais tarde discutiria violentamente com João Maurício, tendo de deixar o Brasil com grande pressa, em 1637. Voltou à Polônia, sem represálias de qualquer das partes.

A vida diária em Recife

O sucesso militar teve uma influência positiva na vida social do pequeno assentamento holandês em Recife: cada vez mais, as pessoas vinham viver naquelas paragens e os soldados que terminavam seu tempo de serviço permaneciam no Brasil, como cidadãos e reservistas. Isso foi em 1635. A imigração gradualmente iniciou-se. Com atrativas promessas, a Companhia das

Índias Ocidentais conseguia persuadir armeiros, paneleiros, pedreiros e consertadores a tentarem sua sorte no Brasil. Homens com dinheiro e conhecimento de agricultura, entretanto, não estavam preparados a embarcar na aventura. Pois, na Holanda, o padrão de vida era alto. A economia era saudável e homens com espírito de empreendimento eram necessários em casa.

Em março de 1635, a câmara da Companhia das Índias Ocidentais de Amsterdã possibilitou aos chamados "homens livres", em outras palavras os que não estavam a serviço da Companhia, a migrarem para o Brasil, tornando os custos de sua passagem iguais aos de seus empregados. De início, esses "homens livres" eram as esposas dos soldados e jovens mulheres solteiras. Os diretores gemeram de horror: a Companhia agora estava inchada de elementos improdutivos. Antigos soldados que haviam servido no Brasil, mas que viviam na Holanda e queriam voltar e tentar um novo negócio, eram agora voluntários, sob recomendação expressa da Companhia, e trabalhariam com madeira, com cimento e outros materiais de construção que eram escassos na terra prometida. Ainda assim, por mais incentivos que oferecesse, a Companhia das Índias Ocidentais nunca conseguiu levar ricos mercadores e fazendeiros para o Brasil.

A faixa costeira estava total e completamente nas mãos dos Holandeses. O único espinho em sua carne era o solitário centro de resistência na linha costeira do Rio Grande, na província do Ceará, ao sul do cabo de Santo Agostinho, a Paraíba, a poucas milhas ao norte de Recife. A Paraíba deveria então ser capturada, e essa tarefa foi confrontada pela inseparável dupla von Schoppe e Arciszewski.

Os pioneiros brancos, moradores da Paraíba, começaram a perder a confiança no governo português e prometeram não resistir aos holandeses desde que lhes fosse garantida uma existência pacífica. Então os moradores das províncias de Rio Grande e de Goiana também caíram de joelhos e o domínio espanhol no Brasil começava a cambalear.

A queda do Arraial

A falta de suporte militar para os portugueses isolados no arraial, um enclave que cada vez mais impunha menos resistência aos holandeses dominando a faixa costeira, tornou desesperada a posição de Mathias de Albuquerque. Em junho de 1635, a guarnição rendeu-se. Permitiu-se uma retirada honrosa e saíram com pólvora em suas bocas de fogo, suas bandeiras desfraldadas aos rufos dos tambores. Quinhentos veteranos e 150 nativos deixaram a fortaleza de cabeça erguida, depois de sobreviverem a um cerco de três meses. Aos moradores do campo foi dada a liberdade em troca de um alto resgate, todo ele destinado aos homens. A única nota desafinada nessa série de triunfos foi dada, de acordo com Arciszweski, pelo conselheiro político Stachouwer, que dissipou todo o dinheiro com seus amigos. Os homens não receberam um único centavo. Stachouwer era um homem de baixa moral, que também se apropriara da vasta propriedade de um rico judeu português. Mathias de Albuquerque conseguiu evadir-se para o sul junto a muitos moradores. As plantações de cana foram imediatamente compradas por hábeis especuladores e, mais tarde, vendidas por enormes somas.

A morte de Calabar

Albuquerque foi obrigado a cair de novo na vila de Alagoas, situada em uma zona alagadiça. O único meio de acesso era um estreito caminho que passava por Porto Calvo. Lá, no entanto, havia uma forte guarnição holandesa sob o comando do major Picard: 500 homens apoiados por Domingos Fernandes Calabar. Mesmo assim, Porto Calvo caiu. Um dos moradores, Sebastião do Souto, traiu e Calabar foi capturado. Sua punição foi horrorosa. Foi estrangulado e esquartejado, os restos de seu corpo foram espetados e expostos acima das fortificações. Dois dias mais tarde, Porto Calvo foi reconquistado pelos holandeses. Arciszewski ficou furioso quando viu o corpo mutilado de Calabar e impulsivamente queria vingar-se imediatamente dos pioneiros falsos. O padre local, irmão Manuel de Salvador, convenceu-o da importância de ganhar a confiança dos moradores e não tomar medidas de represália precipitadas. Irmão Manuel atingiu suas vaidades e apelou para seu senso de aventura; elogiou seu grande conhecimento de latim e contou-lhe que ricas minas de ouro e prata poderiam ser encontradas nas cercanias de Porto Calvo. Arciszewski foi totalmente convencido e escreveu: "esse é um papista português, um homem inteligente que goza de autoridade entre os habitantes e que gosta de falar latim." E, pensando nos ricos campos de salitre, nas minas de prata e nas pepitas de ouro no rio São Francisco, escreveu: "se Sua Majestade da Polônia deixasse-me ficar aqui mais tempo, gostaria de aventurar a fazer as mais notáveis viagens que seriam grandemente vantajosas para a Companhia..."

A tolerância dos holandeses em relação a dissidentes, e particularmente aos católicos romanos, não se estendia aos jesuítas. Os holandeses não podiam suportá-los. Franciscanos e beneditinos poderiam permanecer no país, mas os jesuítas eram mandados de volta, impiedosamente. Uma das razões para essa amargura era que os jesuítas faziam tudo ao seu alcance para lutar e para organizar ações de resistência. Eram corretamente reputados como homens de elevados princípios. Contudo, cada regra tem sua exceção, e um apostado padre, ao que se diz, causou mais mal aos portugueses do que Domingos Calabar.

Padre Emmanuel de Morães

O padre Emmanuel de Morães era um grande *expert* em tupi, a língua da tribo Tupi falada no Brasil e na Guiana Francesa. Sua ordem indicou-o como líder espiritual da vila na província de Pernambuco. Quando os holandeses ameaçaram sua vila, juntou-se à guerrilha e lutou bravamente até ser feito prisioneiro. Seu corajoso comportamento chegou até os ouvidos do coronel Arciszewski, que poupou sua vida junto à de vários outros homens que foram condenados às galés. Mas Arciszewski não parou por aí. Também ofereceu a Morães um certificado de excepcional galanteria ao reconhecer a bravura que mostrara. Nesse ponto, Emmanuel de Morães não somente colocou-se a serviço dos holandeses, como também renunciou ao catolicismo tornando-se protestante. Os diretores na República que tinham ouvido sobre o caso deram-lhe grande importância. "Padre torna-se protestante" era um poderoso *slogan* de propaganda contra o inimigo e Morães foi mandado aos

Países Baixos. Parecia possuir um caráter notavelmente flexível: aprendeu holandês fluente em pouco tempo e casou-se em seguida com uma moça holandesa, Margaretha Van der Heide, irmã do mestre-dos-pesos de Gelderland. Fixaram residência em Amsterdã e Morães atacava violentamente, do púlpito, a fé católica romana. Nesse ínterim, completara algumas publicações científicas e, após a morte de sua esposa, foi para Leiden assistir à publicação de seu dicionário da língua tupi e sua *História da América*, trabalhos que eram considerados da mais elevada significação por Hugo de Groot.

O padre Morães logo contraiu novo matrimônio. Uma das mais belas moças de Leiden caiu por seus charmes, Anna Smits, mas ele deixou-a rápida e secretamente, estabelecendo-se de novo em Amsterdã. Ao que parece, ter-se-ia arrependido de sua escapada protestante e confessou seus pecados ao núncio papal que concedeu-lhe a absolvição. Deveria retornar ao Brasil imediatamente. Morães embarcou e, apesar de todas as suas promessas, uma vez mais juntou-se aos holandeses para fundar um florescente negócio com o comércio de madeira. Oportunista até a medula e com bom tino para o progresso político, repentinamente reapareceu nas fileiras do exército de liberação e lutou com seu costumeiro fanatismo contra aqueles que haviam poupado sua vida alguns anos antes. Em Portugal, entretanto, o padre tinha ganho uma péssima reputação: foi condenado à morte e sua imagem foi queimada. Após a espetacular vitória da guerrilha portuguesa, alguns anos mais tarde, na batalha do monte de Tabacos, o comandante-em-chefe das tropas portuguesas, João Fernandes Vieira, enviou Morães à Lisboa para relatar ao rei a batalha. Esse foi o fim do traidor.

Após uma longa série de derrotas, Mathias de Albuquerque foi chamado de volta a Portugal. Viajou para a Bahia, a fim de esperar a frota que o levaria para casa. Assim terminou a carreira de um mui capaz líder de unidades de índios, espanhóis, italianos e negros. Cada uma das quais operava sob um comando próprio e só puderam ser unidas graças à grande engenhosidade e flexibilidade daquele homem. Lisboa, no entanto, perdera a confiança em Albuquerque, e Dom Fradique de Toledo foi indicado seu sucessor. Esse recusou a indicação ao saber que sua requisição de uma força de 12 mil homens fora negada de antemão. Tal insubordinação foi considerada inaceitável pelo fútil Olivares, ministro-chefe espanhol, que ordenou a prisão de Dom Fradique, que morreu imediatamente depois.

Dom Luiz de Rojas y Borgia, nos seus adiantados quarenta anos, "um homem de grande família", cujo pai era aparentado do duque de Lerma, foi então indicado comandante-em-chefe do exército no Brasil. Dom Luiz havia adquirido experiência militar em Flandres e tinha se mostrado um bom administrador como governador do Panamá. Era também um homem enérgico. Em setembro de 1635, lançou velas com 2.500 soldados italianos, espanhóis e portugueses e 30 navios. Quando chegou diante de Recife, seus oficiais urgiram-no a colocar suas tropas na praia e a atacar a cidade diretamente. Os moradores, de imediato, tomariam o lado dos portugueses. Esse era um excelente conselho, pois a maior parte dos holandeses estava comprometida em uma expedição ao sul. Um ataque direto teria significado o fim do Recife. Mas a sorte decretou o contrário. Decidiu-se jogar com segurança e a esquadra velejou costa abaixo para desembarcar as tropas na ponta do Jaraguá. A frota seguiu para o sul, pôs o novo governador-geral, Pedro da Silva, em

O campo de batalha na Mata Redonda.

terra na Bahia, e levou seu predecessor, Dom Diogo Luis de Oliveira, juntamente com o herói do Arraial, Mathias de Albuquerque, de volta a Portugal.

Dom Luiz e seu exército, já contando com 2.600 homens, avançou em Porto Calvo, ocupou os passos em volta do vilarejo e forçou von Schoppe, ameaçado com a destruição total pelas forças que o cercavam, a evacuar.

Arciszewski estava a umas vinte milhas ao norte, e não sabia da perda de Porto Calvo ou do conspícuo inimigo que havia avançando sua posição para poucas milhas de distância. De repente, um negro correu a seu quartel-general. Era um desertor das tropas portuguesas e informou a Arciszewski da alarmante situação. Naquele momento Arciszewski tinha 3.300 homens a sua disposição, incluindo muitos jovens soldados inexperientes e um certo número de unidades de negros. Imediatamente Arciszewski saiu do acampamento e instruiu seus comandantes de companhia — Henderson, Verdoes, Van der Werven, Van den Brande, Ernestus, Velthen, Valeth, Coenders, Tourlon, Nicholson, Mansveldt, Bohart e Letan — a coletarem provisões para oito dias. Dois iates e um barco aparelhados com suprimentos extras e munição seguiram o avanço do exército ao longo da costa. Arciszewski deixou uma guarnição de 400 homens no acampamento, próximo a Paripuera e às fortificações circundantes. De sua parte, a batalha podia começar. Exatamente onde o inimigo estava, ninguém sabia. Tudo o que estivesse em seu caminho, engenhos de açúcar, vilas, canaviais e as casa dos moradores era posto ao chão. E assim Arciszewski avançou para Porto Calvo para encontrar seu invisível antagonista. Parecia estar no caminho certo, pois descobriu de um negro cego que tomou como prisioneiro que o inimigo havia estado lá há pouco.

Dom Luiz não perdeu tempo. Havia sido informado do avanço de seu oponente e correu com suas forças para o confronto. Tudo teve lugar no meio da noite de 17 de janeiro. Estava um escuro de breu. Três companhias receberam ordens de seus comandantes para entrar em escaramuças com o inimigo invisível, para repeli-lo, a fim de consolidar sua posição na floresta e esperar pelo coronel. O grupo de reconhecimento veio de encontro ao inimigo que reagiu violentamente. Toulon e Nicholson conseguiram tirar as lanças e as espadas das mãos de seus adversários, mas as três companhias caíram de volta em suas próprias posições na maior confusão. No breu da escuridão, os holandeses começaram a atirar uns nos outros em pânico, achando que um inimigo se escondesse atrás de cada árvore. Quando Arciszewski deu-se conta do que estava acontecendo, correu entre eles e levantou o cano de seus mosquetes gritando que não era o inimigo mas sua própria gente em quem estavam atirando. Os oficiais queriam dar a volta. Mas Arciszewski conseguiu evitar a rendição falando com seus homens por toda a noite e persuadindo-os que seriam massacrados se agora se mostrassem irresolutos. Não estavam tratando com um adversário misericordioso e sim com representantes de uma "nação sedenta de sangue", de quem não se podia esperar quartel. O conselho de guerra continuou: a retirada parecia ser impossível pois o inimigo os atacaria pela retaguarda e todos finalmente prometeram lutar como homens honrados.

Arciszewski instruiu suas tropas a não responderem ao fogo inimigo mas a agruparem-se com seus mosquetes ao sinal, deixar o inimigo aproximar-se a poucas jardas e então abrirem fogo. E assim o exército holandês passou a noite, sofrendo de uma terrível sede, pois o inimigo havia cortado seu suprimento de água. Com o nascer do dia Arciszewski pode rever a situação. A paisagem de mata fechada e de vales profundos era dominada por duas montanhas. Dom Luiz e suas tropas estavam estacionados na montanha mais alta, enquanto Arciszewski estava escondido na outra. Quando veio a hora da prece matinal, soaram as trombetas e rufaram os tambores. Fora isso, tudo era silêncio. Nenhum dos dois queria tomar a iniciativa do ataque. De repente, as posições holandesas foram crivadas por um fogo assassino e logo depois Arciszewski viu as tropas de Dom Luiz descendo vagarosamente a montanha. Era chegada a hora: poderia agora mostrar o que havia aprendido dos anos de lutas de guerrilha. Deixou o inimigo aproximar-se até poucas jardas e então atacou de todos os lados, de uma só vez.

A ala esquerda sofreu colapso. Os mosqueteiros entraram em pânico e fugiram atordoados. Esse era o sinal para as tropas portuguesas atacarem em massa. Dom Luiz, deitado no capim, estava seriamente ferido. Sua perna foi reduzida a pedaços. Quando levantou-se para continuar em seu posto de comando, foi atingido no peito e morreu. Uma centena de mortos permanecia no campo de batalha, "incluindo dois padres reconhecíveis pelas coroas em suas cabeças: uma grande parte do inimigo refugiou-se na mata fechada e nos banhados". Naquela tarde, Arciszewski fez com que os mortos fossem colocados em um canal e os cobriu com palha de arroz. Os batalhões prostraram-se de joelhos e agradeceram a Deus pela vitória. "E ao levantar-se, o coronel os agradeceu por seus bons serviço à Companhia e fez com que os batalhões atirassem com suas armas em triunfo..." Em 21 de janeiro, entraram novamente em Paripuera, "tendo sofrido muito desconforto, os soldados sem terem comido nem um pão por quatro dias e sem a possibilidade de lavarem-se...", mas Porto Calvo permaneceu na mão dos portugueses.

Dom Luiz foi sucedido pelo italiano general Bagnuoli, que se limitaria às ações táticas de guerrilha. Reforços substanciais de Portugal e Espanha não podiam mais ser esperados. Havia problemas mais importantes que o Brasil:

o exército sueco marchava pela Alemanha. Ademais, alguns anos antes, um galeão da prata a caminho da Espanha, desde o México, havia afundado em uma tempestade no Caribe, e isso tinha tido enormes repercussões no potencial militar e econômico do fronte doméstico. Nenhuma força militar poderia ser levantada porque não havia como pagá-la. Finalmente, vários anos de fome também cobravam seus tributos, e a vontade de lutar, pelo menos nos melhores círculos de Espanha, estava no seu mínimo.

Não, as tropas de Bagnuoli tinham de contar tão-só com seus próprios recursos. Assim, as unidades de guerrilha continuaram a importunar os holandeses impiedosamente. Era impossível dar um golpe decisivo nos portugueses pois, nem bem tinham feito um ataque de surpresa, já haviam desaparecido. Os holandeses temiam as ações dos lutadores da selva, como o pequeno Rebelhino, o negro Henrique Dias e o índio Felipe Camarão. Os guerrilheiros tinham a vantagem dos carregadores negros e podiam agüentar-se com pequenas rações. Os holandeses, por outro lado, sempre tinham de carregar suas próprias mochilas que só continham provisões para uma semana. Além do mais, os holandeses não gostavam da comida brasileira: muitos homens adoeceram e Arciszewski reclamava que sem sua ração diária de vinho ele era só meio homem. "Com sapos no barro e chuva até o joelho, as nossas cabeças têm sido tão infectadas e eu estou afligido com tanto catarro que mal posso dormir de tanto tossir. Além disso, os ferimentos em minha mão estão abrindo mais uma vez e novas juntas começam a doer em cada jornada..."

A posição do morador, o branco assentado, pode ser comparada a dos camponeses vietnamitas na recente guerra do Vietnã ou com aquela do fazendeiro franco-argelino, na guerra de independência dos anos 1950. Eram desacreditados por ambas as facções e eram freqüentemente tomados como traidores. Eram submetidos a atos de vingança e a destruição se abatia sobre suas lavouras de arroz, sobre suas casas e sobre seus engenhos de açúcar.

Arciszewski apelou fortemente junto ao conselho político, o corpo governante do Brasil-Holandês, por uma solução para a guerra de guerrilha. Tanto quanto ele podia ver, era a conquista de Porto Calvo, a região que ele considerava como o berço do diabo, que tinha de ser assegurada para o todo sempre. O conselho político estava muito mais voltado com as preocupações do dia-a-dia para dar qualquer atenção a seus avisos. A prática da administração diária era uma tarefa muito mais árdua para esses cinco homens: Jacob Stachouwer, o rígido e maneiroso diretor da câmara de Amsterdã, nunca encontrado no Recife. Estava sempre com as tropas no campo para provar que o poder civil deveria ser servido antes que o militar. Willem Schotte supervisionava as exportações de açúcar e, sempre que tinha tempo vago, cuidava dos suprimentos das tropas. Como governador da Paraíba, Ippo Eyssens estava sempre muito longe. Balthasar Wijntgens e Servatius Carpentier tinham de ter a certeza de que a paz e a ordem fossem observadas nas províncias recém-conquistadas. Admitidamente, von Schoppe era o governador do Brasil-Holandês, mas só no direito. Era urgente a presença de uma figura central e poderosa que pudesse tornar a caótica administração em um aparato com bom funcionamento, que não desse lugar à corrupção e ao comportamento ilegal ou imoral.

"Toda a confusão deriva do fato que não há cabeça"

Em 4 de novembro de 1635, Arciszewski tomou da pena e escreveu uma carta para os *Heeren XIX* que surtiu importantes conseqüências e que, sem dúvida, contribuiu para a nomeação de um governador-geral. Acreditava que uns bons 6 mil soldados seriam necessários para purgar profundamente o Brasil dos rebeldes, um número que poderia ser cortado pela metade se os habitantes decidissem pelo lado dos holandeses. Arciszewski chamou o estado no qual o aparato militar encontrava-se naquele momento de "desesperador". Um terço dos soldados estavam nus, queimados de preto pelo sol e não tinham sapatos em seus pés. Os membros do conselho político devotavam muita atenção para a exportação de açúcar e muito pouco para as condições de vida dos soldados comuns e ao estado de guerra. A administração não se ocupava com os doentes, os mortos e os feridos. "Toda a confusão deriva do fato que não há cabeça". "Vocês devem mandar, assim que possível, um general capaz que possa remediar tais inconveniências", um homem que pudesse fazer um censo da população e registrar o número de engenhos de açúcar e de salinas.

Os *Heeren XIX* da Companhia das Índias Ocidentais chegaram às mesmas conclusões de Arciszewski, mas como resultado de outras considerações. Apesar do fato de a apreensão de 800 navios ter proporcionado o butim de muitos milhões de florins, desde a fundação da Companhia, a frota, as armas e os suprimentos necessários para a conquista definitiva do Brasil demandavam infinitamente mais. Conseqüentemente, a Companhia das Índias Ocidentais enfrentava uma dívida de 18 milhões de florins. A Companhia das Índias Orientais, por outro lado, estava indo esplendidamente bem e poderia servir como exemplo: no Extremo Oriente, nomeara um governador-geral que comandava com a mão firme da Batávia. Uma importação de açúcar para a República, bem organizada, poderia tirar logo a Companhia das Índias Ocidentais do vermelho. Após discussões com o conde Frederick Henry e os Estados Gerais, a Companhia das Índias Ocidentais decidiu indicar como governador-geral, um ambicioso jovem de 32 anos de idade, João Maurício de Nassau. Um período de caos estava então quase terminado, e um período de lei e de ordem brilhou no horizonte. Em 25 de outubro de 1636, João Maurício lançou velas ao Brasil.

Capítulo 4

O apogeu da Nova Holanda

Vivia-se prazerosamente na residência real. Amalia von Solms, a "tüchtige" alemã, ex-dama de companhia da rainha de inverno da Boêmia e esposa do conde Frederick Henry, desde 1625, era o centro luminoso de um agitado grupo. Esse modo de vida frívolo em torno de Binnenhof contrastava frontalmente com a frugal existência dos regentes das grandes cidades, que rejeitavam severamente qualquer forma de ostentação, extravagância e desperdício. O centro da corte gravitava em volta dos membros das principescas famílias dos Ober e Nieder Salms, bem como dos Solms-Braunfels, do oeste da Alemanha, juntamente com burgueses proeminentes, ricos estrangeiros, oficiais de alta patente e da jovem princesa da rainha da Boêmia, que havia procurado refúgio em Haia, no início dos anos 1620.

O coração de Haia era um grande festival: bailes e caçadas todos os dias, torneios e disputas, mas também concertos, festas de máscaras e peças de teatro. A corte era uma escola de princesas. Suas altezas da Dinamarca, da Suécia, da França, da Inglaterra e da Alemanha circulavam periodicamente pela cidade, bebendo cerveja com os estudantes de Leiden, que viviam a rondar os teatros e os cafés.

Era onde João Maurício de Nassau-Siegen sentia-se em seu elemento. Conhecia estreitamente a vida militar: aos dezesseis anos, aderiu ao regimento de cavalaria de seu tio Frederick Henry e agora, aos 32, era o veterano de muitas campanhas. O período de seis meses de inverno em Haia era uma mudança bem-vinda após as privações físicas ao serviço da República. Comprazia-se ao estilo de vida da realeza, assim como gostava das reuniões com homens de grande erudição e de brilhante conversa. Tornou-se conhecido de Constantijn Huygens — estadista, poeta e dramaturgo — e, desde 1625, secretário de Frederick Henry, o conde. João Maurício e Huygens logo tornaram-se bons amigos.

Em 1634, Constantijn Huygens recebeu de seu empregador uma gleba de terra que fazia limites com a chamada Akerland, localidade onde estava o viveiro de garças do conde. João Maurício comprara esse viveiro de seu tio havia alguns anos, e seu objetivo era a construção de uma grande casa. Ficou muito contente ao saber que o amigo seria seu vizinho. "Je voudrois bien sçavoir si nous seron voisins", escreveu, acrescentando que, nessa ocasião tornara-se um simples comerciante de madeira e de ferro.

A construção da Mauritshuis

João Maurício passou a ocupar-se da construção em Vijverberg. Os dois vizinhos concordaram em importar juntos o material. Como arquiteto, contrataram um conhecido convidado da corte em Haia: um homem que só se dispunha a construir se não houvessem limitações financeiras. Chamava-se Jacob Van Campen, Heer Van Randenbroek, um homem alegre e experiente, que preparou para cada um de seus clientes um *design* inspirado na arquitetura italiana. João Maurício concordou com o projeto, apesar de extremamente caro. Não estava no rol de suas preocupações os encargos financeiros desse projeto. A renda de sua propriedade de Siegen, se necessário aumentada por um empréstimo hipotecário, permitiria a cobertura de todas as despesas. Nesse meio tempo, o material chegava a Haia: pedras de Bentheim, pavimentação e cimento do Luxemburgo, carvalho de Lippe e ferragens de Liège. Logo descobriria que os gastos com a construção da casa haviam saído do controle. Formas complementares de renda seriam necessárias.

Jacob van Campen, arquiteto. Pintura de Warnaar Horstink. Arquivos municipais de Haarlem.

João Maurício vai para o Brasil

Era a primavera de 1636. João Maurício destacara-se como estrategista e comandante no longo cerco de Schenkenschans. Havia acampado com suas tropas durante todo o inverno em uma área alagadiça e seus homens haviam sido atingido por diversas doenças, pela fome e pelo frio. A maneira pela qual João Maurício forçou à rendição dessa fortaleza virtualmente impenetrável trouxe seu nome aos lábios de todos. Os *Heeren XIX*, conseqüentemente, demonstraram grande interesse em contratá-lo.

Pouco tempo antes, a Companhia das Índias Ocidentais havia recebido uma desconcertante carta do longínquo Brasil, escrita pelo comandante Cestofle d'Artischau Arciszewskij — também chamado Arciszewski — que não poderia ter sido mais clara. A situação era insustentável. Em uma carta de 4 de novembro de 1635, o comandante insistia na nomeação de um "general para supervisionar a todos nós", capaz, ainda, de resolver a crise. Os soldados estavam "desesperados", houvera dito, e um terço deles andavam "nus, foram queimados de preto pelo sol e seus pés estavam devorados por bichos pela falta de sapatos — os bichos são insetos que se alojam sob as unhas dos pés". Os *Heeren XIX* moveram a cabeça em assentimento: um governador-geral, segundo o exemplo de sua rica organização irmã. Essa era, sem dúvida, a solução! Na distante Índia, onde a Companhia Unida das Índias Orientais mantinha o comando, a ordem havia sido imposta e um fluxo constante de cardamomo, galanga, noz moscada, macis e cravo-da-índia para a Holanda estava garantido graças a mão forte de um governo central.

Um jovem talentoso, com espírito de empreendimento e capacidade organizacional deveria ocupar essa importante posição. Quem melhor do que o homem que havia alcançado uma vitória militar após a outra, nos últimos anos, João Maurício de Nassau-Siegen, sobrinho-neto de William de Orange e sobrinho do conde?

Esse moço alemão havia dado amplas provas de suas qualidades administrativas com o gerenciamento de suas propriedade em Siegen. Foi no verão de 1636 que os *Heeren XIX* sondaram João Maurício para o posto de governador-geral do Brasil: levaria o título de governador-capitão-almirante-geral, seria o presidente do superior e secreto conselho e teria o direito de apontar soldados. Quanto ao aspecto financeiro, a oferta não era menos atrativa. Ganharia um salário de 1.500 florins mensais, além de generosa verba de representação: uma remuneração mais do que principesca, para aqueles dias. Para suas primeiras despesas, recebeu a considerável soma de 6 mil florins. Outro prospecto atrativo era que receberia dois por cento de todo o dinheiro de presas.

João Maurício não hesitou muito tempo: a frugalidade não era uma de suas principais qualidades e a herança de seu falecido pai teria de ser dividida entre vinte e um irmãos e irmãs. O posto altamente bem remunerado possibilitaria que pagasse os 500 mil florins que lhe tinha custado a casa em estilo italiano.

Em 4 de agosto de 1636, João Maurício foi indicado governador-geral do Brasil por um período de cinco anos. Após seu retorno à Holanda, retomaria seu antigo posto de tenente-coronel no exército dos Estados. O posto de governador-geral implicava, entre outras atividades, na manutenção da lei e da ordem, na proteção da fé, na prevenção de abusos, na construção de fortificações e na regulamentação dos direitos e dos deveres dos habitantes. Uma das condições impostas de início por João Maurício era o levantamento de uma esquadra composta 32 velas e com 7 mil homens a bordo. Por razões financeiras, a Companhia das Índias Ocidentais não foi capaz de satisfazer esse pedido, como tampouco cumpriria com a promessa originária da contraproposta, qual seja, a de despachar a expedição para o Brasil com 12 velas e 2.700 homens. Cansado pela espera durante meses, João Maurício partiu de Texel, no fim de outubro do mesmo ano, com quatro navios e 350 homens rumo ao desconhecido.

Conde João Maurício de Nassau. Historia Rerum in Brasilia Gestarum, *1647 de Barlaeus.*

Frederick Henry e Amalia van Solms. Pintura de C. Honthorst. Fotografia Frequin-Voorburg.

Um círculo intelectual

João Maurício reuniu um círculo de intelectuais para acompanhá-lo em sua viagem ao Brasil. Um deles era o pregador Frans Plante, filósofo, latinista, poeta e professor em Breda, que viria a ser seu principal conselheiro. Havia, também, Willem Pies, popularmente chamado Piso, um doutor de 25 anos de idade e Georg Marcgrav, um incansável cientista de 26 anos que, após uma longa peregrinação pelas universidades européias, havia estudado por um ano na academia de Leiden; cansou-se e agarrou-se à chance de dar as costas à República. Apesar de sua juventude, Marcgrav já era profundo conhecedor das ciências astronômicas, era matemático, biólogo e médico, além de refinado arabista. Havia ainda outro astrônomo a bordo, Heinrich Cralitz, que faleceu logo após sua chegada ao Brasil. João Maurício já havia designado uma tarefa científica para Piso e Marcgrav: o estudo e a descrição da terra e do povo do Brasil. Na opinião de João Maurício, entretanto, a descrição não era suficiente: a terra e o povo do Brasil também deveriam ser retratados, e para esse propósito, levara consigo seis pintores, incluindo o paisagista Frans Post — irmão do arquiteto Pieter Post — e Albert Eckhout, pintor das figuras humanas e dos animais.

Podemos imaginar que esses dois pintores houvessem sido convidados para juntar-se ao círculo de João Maurício por recomendação do arquiteto de sua casa, Jacob Van Campen. Isso não implicava, entretanto, que tivessem a honra de comer na principal mesa a bordo: Post e Eckhout tinham que contentar-se com a segunda mesa, destinada aos membros menos qualificados da expedição, como o intendente, o camareiro e... o inspetor Georg Marcgrav. Os pintores tinham sido colocados no mesmo nível dos aprendizes que misturavam as tintas e consertavam as velas.

Nos outros três navios, viajaram os membros recentemente designados para o novo "superior e secreto conselho": Matthias Van Ceulen, diretor da câmara de Amsterdã; Jan Gisjsselingh, diretor da câmara da Zelândia, que, como Van Ceulen, já havia passado um período de dois anos no Brasil; e Adriaen Van der Dussen, homem de reputação incerta, que por duas vezes havia sido demitido da Companhia das Índias Orientais por estelionato, mas havia sido escolhido para esse posto por João Maurício, em função de suas reconhecidas qualidades administrativas.

O cruzeiro foi venturoso. Durou não mais que três meses, incluindo uma parada forçada em Falmouth para reparar danos causados por uma tempestade. João Maurício pôs os pés em solo brasileiro em 26 de janeiro de 1637. Após breve inspeção das tropas, decidiu utilizar 2.900 dos 6.100 homens disponíveis, em um exército de campo. O restante foi acantonado no forte e usado como força de reserva.

João Maurício no trabalho

Antes de sua partida, João Maurício pesquisara detalhadamente a situação do Brasil. Não só tinha a carta de Arciszewski, coronel das tropas holandesas, que fornecia um claro quadro das coisas, como também apresentava certas engenhosas sugestões, com as quais estava totalmente de acordo. Arciszewski pode não ter sido grande orador, mas era excelente estilista, capaz de expressar-se figurativamente e seu modo de ver era particularmente atraente para João Maurício: Porto Calvo tinha de ser recapturado assim que possível, pois "as formigas dificilmente podem ser capturadas na grama, mas sem dúvidas podem ser capturadas em seu ninho quando reunidas sobre um outeiro, durante os meses chuvosos..."

João Maurício estava a caminho de Porto Calvo antes do fim de fevereiro. Arciszewski e seu superior, o coronel Sigismund von Schoppe, estavam exultantes. Não poderiam ter esperado por uma ação mais enérgica da parte de seu jovem governador-geral. Treze dias depois, Porto Calvo estava em mãos holandesas. O gotoso comandante do forte, o general italiano Bagnuoli, que estava acostumado a liderar suas tropas de uma poltrona, fugiu para o sul como se o diabo estivesse ao seu encalço. Com a conquista desse bastião de tamanha importância estratégica, amigos e inimigos passaram a conhecer Maurício como o suave, o generoso e o benevolente vitorioso que houvera convidado os oficiais portugueses para sua mesa — um gesto sem precedentes nesse período em que os inimigos eram normalmente tratados da mais dura maneira. O que surpreendeu os soldados foi o fato de que João Maurício proibiu estritamente a pilhagem. Seu contemporâneo, Jan Pieterszoon Cohen, governador-geral da Índia-Holandesa, falecido havia poucos anos, considerava o saque como o direito mais sagrado de um soldado. Todavia, Coen e Maurício, ambos rígidos observadores da fé, eram homens muito diferentes: João Maurício era generoso e amistoso com a população local, enquanto Cohen era impiedoso, sequioso de poder e de vingança.

João Maurício perseguiu Bagnuoli enquanto fugia por setenta milhas na selva brasileira. Obesos plantadores fugindo em pânico, com lindas concubinas mulatas na garupa do cavalo, enquanto suas legítimas esposas corriam mancando descalças através de banhados e de matas, era uma cena recorrente testemunhada pelas tropas holandesas que avançavam rapidamente. No rio São Francisco, um largo manancial próximo ao vilarejo de Penedo, as tropas encontraram os restos de uma ponte destruída. Pelo chão, espalhavam-se bagagem e equipamentos militares que o inimigo havia abandonado em pânico. João Maurício cruzou o rio com sua tropa e cobriu uma grande faixa de terra, de modo a prevenir o retorno do inimigo de uma vez por todas. Construiu também um forte a algumas milhas da costa, ao qual foi dado o nome Maurício, e posto sob o comando de von Schoppe.

A linha de defesa ao sul estava finalmente estabelecida. Antes de empreender a jornada de volta, João Maurício recebeu a surpreendente visita de alguns delegados do rei dos índios Tapuia — Nhandui, que logo seria conhecido pelo povo como Jan de Wij —, que queria formar uma aliança com os holandeses a fim de derrotar conjuntamente os invasores portugueses e seus arquiinimigos os Tupinambá. João Maurício, uma vez mais, foi cortês e benevolente. A sutil tática que empregou em suas negociações com os autóctones contribuiu, indubitavelmente, para selar uma aliança que duraria anos.

Arciszewski e sua dispensa

Ao retornar ao Recife, Arciszewski pediu permissão para ser dispensado. Uma coisa surpreendente para um soldado tão dedicado, que sempre agiu estritamente de acordo com o regulamento. Arciszewski ainda tinha de servir pelo menos outro ano no Brasil, antes que pudesse pedir dispensa. É de se suspeitar que o imperial coronel teve dificuldade em relacionar-se com João Maurício, um homem de natureza tão diversa. O plano para a reconquista de Porto Calvo havia sido anteriormente elaborado por Arciszewski, que lutara todo o tempo na linha de frente. Teria sido uma adequada demonstração de modéstia de João Maurício, oferecer ao coronel a honra de ser o primeiro homem a entrar em Porto Calvo. Não foi o que ocorreu.

Arciszewski obteve permissão dos *Heeren XIX* para entrar no serviço do jovem sucessor ao trono polonês, Wladislaw IV, com a condição de antes escrevesse um relatório sobre a situação no Brasil. Nesse relatório, Arciszewski deu algumas sugestões que comprovaram ter sido ele um homem singularmente versátil e de grande visão.

As idéias de Arciszewski

O coronel expôs suas opiniões acerca da política comercial da Companhia das Índias Ocidentais, uma questão de constante controvérsia entre as câmaras da Zelândia e da Cidade e País — que queriam reter o monopólio da Companhia das Índias Ocidentais no Brasil —, de um lado, e a câmara de Amsterdã, de outro, que advogava o livre comércio. Amsterdã recusava-se terminantemente a dar suporte financeiro ao Brasil até que o país se viabilizasse comercialmente por si só. Arciszewski expressou com diplomacia suas reservas acerca do livre comércio, considerando "que nenhum plano generoso, nenhum investimento de risco pode vir dessas pessoas — ele referia-se aos acionistas da Companhia das Índias Ocidentais —, que só estão interessadas em riquezas e no conseqüente conforto". Sua rápida inteligência via muito à frente: para atingir uma meta, o ataque é a melhor defesa. Veja-se o caso do Recife, uma cidade cercada por numerosas fortificações e obrigada a defender-se. Um império colonial jamais poderia ser construído nessa situação. Teria de se fundar uma verdadeira Capital, com um desenho espaçoso, pois só com espaço e abertura seria possível o desenvolvimento. Onde haveria de se encontrar espaço? Na ilhota de Antônio Vaz, oposta ao Recife. Como

A vila Mauritshuis e a casa de Constantijn Huygens, à esquerda. Coleção Municipal, arquivos de Haia.

poderia ser alcançada? Por meio da construção de uma ponte, pois assim "os habitantes poderiam lá construir e viver em segurança". João Maurício havia tomado nota dessas idéias. Agora que a ordem estava temporariamente restaurada na esfera militar, era chegada a hora de reorganizar a sociedade, um problema a ser atacado com grande vigor.

A reorganização da sociedade

O primeiro passo era reorganizar o conselho político, o antigo alto comando do Brasil. Foi-lhe conferido funções jurídicas e tornou-se a corte de justiça para assuntos civis e criminais. O governo do Brasil, agora renomeado Nova Holanda, foi posto nas mãos do "conselho secreto", que já havia sido formado na República e era composto pelos seguintes senhores: Adriaen Van der Dussen, Mathias Van Ceulen e Jan Gijsselingh. João Maurício foi posto diante de uma tarefa hercúlea. A imoralidade era rompante; os oficiais eram indescritivelmente corruptos; os homicídios a balbúrdia e as bebedeiras faziam parte do dia-a-dia.

Os piores criminosos foram imediatamente julgados e condenados à morte. Numerosos oficiais foram despedidos, um verdadeiro balde de água fria para os desordeiros da comunidade. João Maurício não estava surpreso com a nova sociedade colonial; "as pessoas trabalhadoras e normais não vêm para tais colônias." Um tratamento duro era portanto necessário. Todas as tentativas dos pregadores David Doorselaer e Joachim Soler para frear o desrespeito às leis falharam. Havia considerável intolerância entre os católicos, os calvinistas e os judeus, a prostituição florescia, um espinho na carne dos servos do Verbo Divino. Os soldados e os marujos não eram entusiásticos freqüentadores da igreja. Após exaustivas campanhas contra o invisível mas conspícuo inimigo nas florestas brasileiras, a tensão podia ser melhor liberada nas tavernas e nos bordéis do que em serviços religiosos.

Essa afluência do submundo havia sido causada, em grande parte, por uma decisão da câmara de Amsterdã, de março de 1636: a fim de estimular a emigração, a câmara determinou que os chamados "homens livres" poderiam beneficiar-se das mesmas facilidades de passagem que os empregados da Companhia das Índias Ocidentais. Os homens livres incluíam ex-soldados do Brasil que não conseguiram agüentar-se sob os próprios pés na República e decidiram voltar ao Brasil como cidadãos livres, bem como criminosos, vigaristas e mulheres solteiras de reputação suspeita que esperavam encontrar emprego e um futuro dourado no Brasil. Em 4 de abril de 1640, o pregador Barleus elaborou um relatório sobre o estado de coisas no Brasil que não deixava dúvidas acerca do declínio moral de uma colônia, onde mulheres como Maria Roothaer, Elisabeth, apelidada a Almiranta, a Chalupa Negra e *Lady* de Leiden tinham estabelecido uma sinistra reputação. "Pecado há de ser encontrado em todo o lado do equador", escreveu Barlaeus. E assim era, crimes e bebedeiras em profusão.

Em ação conjunta com a Igreja, João Maurício procurou atacar sistematicamente esse problema social. Um dos efeitos colaterais do rompante amor livre da colônia era que os soldados holandeses preferiam casar-se com as amáveis, virtuosas e recatadas mulheres portuguesas e, assim, quase todos convertiam-se à religião de suas esposas, o catolicismo romano: Van Tuyl, o

Frans Plants. Pintura de J. Suydenhoef. Rijksmuseum. Amsterdã.

capitão de cavalaria Casper Van der Ley, o secretário de governo Karel Tourlon, o fiscal Abraham Tapper, o major Joris Garstman e o plantador Jan Wijnants, todos homens que deixaram uma marca negra na aventura brasileira, casaram-se com mulheres portuguesas. Instigados pelos pregadores Dooreslaer e Soler, a Companhia das Índias Ocidentais decidiu que as mulheres que viajassem para o Brasil deveriam ser casadas. Aquelas que afirmam "estarem comprometidas a homens nesta terra" deviam fornecer "provas suficientes" da veracidade de sua declaração, "pois muito pecado, freqüentemente, está por trás de seus pedidos". Não só a imoralidade era o problema para o qual um dedo admoestador foi levantado: negros, índios e católicos também eram objeto de grande preocupação.

Calvinistas, judeus e católicos

O trabalho missionário foi executado energicamente. Não se aplicava, contudo, aos judeus residentes no Recife, esses haviam nascido para a "verdadeira fé". Os judeus eram divididos em duas categorias: aqueles que haviam sido expulsos da Espanha e de Portugal e que receberam uma nova oportunidade no Brasil, desde que se convertessem para o catolicismo romano, os chamados "marranos" ou "novos cristãos", e havia os judeus ortodoxos de Amsterdã, que não queriam nem ouvir falar das pregações.

Os judeus provenientes da República eram tanto *Ashkenazi* — da Europa central e ocidental — como *Sephardic* — da Espanha e de Portugal. Para os judeus, a política era a de se dar um fim imediato nas perturbações aos serviços dominicais pois cantavam e pulavam, trabalhando em público, vendendo e comprando, bebendo e jogando e praticando muitas formas de lascívia que provocam grandemente a ira divina. Os judeus da Holanda comportam-se

Willem Piso. Pintor anônimo.

Frans Post. Pintura de Frans Hals.

todos com muita assanhamento, sejam em suas falas e discussões acerca de suas superstições, sejam em suas calúnias à religião cristã, "assim que havemos de falar diretamente com eles sobre isso e frear suas calúnias sob pena de grandes punições..."

Quanto ao componente católico romano da população, eles eram considerados pelos calvinistas convictos como bobos incorrigíveis: "os habitantes portugueses são nitidamente obstinados em sua religião com preconceitos tão estúpidos que nem nos ouvem. E assim são seus padres, que incutem essas superstições e não querem ouvir falar de quaisquer outras religiões... eles não têm idéia dos fundamentos da religião cristã e o caminho da salvação é inteiramente desconhecido para eles..."

João Maurício comungava dessa opinião sobre o serviço dominical e foram tomadas medidas de acordo. Subseqüentemente, os judeus passaram a comportar-se mais pacificamente. Recusou-se, no entanto, a imiscuir-se com toda intolerância fomentada pelos pregadores; reafirmou os direitos dos judeus e dos católicos que haviam sido reconhecidos pela Anistia de 1634, mas que, logo depois, havia sido infringida pela Igreja Reformada; pôs um fim ao trabalho dos escravos negros aos domingos. Construíram-se escolas, bem como hospitais e orfanatos, e todos foram colocados sob supervisão eclesiástica. A Igreja Reformada assistia desolada sinagogas e igrejas católicas que brotavam como cogumelos.

Profundas conseqüências políticas seguiram-se à decisão de João Maurício em fundar uma assembléia legislativa que incluísse tanto os holandeses quanto os portugueses: foram criados conselhos distritais bem como conselhos comunitários, nos quais, tanto os pioneiros portugueses, como os holandeses podiam exercer influência no governo local. João Maurício governou como um rei democrático: distante de todos os partidos, era considerado por aquele povo tão dividido como o símbolo vivo da unidade e da colaboração.

Reorganização do sistema econômico

O sistema econômico continuava causando preocupação e ansiedade. Muitos engenhos de açúcar haviam sido abandonados quando os antigos proprietários portugueses haviam fugido para o sul, após a derrota de Albuquerque. João Maurício decidiu vender esses engenhos em leilão. A venda pública foi um sucesso: mercadores judeus e alguns portugueses que viviam no Recife e acreditavam na nova administração, tornaram-se os novos donos. O coronel Sigismund von Schoppe e o alto conselheiro Jacob Stachouwer também arremataram engenhos dessa forma. O próximo passo seria torná-los rentáveis. Para tanto, necessitava-se do empenho de escravos negros e a melhor maneira de obtê-los era importá-los da África. Por mais aberto e tolerante que João Maurício pudesse ter sido, não tinha quaisquer objeções à escravidão, pois estava justificada pelo Gênese 9:25 26, a maldição de Noe a Cam. Os negros eram descendentes de Cam e estavam assim destinados a servir aos brancos. Naqueles dias, era disseminada a crença de que a escravidão era moralmente justificável. Esse conceito foi expresso pelo pregador Godfried Udemans em seu panfleto "O elmo espiritual do navio do mercador", publicado em 1640. O panfletista aplicava somente uma única restrição ao comércio de escravos: os escravos nunca poderiam ser vendidos para os hispânicos ou para os por-

Dança tapuia. Pintura de Albert Eckhout.

tugueses, pois isso poria um fim a qualquer esperança na salvação espiritual do escravo.

Uma frota foi então equipada em 1637, com destino para São Jorge del Mina, no golfo da Guiné. Dois meses depois, a frota de nove velas e 1.200 almas, sob o almirantado de Hans Van Koin, encontrava-se ao largo da costa africana. Com o acompanhamento de fanfarras de trombetas e as notas das pistolas *Wilhelmus,* o hino nacional dos Países Baixos, a fortaleza portuguesa foi posta sob pesado fogo. João Maurício havia preparado o ataque meticulosamente. No golfo da Guiné havia um forte holandês chamado Nassau, comandado por Nicolaas Van Yperen, que observara com minúcia a situação de São Jorge por vários meses, e municiado João Maurício de preciosas informações. Nas últimas semanas, a defesa da fortaleza dos portugueses estava seriamente enfraquecida. Uma repetição da derrota do almirante Veron, ocorrida em 1625, deveria ser evitada a todo o custo. O momento para o ataque foi bem escolhido. A vitória deu-se em poucos dias. A importação de escravos estava agora garantida, possibilitando então o transporte do marfim negro para as plantações de cana-de-açúcar.

João Maurício abriu uma linha de crédito para os açucareiros. Ao colocar em operação os engenhos de açúcar, deu-se um importante passo em direção à recuperação econômica do país. Contudo, para fazer a economia florescer, algo mais era necessário

Monopólio ou livre comércio

Muitos acreditavam que o livre comércio era essencial, mas a Companhia das Índias Ocidentais estava profundamente dividida sobre a matéria. Detinha o monopólio comercial de todos os produtos oriundos do Brasil, totalmente em conformidade com os princípios da calvinista câmara da Zelândia — a líder na advocacia do confronto direto com a Espanha —, o que só seria possível enquanto os custos da guerra fossem totalmente cobertos pela Companhia, com os lucros obtidos no comércio. A câmara de Amsterdã era de uma opinião diferente. Afinal, Amsterdã era um típico centro comercial que preferia o livre desenvolvimento do comércio a qualquer questão de princípio, conseqüentemente era uma fervorosa defensora do livre comércio. E pelo simples fato de ser essa cidade a maior acionista na Companhia das Índias Ocidentais, podia impor sua vontade às demais. Foi o que fez: recusou-se de início e explicitamente a dar qualquer apoio ao Brasil enquanto lá não fosse introduzido o livre comércio.

Godfried Udemans. Pintura de Johan Saragon.

Em seu memorando a João Maurício, Crestofle Arciszewski, também, revelara-se um apoiador do livre comércio, que considerava como uma das condições para a recuperação econômica. João Maurício havia ficado vivamente impressionado com seus lúcidos argumentos. O sistema de livre comércio — Arciszewski sustentava — tinha levado à grandeza da República dos Estados Unidos dos Países Baixos. A que mais devia Amsterdã sua pompa e esplendor? Além do mais, dizia Arciszewski, se a Companhia das Índias Ocidentais estabelecesse um preço monopolizado para o açúcar, os comerciantes holandeses não hesitariam em desistir de importar açúcar do Brasil. Comprariam-no da Espanha ou das Índias Ocidentais e venderiam seu açúcar na República ou em outros lugares com considerável lucro. João Maurício sabia, ademais, que os açucareiros portugueses, os moradores da região não estavam preparados para permanecer no Brasil se fossem forçados a trabalhar para a Companhia das Índias Ocidentais.

Em 29 de abril, os dados foram lançados: o livre comércio fora estabelecido. Todos os habitantes da República, que fossem acionistas da Companhia das Índias Ocidentais, obtiveram o direito de comerciar irrestritamente com o Brasil. O mesmo estatuto para os moradores. Contudo, os diretores e os empregados da Companhia não podiam comerciar privadamente e a corporação reteve o seu monopólio brasileiro tão-só para o comércio de escravos negros, de madeira-corante e de munição. Os comerciantes individuais pagavam uma taxa de importação de 10% e uma taxa de exportação de 20% além de uma taxa extra de meio stuyver* em cada libra de açúcar. As medidas preventivas contra a evasão de tributos e o contrabando surtiram pouco efeito: os capitães dos navios eram particularmente engenhosos em enganar a alfândega e a maioria dos empregados da Companhia das Índias Ocidentais era facilmente subornada.

Bahia: a segunda derrota

A Companhia das Índias Ocidentais acreditava que as vantagens do livre comércio só poderiam realmente ocorrer caso a espinha dorsal militar do inimigo fosse quebrada. Isso queria dizer, mais ações militares, dessa feita contra um reduto inimigo a quinhentas milhas ao sul do Recife e que já havia estado antes em mãos holandesas: a Bahia. A decisão de proceder ao ataque foi acelerada quando descobriram-se a bordo de um navio mercante português cartas que mostravam que o inimigo estava preparando uma poderosa frota para reconquistar o Brasil dos holandeses.

* Stuyver, moeda de níquel equivalente a cinco centavos de florim.

Mauritsstad e Recife. Pintura de Frans Post.

Relatórios denunciavam o estado moral da guarnição portuguesa, que estava em seu ponto mínimo. João Maurício chegou assim a uma conclusão que não só estava errada, como também tornou-se fatal.

As relações entre o governador-geral na Bahia, Pedro da Silva, e o general Bagnuoli, o odiado comandante italiano, deixava muito a desejar, mas enquanto a frota holandesa aproximava-se, eles uniram os esforços e esqueceram suas discórdias. Em 8 de abril de 1638, João Maurício deixou o Recife como comandante-em-chefe de uma esquadra de trinta navios, com uma força-tarefa de 4.600 homens, europeus e brasileiros. Nunca os prospectos pareceram melhores: o "formigueiro" da Bahia iria ser exterminado em poucos dias. Mas a guarnição e os cidadãos da Bahia dessa vez lutaram lado a lado e os padres instigavam-nos, urgindo-os a uma frenética guerra religiosa. De início, João Maurício obtivera um sucesso depois do outro. Alguns fortes foram postos fora de ação e as tropas fizeram um rápido avanço, apesar do terreno pantanoso. Aos poucos o inimigo começou a contra-atacar repetidamente: as provisões acabaram-se e os exaustos holandeses não podiam segurar-se contra os bem alimentados portugueses.

O último e desesperado ataque de uns 4 mil homens fracassou. Uma vez mais, houve traição. Muito bravos, certamente, os portugueses contudo pareciam conhecer antecipadamente todos os movimentos dos holandeses. Escondidos pela escuridão, os cansados sobreviventes embarcaram levando consigo uns quatrocentos escravos, que ao chegar valeriam o suficiente para suprir os custos da expedição. Essa desafortunada aventura causou consideráveis danos ao prestígio de João Maurício: 237 homens foram deixados no campo de batalha, homens que, de acordo com o diário de um dos defensores portugueses, pertenciam às tropas de elite de João Maurício.

Jol ao mar de Corais

Sem tomar conhecimento do resultado da batalha, a Companhia das Índias Ocidentais enviara uma esquadra ao Brasil sob o Almirante Cornelis Jol — aliás "perna de pau"—, com a requisição de homens e rações suficientes para prosseguir ao mar de Corais. Lá, Jol, supostamente, repetiria o feito de Heyn, dez anos antes. A captura de uma segunda frota da prata seria bastante conveniente à Companhia das Índias Ocidentais e aos seus acionistas.

João Maurício teve dificuldades em cumprir as ordens da Companhia das Índias Ocidentais. Os víveres eram escassos, e quanto aos 600 homens que relutantemente deu a Jol, ele estaria privado de forças fundamentais para o confronto que deveria ocorrer com a frota espanhola de socorro, a qualquer momento. Não fosse suficiente, alguns navios que deveriam ser usados na defesa da cidade estavam fora de ação, pois haviam sido comidos pelos vermes. A direção da Companhia das Índias Ocidentais, no entanto, fez-se de surda.

Palácio Vrijburg. Pintura de Frans Post.

Prelúdio à batalha naval de seis dias

João Maurício enviava repetidamente despachos sobre a ameaçadora situação no Brasil para a Holanda, mas mesmo o mais alarmante relato da descoberta de uma conspiração entre os açucareiros portugueses — que armavam um complô para assegurar o sucesso da iminente operação de resgate a ser realizado pela frota espanhola que tencionava varrer a guarnição holandesa — não sensibilizou os diretores. A Companhia das Índias Ocidentais considerava tudo isso puerilidades: a frota espanhola, julgavam, só existia na imaginação do governador-geral, pois a Espanha estava com todas as mãos ocupadas na França, e, três anos antes, a França havia novamente mergulhado em uma guerra religiosa entre protestantes e católicos que vinha prolongando-se por dezessete anos, tendo recentemente selado uma aliança com a República. O potencial militar espanhol estava pois com os pés e as mãos atadas. Assim, não havia com o que se preocupar.

Os fatos, entretanto, eram diferentes. Os espanhóis estavam dando os retoques finais aos em uma massiva operação de resgate. Haviam levantado uma frota de 46 navios, incluindo 26 galeões com um total de 5 mil homens. Estava sob o comando de Dom Fernão de Mascarenhas, conde de la Torre. No início de setembro a frota lançou velas rumo ao Brasil. O ponto de encontro era ao largo das ilhas do Cabo Verde. Reunir a todos levou muito tempo, e devido ao clima e às condições adversas da vida de bordo, custou as vidas de um total de 3 mil soldados. De la Torre, por sua conveniência, decidiu não desembarcar suas tropas no Pernambuco, mas velejar até a Bahia de modo a suplementar suas forças. Em 10 de janeiro de 1639, para seu indizível horror, João Maurício viu uma frota espanhola de 32 navios cruzando em direção ao sul passar pelo Recife. De la Torre, entretanto, permaneceu por uns dez meses na Bahia.

O atrito entre Arciszewski e João Maurício

Entrementes, o que haveria acontecido ao redor do Recife? Crestofle Arciszewski voltara para a República — para grande alívio de João Maurício, que achava seu afiado sarcasmo e seu comportamento extremamente irritantes, bem como seus ímpetos condescendentes insuportáveis. Os dois homens eram muito diferentes: enquanto o coronel polonês nunca moderava sua linguagem, João Maurício preferia o silêncio, a ofender.

Ponte Maurício sobre o rio Beberibe. Desenho de Frans Post.

A construção da Maurtisstad

Nuvens de tormenta armavam uma tempestade: uma violenta e catastrófica discussão entre os dois homens era uma questão de tempo. Agora que as tensões na esfera pessoal tinham temporariamente sido aclaradas, João Maurício poderia voltar-se inteiramente a seu passatempo: o mecenato das artes e das ciências na jovem colônia. O livre comércio havia sido introduzido; todas as medidas necessárias para restaurar a ordem e a autoridade haviam sido tomadas; e tudo o que ainda faltava era a construção de uma verdadeira capital. Uma vez que essa cidade passasse a existir, poder-se-ia devotar toda a atenção para a pesquisa da história natural e para a exploração de ouro e de prata, que certamente existiam no interior do Brasil.

Na construção da capital, João Maurício seguiu o memorando que Arciszewski havia escrito em março de 1637, logo antes de sua partida para a Holanda. Arciszewski defendera a extensão da área habitada do Recife em direção da ilha de Antônio Vaz. João Maurício decidiu construir uma cidade nessa ilha em volta de um palácio sem par em beleza e em originalidade, e que permanecesse assunto de conversas por várias gerações. Serviria de centro a uma nova área residencial, um escape bem-vindo ao superpovoado Recife. A capital seria chamada de Mauritia ou Mauritsstad. E, enquanto os diretores da Companhia das Índias Ocidentais, na longínqua Holanda, franziam as sobrancelhas ao extravagante gosto artístico de João Maurício, que, ao contrário de Jan Pieterszoon Coen, queria que o lado militar tivesse um papel puramente subordinado, uma pujante cidade crescia na pantanosa ilha, ao redor de um maravilhoso palácio que foi chamado Vrijburg.

Nem dinheiro nem energia foram poupados para a construção das fundações e o dreno dos banhados. Criou-se um parque ao redor do palácio que deveria ser acessível a todos. Para tal, o terreno foi adequadamente elevado com húmus e coqueiros com quinze a vinte jardas de comprimento eram trazidos de muitas milhas de distância — um enorme trabalho, se pensarmos que essas palmeiras eram desenterradas de praias longínquas e transportadas a seu destino em barcaças chatas, ao custo de longo e duro trabalho executado por milhares de negros escravos. João Maurício estava muito curioso para ver como os coqueiros se comportariam depois de serem transplantados e, para sua satisfação, produziram copiosos frutos em um ano. Figueiras também foram colocadas, bem como centenas de limoeiros, romãzeiras, macieiras e laranjeiras. Havia ainda as videiras, que produziam quatro vezes por ano, afora os tanques de peixes, alimentados por poderosas fontes de água fresca. João Maurício planejou um zoológico: pequenas panteras, ursos e tigres olhavam para os visitantes através de uma vegetação fechada; marmotas, micos e macacos pulavam de galho em galho; havia tamanduás, e uma estridente e agitada coleção de aves selvagens de caça, papagaios falantes, araras multicoloridas e todos os tipos de aves de rapina. No meio desse paraíso terrestre e entre fontes murmurantes surgiram caramanchões cobertos por trepadeiras, onde João Maurício costumava tomar chá com suas atraentes companhias femininas.

E havia o palácio, verdadeira pérola arquitetônica. Largas escadarias de granito talhado levavam a uma magnífica entrada. A fachada continha quatro fileiras de janelas e, do telhado, elevavam-se torres quadrangulares que davam a vista de umas boas sete milhas mar adentro. A decoração de Vrijburg denotava grande gosto. No armorial, pendia um retrato do tio-avô de João Maurício, William de Orange. O palácio continha ainda um museu com trezentos macacos empalhados, cada um de um tipo diferente, e inumeráveis borboletas.

Uma das torres quadrangulares continha um observatório totalmente equipado, de onde o astrônomo Marcgrav podia registrar suas observações. A biblioteca incluía as obras mais importantes da época: *Elogio à loucura*, de Erasmo, os poemas de Vondel e Hooft, traduções dos trabalhos matemáticos do famoso professor de Leiden, Snellius. Nas paredes, pendurou-se tapeçarias de Flandres; as cadeiras eram cobertas com veludo de Utrecht; havia grandes espelhos em molduras douradas e cintilantes candelabros. Tudo isso era obra de Pieter Post — o irmão do pintor Frans — uma planta clássica adaptada ao estilo português de arquitetura, com suas galerias, suas torres e suas arcadas abertas. João Maurício também tinha um palácio de veraneio, erguido às margens do rio Capibaribe. Ele o chamara Boa Vista e fazia jus ao nome.

Mauritsstad tornou-se uma cidade para os mercadores abastados. O Recife, com suas ruas estreitas e sinuosas, com seus escritórios e seus armazéns tornou-se a residência das classes menos privilegiadas, os empregados da Companhia das Índias Ocidentais, os artesãos, os operários, os soldados, os marujos. Reunia cerca de duas mil casas amontoadas. Os imigrantes continuavam a chegar em quantidade, mas a construção de casas na capital prosseguia vagarosamente, pois havia poucos pedreiros. Como resultado a essa expansão populacional, surgiu, nos anos subseqüentes, um problema habitacional que elevou os preços e tornou os aluguéis exorbitantes. Mas isso é para o futuro: naqueles dias, tudo ainda parecia promissor, faltava apenas construir uma ponte de conexão entre Antônio Vaz e Recife, pois um serviço de barcas trazia muitas dificuldades: um transporte militar levaria muito tempo e o transporte de mercadorias, como o açúcar, era muito delicado. Freqüentemente, ainda, o tráfego tinha de ser suspenso devido ao mar muito agitado, notadamente quando o vento soprava na direção do porto.

João Maurício constrói duas pontes

Contratou-se um arquiteto para a construção da ponte orçada em 240 mil florins, uma verdadeira fortuna. Quando chegou o momento de se edificar os píeres de pedra da ponte, no ponto mais profundo do Beberibe, entretanto, o arquiteto repentinamente espavorizou-se, devolveu seus honorários, deixando João Maurício em dificuldade: a corrente era tão forte que os pilares de pedra não conseguiriam manter-se. Maurício havia empenhado seu prestígio, tanto ante o alto e secreto conselho como perante os diretores. Não havia possibilidade de recuo, a construção tinha de ser concluída. Uma centena de milhares de florins haviam literalmente sido jogada fora. O que faria agora? Decidiu ele mesmo fazer o serviço. Sentou-se à mesa de desenho e chegou à conclusão de que a melhor maneira de suportar a ponte seria usar pilares de madeira. O sagaz arquiteto amador conseguiu assim terminar a ponte em dois meses. No final, os custos totais vieram a mostrar-se muito abaixo da estimativa original: em vez de 240 mil florins, a ponte custou apenas 128 mil, um inesperado ganho de 112 mil florins para a Companhia das Índias Ocidentais.

Boa Vista, casa de campo e forte, com a ponte sobre o Capiberipe em primeiro plano. Pintura de Frans Post.

João Maurício construiu ainda outra ponte, próxima a seu retiro de Boa Vista, que, com suas quatro torres de sentinela das quais se podia atirar de mosquete em inimigos que se aproximassem sorrateiramente, também servia de forte. Essa ponte sobre o Capibaribe deveria conectar Mauritsstad ao continente. Com esse propósito, João Maurício comprou uma gleba de terra e guarneceu-a com diques de aproximação para proteger os viajantes na maré alta. A segunda ponte foi completada ainda mais rápido do que a primeira: em sete semanas a ponte de sessenta jardas de comprimento estava pronta e Antônio Vaz conectada de ambos os lados com o continente.

Capacidade técnica era só uma das facetas da versatilidade de João Maurício. As artes e as ciências eram sua grande paixão. Estava sempre pronto para estimular os novos talentos. Sempre que descobria uma habilidade especial, fazia todo o possível para estimulá-la ao extremo. Zacharias Wagner experimentou pessoalmente a proteção João Maurício. Chegou ao Brasil em 1634, como soldado raso, e logo mostrou um excepcional talento como desenhista. Alemão de Dresde, foi bem recebido na corte de João Maurício, onde lhe foi dada a chance de desenvolver seu talento. Seu "Thierbuch" inclui muitos de seus próprios esboços. Graças às oportunidade que lhe foram oferecidas e que soube agarrar, chegou ao topo da sociedade. Deixou o Brasil em 1641, foi enviado como representante da Companhia para Cantão, tornando-se, mais tarde, chefe da estação comercial em Nagasaki, e terminando sua carreira como governador da colônia do Cabo. A qualidade sempre fala por si só, mas João Maurício tinha um faro particularmente bom para revelá-la. Em seu colorido retiro, entretanto, um homem sobressaiu-se a todos: era Georg Marcgrav von Liebstadt, o mais brilhante dos eruditos. Quando chegou a Londres, em 1635, para continuar seus estudos astronômicos no observatório recém-inaugurado, já havia estudado medicina e matemática em Leipzig e tinha viajado por toda a Europa. No pouco tempo em que permaneceu na cidade universitária, aprofundou-se no estudo do árabe, pois seu mestre, Jacob Golius, professor de línguas arábicas e orientais, matemática e astronomia, assegurou-lhe que a astronomia poderia ser melhor estudada nos escritos dos árabes.

Após passar um ano em Leiden, juntou-se a seu amigo de escola Willem Pies, popularmente conhecido como Piso, que havia sido indicado médico de João Maurício e estava a ponto de partir para o Brasil. Os dois homens planejaram continuar intensamente suas pesquisas científicas no Brasil: Willem Piso concentrar-se-ia em botânica e em medicina, enquanto Marcgrav faria mapas e registraria suas observações meteorológicas e astronômicas. Logo após a esmagadora derrota de João Maurício nos portões da Bahia, em 1638, quando muitos talentosos oficiais encontraram a morte, Marcgrav alistou-se como engenheiro militar, oferta entusiasticamente aceita por João Maurício. Esse emprego dava a Marcgrav toda a chance de tratar com questões matemáticas. Algum tempo depois, apareceu um trabalho científico, cujas bases foram reunidas durante esses anos: em parceria com seu amigo Willem Piso, Marcgrav escreveu uma obra seminal sobre a terra, o povo, a flora e a fauna do Brasil, com o título *Historia naturalis brasiliae*. Por mais de cento e cinqüenta anos, essa gigantesca obra permaneceu insuperável. Nos anos 1639 e 1640, os dois amigos realizaram várias viagens ao interior do país. Ao trabalho de Marcgrav em história natural, Piso acrescentou um tratado de medicina tropical, que permaneceu o mais conceituado estudo da matéria, até meados do século dezenove: *De medicina brasiliensi*. Entre outras matérias, incluía prescrições para a cura da disenteria e introduziu um medicamento conhecido pelo nome de ipecacuanha.

Quando *Reise nach Brasilien*, de Maximilian Prinz zu Wied-Neuwid, apareceu em 1825, o autor lamentava em sua introdução quão pouco o Brasil era conhecido até aquela data. A única exceção, disse, é o fundamental estudo científico de Marcgrav e de Piso, realizado quase duzentos anos antes. A *Historia naturalis brasiliae* foi o primeiro trabalho científico escrito sobre o Brasil. Descreve a flora e a fauna, a meteorologia e a geografia da província de Pernambuco e de numerosos povos do país. Desafortunadamente, muito do trabalho de Marcgrav está perdido porque era hábito seu realizar anotações cifradas, cuja chave do código nunca foi encontrada. As ilustrações da *Historia naturalis brasiliae* são de Post e de Van den Eckhout. Quando João Maurício voltou para a Holanda, Piso acompanhou-o. Marcgrav ficou: queria continuar sua pesquisa de historia natural na África. Morreu logo após sua chegada em Luanda, em conseqüência não só do grande calor mas também por causa de seu desleixado modo de vida.

Elias Herckmans

O círculo de cientistas em torno de Maurício incluía um homem nascido em 1596, em Amsterdã, e que tinha a experiência de uma bem sucedida carreira quando entrou na Companhia das Índias Ocidentais, em 1635: era um conhecido poeta e sua obra *De zeevaert lof*, bastante conhecida, conta a expedição de Heemskerck e de Barentsz em Nova Zembla. Seu nome era Elias Herckmans e, como tantos de seus contemporâneos, era extremamente versátil. Como navegador, tinha singrado o norte da Rússia e se tornado amigo de muitos mercadores russos em Archangel. Como dramaturgo, fez fama com sua *Slach Van Vlaenderen*, que completou em 1624. Escreveu, também, um trabalho histórico sobre "os principais problemas do Império da Rússia", que completaria no ano seguinte. Em 1635, rompeu com o passado, entrou no serviço da Companhia das Índias Ocidentais e provou ser excelente soldado, intrépido explorador e entusiástico etnógrafo. Em 1636, tornou-se membro do alto conselho, no Recife, e foi apontado governador das áreas norte: Paraíba, Itamaracá e Rio Grande. Após um período de privações e desesperantes guerras de guerrilha lançadas por um inimigo que sobrepunha-se nos ataques de surpresa, a chegada de João Maurício ao Brasil marcou o início de um tempo de paz que possibilitou a Herckmans saciar seu desejo por viagens e pesquisa. Ouvira certos relatos sobre a existência de numerosas minas de prata por ser encontradas ao norte da costa ocupada pelos holandeses — uma razão perfeitamente adequada para partir ao seu encalço. A expedição passaria por áreas onde nenhum europeu jamais havia estado. Partiu com 53 soldados, 60 nativos, alguns voluntários, sete carroças com bagagem e algumas poucas mulheres brasileiras.

Foi uma jornada cruel. Em algumas poucas semanas, treze soldados e vinte brasileiros haviam perdido suas vidas. Um caminho tinha de ser aberto através da selva com foices e machados, passando por banhados e montanhas íngremes. Muitos dos homens adoeceram e foram forçados a retornar. Herckmans não queria saber de desistir. A expedição prosseguia até Capaboa, onde as mais ricas minas de prata imagináveis seriam seguramente encontradas. Mas quando, após exaustiva escalada por sobre uma escarpada cadeia de montanhas, viu que sua meta ainda estava distante muitas milhas e seus companheiros, extenuados pela fome e sede, recusaram-se a dar mais um passo sequer. Foi obrigado a viajar de volta, carregado de infortúnio e aliviado de seu dinheiro. Quando, por fim, a expedição retornou ao Recife, dois

Engenho de açúcar. Pintura de Frans Post.

meses e meio tinham se passado: as minas de prata não haviam sido descobertas, mas o relatório de Elias Herckmans sobre suas vicissitudes foi uma formidável contribuição para o conhecimento da flora e da fauna no interior brasileiro.

A expedição do ouro para o Chile

Dois anos mais tarde, Elias Herckmans embarcou em outra aventura. Essa não era uma investigação particular sobre a possível existência de minas de prata, mas uma sóbria comissão para, com a ajuda dos nativos, defraudar os hispânicos das minas de ouro da costa oeste da América do Sul. O comandante da expedição era Hendrik Brouwer, ex-governador-geral das Índias Orientais, que havia sido recusado para uma segunda indicação como diretor da câmara de Amsterdã da Companhia das Índias Orientais. Preferiu, assim, entrar no serviço da rival Companhia das Índias Ocidentais. A meta da viagem era o Chile, onde Elias Herckmans deveria permanecer como governador.

Em 15 de janeiro de 1643, cinco navios velejaram para o sul a partir do Recife, com Herckmans como segundo-em-comando. Quinhentos soldados estavam abordo. Encontraram um forte vento contrário no estreito de Lemaire e Bouwer decidiu singrar em torno da ilha Staten, que até então havia sido considerada como parte do continente. A água separando a ilha Staten do continente foi nomeada golfo de Brouwer e a viagem continuou rumo ao destino: a ilha de Chiloë, ao largo da costa oeste do Chile. À chegada da esquadra, uns poucos espanhóis que abriram fogo foram mortos. Primeiro, o bastião espanhol na ilha tinha de ser posto fora de ação: o forte Carel-mappe, com uma guarnição de 60 homens, foi cercado e capturado. Todos os 60 passaram pela espada. Os habitantes locais fugiram de suas casa em pânico e incendiaram tudo atrás de si. A cidade de Castro esvaiu-se em chamas e onde quer que Brouwer aparecesse encontrava restos de casas queimadas. Tornou-se impossível avançar e desapontado Brouwer tentou encontrar outro meios para atingir seu objetivo. Entrementes, o comandante adoeceu e morreu. Seu corpo foi embalsamado, levado a Valvidia, ao norte, e enterrado. Elias Herckmans assumiu o comando. Procurou conseguir com misericórdia o que Brouwer havia perdido pela crueldade. Herckmans conquistou assim a boa vontade dos nativos, mas foi imprudente ao abordar o tema das minas de ouro que, supostamente, estariam na vizinhança. Além de se negarem a servir como guias, os nativos, subitamente, bandearam-se deixando sós os holandeses. Logo pareceu que a missão havia fracassado.

Herckmans não tinha alternativa outra do que embarcar de volta. No Recife, o fracasso da viagem foi muito mal recebido e toda a responsabilidade foi atribuída a Herckmans. Ele ficou tão arrasado pelas implicações dessa acusação que morreu em seguida. Sua morte poupou-lhe a humilhação de um julgamento. A Companhia das Índias Ocidentais ficou furiosa. Devido à incompetência, perdera-se uma chance única de descobrir uma nova eldorado. Uma fonte potencial de renda havia sido jogada fora, enquanto o governador-geral gastava uma fortuna em todo tipo de obra de arte não rentável.

Os diretores não se interessavam pelo fato de que nos últimos poucos anos a vida artística e científica da Nova Holanda havia florescido como nunca antes. Quando chegou-lhes ao conhecimento os planos de João Maurício em fundar uma universidade em Mauritsstad, trancaram o pé. Os hábitos de vida do governador-geral era um espinho em sua carne: o dinheiro corria por suas mãos como água e informaram-no sem rodeios que, se dinheiro houvesse, deveria ser gasto primeiro e acima de tudo para a captura da Bahia, retificando a falha tão funesta ocorrida dois anos antes, em maio de 1838. Além do mais, eles se mostravam seriamente preocupados com a abrasadora rixa entre João Maurício e o coronel Crestofle Arciszewski. A antipatia entre ambos, que houvera ficado dormente por longo tempo, estava totalmente fora de controle após o retorno de Arciszewski ao Brasil.

A ruptura entre João Maurício e Crestofle Arciszewski

Quando Arciszewski chegou de volta à República, dispensado alguns anos antes, no verão de 1637, por fim ganhou reconhecimento, louvores e honrarias por sua valorosa e leal conduta. Logo foi promovido a mestre-general de artilharia e a coronel de um regimento de infantaria no Brasil. Seu salário foi fixado em 750 florins por mês, acrescidos de 250 florins de verba de representação. Sua equipe foi cuidadosamente reunida e acordaram-lhe ainda um bom navio e acomodações adequadas no Brasil. Seu regimento deveria consistir de 12 companhias com 150 homens cada. Contudo, a causa do problema, que ainda estava por vir, era uma cláusula adicional que definia a impossibilidade de transferência para outro regimento de todos os soldados de Arciszewski. Ele exigia que suas tropas formassem uma unidade independente, pois só assim ele estaria em posição de vencer o inimigo. Uma vez criado o espírito de corpo entre seus homens, o sacrifício e a disciplina estando então incutidos no grupo, Arciszewski seria capaz de conquistar todas as vitórias desejadas pela Companhia. Entretanto, a condição de que "todos os homens devem permanecer afetos ao mesmo regimento" não levava em consideração os poderes do governador-geral, que era, afinal, o comandante supremo das tropas e tinha o poder, quando necessário, de estacionar os homens disponíveis em fortes e postos avançados que com freqüência eram muito distantes uns dos outros.

Essa condição era, por si só, suficiente para causar um trauma entre essas duas personalidades tão diferentes. O primeiro confronto teve lugar quando o "Groote Christoffel", o capitânia de Arciszewski, lançou ferros ao largo do Recife, em 20 de março de 1639. Tão logo Arciszewski — acompanhado de Carpentier, membro do alto conselho, e Willem Corneliszoon Loos, o mais graduado oficial naval da cidade — pôs os pés na chalupa que o levaria à terra, foi aberto fogo contra a bandeira do almirante que tremulava galhardamente no topo do mastro do "Groote Christoffel". A bandeira foi reduzida a trapos. Arciszewski tinha de aprender a lição de uma vez por todas: havia só um almirante no Brasil e esse chamava-se Willem Corneliszoon. Demandas impróprias tinham de ser interrompidas em seu nascedouro.

Arciszewski ficou muito irritado com este comportamento, mas conseguiu controlar-se. Durante a conversação que se seguiu com seu comandante-em-chefe, transcorrida na mais perfeita paz, João Maurício ficou enfurecido pela arrogância com que o recém indicado general dirigia-se a ele. Sem moderar suas palavras, Arciszewski deixou João Maurício saber que ele havia recebido instruções da Companhia "para restaurar a ordem e a disciplina", onde houvesse o uso de artilharia, onde houvesse armas e munição e levou seu superior a entender que não suportaria qualquer brecha nessa missão disciplinar. João Maurício considerou a atitude como um insulto pessoal. O alto conselho também ficou profundamente ofendido. Quando João Maurício transferiu os homens de um regimento para outro, como bem entendia, não dando qualquer atenção às prerrogativas de Arciszewski, o recém-chegado utilizou-se de um engenhoso artifício: a penas e as letras. Expressou suas queixas e seus desapontamentos em rascunho de uma carta que ele endereçava a um amigo da junta de Amsterdã, o Dr. Albert Coenraetszoon Burgh; antes, pediu aos membros do alto conselho permissão para lê-la em voz alta de modo a que eles pudessem fazer quaisquer reparos que achassem necessárias antes de despachá-la para a Holanda. Arciszewski, por certo, expressou seu desapontamento acerca das contínuas transferências de seus homens, embora falasse mui afetuosamente sobre seu superior: "eu considero esse *gentleman* tão cortês que ninguém, a menos que seja mau, seria capaz de discordar dele. Estarei sempre obediente a suas ordens e farei o que lhe agradar. Meus senhores podem ficar descansados pois nunca ouvirão de novo a menor desobediência a ele de minha parte."

Apesar do tom moderado da carta de Arciszewski, o governador-geral e o alto conselho estavam furiosos. João Maurício referiu-se ao rascunho como uma peça "escandalosa e tediosa". Dois dias depois, Arciszewski foi colocado sob custódia. Em uma assembléia conjunta do conselho político e do alto conselho, João Maurício ofereceu aos presentes uma escolha simples: ou partia Arciszewski ou ele renunciava. Foi uma reunião tumultuosa, com explosões descontroladas do governador-geral. Falou sobre o "maldoso ladrão da honra", "amargos ataques e abusos contra a minha pessoa", de "uma falsa, baixa e mentirosa carta, a desgraça do meu nome". Sob o disfarce de amabilidades, Arciszewski tinha-o coberto de infâmias: o conselho político e o alto comando falaram de "adulação misturada com fel e despeito por Sua Excelência".

Arciszewski ficou espantado com essa inesperada reação. "Ele torceu minhas palavras como se eu o tivesse acusado de ser um simples e bobo senhor ou de ter sangue ruim", escreveria mais tarde em sua *Desculpa*. Naquela mesma noite, Arciszewski recebeu a notícia de sua dispensa e poucos dias depois foi colocado, sob guarda, em um navio rumo à Holanda. Dois meses após sua gloriosa chegada ao Brasil, estava novamente no caminho de volta, sem poder se defender de quaisquer acusações, afugentado como um cachorro sobre o mar, com rações de "feijão e bacalhau".

Uma vez na Holanda, Arciszewski fez de tudo para ganhar o ouvido de seus superiores, mas nem os Estados Gerais, nem os diretores estavam dispostos a ouvi-lo. Continuou lutando por seus direitos, apelou aos Estados Gerais uma segunda vez, agora assegurando as autoridades que nunca teria ocorrido a um pobre nobre polonês insultar um descendente da famosa casa de Nassau. Considerava que seu bom nome havia sido seriamente ferido quando viu as minutas do discurso de João Maurício ao alto conselho — de 20 de maio de 1639 — a culpa por todo o transtorno cabia aos Estados Gerais, uma vez que aprovaram as condições absurdas estipuladas por Arciszewski. Finalmente, disse que havia feito um juramento de lealdade aos Estados Gerais e que só os Estados Gerais — e não a Companhia das Índias Ocidentais — poderiam demiti-lo.

Por fim, os Estados Gerais agiram. Aprovaram a demissão de Arciszewski e a ele foi escrito e enviado um ato com as deliberações, em 2 de abril de 1640. O polonês de 48 anos permaneceu na Holanda por mais seis anos. Em 1641, foi-lhe oferecida uma nova chance: o comando, por recomendação do conde, de um regimento de infantaria — que estava sendo requisitado na República — para participar da guerra portuguesa contra a Espanha. Recusou-se em aceitar qualquer posto abaixo do generalato. O enviado português ficou furioso e pôs um fim às negociações. Entretanto, Arciszewski não ficou desanimado e, nos anos seguintes, devotou-se à pesquisa científica. Escreveu um tratado em latim sobre a terrível doença da podagra com o título *Epistola de podagra curata*, e, em 1646, apresentou-se como voluntário, na patente general de artilharia a serviço do rei da Polônia, Wladislav IV, para combater a invasão dos cossacos. Aos 57 anos Arciszewski retirou-se da vida militar. Assim terminou a carreira ativa de um soldado versátil, turbulento e controverso, mas, acima de tudo vivaz, que figurou em um papel de suma importância na aventura brasileira.

Ao se questionar sobre as causas de tão violento ataque por parte de João Maurício, a resposta poderia ser que ele considerava o polonês como séria ameaça na esfera da competência militar. E ele não estava errado. O certo é que a derrota da Bahia era publicamente escarnecida na República e se podia freqüentemente ouvir pessoas dizerem, com um suspiro, que com Arciszewski no Brasil a sorte seria outra. Seus temperamentos pessoais eram pólos opostos e não deixa de ser trágico que os construtores da colônia da Nova Holanda — o visionário Arciszewski e o arquiteto João Maurício — tivessem de ser divididos pelas discórdias. A irrecuperável brecha que se seguiu, indubitavelmente, precipitou o declínio da colônia.

Capítulo 5

A virada

A batalha naval dos seis dias

Em 19 de novembro de 1639, sob ensurdecedora salva de canhões, a mais poderosa frota que jamais havia entrado em águas brasileiras lançou velas do porto de Salvador. Era uma frota combinada, hispano-portuguesa, de trinta galeões, acompanhados de 34 navios mercantes e treze vasos menores, tripulados por 4 mil marujos e 10 mil soldados, rumando norte, na direção do Recife, com o claro objetivo de expulsar os holandeses do Brasil. Tropas hispano-portuguesas sob o comando dos líderes rebeldes Vidal, Camarões e outros avançavam ao longo da costa, de modo a destruir os fortes holandeses. O cerco estava fechando-se, inexoravelmente, em torno dos poucos milhares de holandeses. E a colônia estremeceu. Então os "pobres diabos" encontraram, subitamente, um inesperado aliado: o vento miraculosamente mudou para norte e transformou-se em tempestade. Os pesados galeões pararam. Por seis semanas, a frota ziguezagueou penosamente contra a ventaneira. As forças de terra tiveram de esperar. Os holandeses ganharam uma folga. Houve, certamente, um sentimento generalizado de que Deus Pai estava de seu lado desde o início, pois, tão repentinamente quanto o vento tinha mudado para norte, virou para sul, e levou a frota inimiga em direção ao norte com um ventania de força dez. Oitenta navios foram varridos inteiramente fora de controle ante os olhos do atônito almirante Loos, que estava patrulhando nas mediações de Alagoas. Foram varridos a grande velocidade, muito além do Recife, ou mesmo da Paraíba, onde o comandante da frota, de la Torre, por fim decidiu mudar a direção de seus navios. Em uma formação aberta e desarrumada, um grupo de vasos fez o caminho de volta na direção do Recife para encontrar o inimigo holandês.

Os holandeses não tinham ficado inativos. O almirante Loos juntou todas as peças disponíveis. Para a satisfação de todos, onze navios singraram ao porto do Recife próximo ao fim do ano, como se enviados dos céus. Por volta do Natal, os holandeses tinham conseguido equipar 41 navios para a guerra. A bordo, estavam 2.800 soldados sob o comando do corajoso major Pierre Legrand, um homem que tinha desempenhado um papel importante na conquista do Curaçao português, cinco anos antes.

O mui esperado confrontro entre os dois poderios navais teve lugar ao largo de Itamaracá, em 12 de janeiro de 1640. Os holandeses estavam em grande desvantagem numérica. O inimigo tinha o dobro de navios e cinco vezes mais soldados. A única chance de vitória era o ataque: o almirante Willem Corneliszoon Loos foi direto em direção ao capitânia inimigo. Seu fogo foi imediatamente replicado por pesada salva, e Loos foi mortalmente ferido. Seu ombro foi arrancado do corpo. O vice-almirante Jacob Huygenszoon testemunhou o evento e prontamente acostou o capitânia. A batalha continuou inabalada e aumentou em violência: o céu estava vermelho de chamas. Alguns capitães que não se mostraram suficientemente ativos foram severamente punidos quando do retorno ao Recife. No dia seguinte, a batalha durou das nove da manhã até o por do sol. E as esquadras moviam-se cada vez mais para o norte, distantes do Recife. No terceiro dia, o contra-almirante Aldrichszoon pôs fora de ação onze navios espanhóis e forçou-os a fugir, retornando ao Recife ferido com alguns de seus tripulantes e numerosos prisioneiros.

O vice-almirante Huygenszoon lutou com persistência canina. Em 17 de janeiro, desfechou um golpe final nos portugueses ao conseguir atravessar com seus barcos a esquadra inimiga. De laTorre virou as costas e escapou na calada da noite. Sua frota estava no caos, seus homens atormentados pela fome e pela sede. Acima do cabo de São Roque, no norte do Brasil, parte da armada encalhou em bancos de areia. De laTorre decidiu deixar suas tropas em terra e, com alguns de seus oficiais, embarcou em um bem equipado iate rumo à Bahia. Ele haveria de pagar um alto preço por essa deslealdade. Os navios portugueses, privados de comando, tomaram, cada qual, um rumo. Alguns foram para Portugal, uns para o Caribe, outros para os Açores. O exército desembarcava com reduzidos 2 mil homens. Seu destino estava a milhares de milhas ao sul — a Bahia —, e só poderia ser alcançado caso transpusessem uma rota salpicada de fortes holandeses. O inimigo escondia-se em todos os lugares. Apoiado pelos guerrilheiros de André Vidal de Negreiros, de Dom Felipe Camarão e de Henrique Dias, o comandante Luiz Barbalho Bezerra lutava para romper seu caminho para o sul.

A infernal jornada dos dois mil

A marcha foi assassina. Aqueles que não podiam continuar eram deixados para trás na certeza de serem degolados pelos holandeses. Não se faziam mais prisioneiros, nem mesmo os espanhóis. João Maurício recusou o pedido de Bezerra para que se desse guarida aos muitos doentes e feridos deixados à beira do caminho. Em resposta, João Maurício enviou-lhe cópia de uma carta escrita pelo próprio Bezerra e assinada pelo conde de la Torre, na qual davam-se ordens de não poupar qualquer holandês e para dar fim a todos os prisioneiros. A crueldade não tinha limites: todas as plantações de cana-de-açúcar foram queimadas e os prisioneiros portugueses eram entregues aos Tapuia que os matavam com requintados meios de tortura.

Nesse ínterim, uma esquadra de 28 navios chegou ao Recife: os comandantes Lichthardt e Jol traziam instruções dos diretores da Companhia das Índias Ocidentais ordenando João Maurício a realizar outro ataque imediato à Bahia. A Companhia não fazia idéia do estado de coisas no Brasil, o que deixou João Maurício profundamente irritado. Despachou os dois homens com ordens de destruir tantos engenhos de açúcar quanto possível na região da Bahia. Vinte e sete engenhos foram incendiados. A decisão de João Maurício de não atacar a Bahia estava correta. As tropas de Bezerra haviam por fim conseguido cruzar a vau pelo largo rio São Francisco, chegando salvos à Bahia, que abrigava, assim, um grande reforço aos defensores da praça-forte.

A insistência dos Diretores que a Bahia fosse atacada quando os suprimentos, a munição, bem como o número de homens era claramente insuficientes para uma empreitada tão perigosa induziram João Maurício a pensar com carinho em sua renúncia no momento em que seus cinco anos de contrato tivessem passado. A guerra de represálias continuou amarga como sempre e ameaçou gravemente a economia da colônia. A posição dos plantadores tornou-se gradualmente impossível. Tanto os holandeses quanto os portugueses constantemente acusavam-nos de traição e colaboração com o inimigo e eram pois sumariamente executados.

Em outubro de 1640, o vigário-geral reuniu-se a vários portugueses católicos romanos para submeterem um pedido tocante a João Maurício: um fim ao pavoroso massacre. Maurício estava pronto a dar abrigo a mulheres, crianças e velhos, bem como aos membros do clero, aos plantadores de cana e aos comerciantes, desde que não mais se destruísse as plantações de cana-de-açúcar.

Portugal livra-se da opressão espanhola

Ocorreu, então, um evento inesperado com profundos efeitos que provocou uma virada dramática em todos os planos. Nos meses que antecedem esses derradeiros acontecimentos, a reputação política da Espanha havia sofrido grandemente em conseqüência da derrota do conde de la Torre, que havia escapado para a Bahia e abandonando sua destroçada esquadra. Esse pesado golpe na hegemonia hispano-portuguesa foi agravado pela esmagadora derrota infligida por Tromp à frota espanhola comandada por Oquendo, em Downs. A Espanha estava exaurida como poder naval, e os rebeldes portugueses viam agora sua chance de livrarem-se do jugo do tirano espanhol.

Em 1º de dezembro de 1640, João de Bragança ascendeu ao trono de Portugal. Dom Jorge de Mascarenhas, antigo presidente do conselho da cidade

André Vidal de Negreiros com o chefe da tribo dos índios Poti, Antonio Felipe Camarão, e o líder negro Henrique Dias.

de Lisboa, fez um inesperado avanço em sua carreira: substituiu seu covarde tio, o conde de la Torre, obtendo o título de marquês de Montalvão e tornou-se o primeiro vice-rei do Brasil. Em nome do novo rei de Portugal, João IV, assumiu o governo do Brasil português e desarmou as tropas espanholas nas cercanias da Bahia. Os portugueses de Nova Holanda estavam exultantes: "Viva, a guerra acabou... Juntos com os holandeses contra a Espanha..." Um sol português estava em ascenso. Mas as coisas foram diferentes. João Maurício deixou as festividades populares serem celebradas.

Portugal como aliado?

O relato da revolução portuguesa chegou à República e pôs um sério problema para os *Heeren XIX*. Não estavam preparados para considerar uma cessação de hostilidades com Portugal e para pôr um término à consolidação da conquista de um território obtido dos portugueses. Após longas discussões, chegaram à conclusão que João Maurício deveria ser primeiro persuadido a retirar sua renúncia: ele era o único homem capaz de preservar a paz e a ordem no Brasil, em um momento tão difícil. Ademais, ao conseguirem convencer João Maurício sobre sua permanência no posto de governador-geral do Brasil, deveriam ainda consolidar a dominação holandesa contra o antigo inimigo antes que a República fosse obrigada a observar um tratado de paz com Portugal. O tratado veio rapidamente. Os portugueses não queriam perder tempo. A paz entre Portugal e a República foi assinada em 12 de junho de 1641. Na Europa, o tratado entrou em vigor imediatamente, mas na África, nas Índias Ocidentais e no Brasil só vigorou após o recebimento oficial da notificação do acordo pelas partes envolvidas. Surpreendentemente, o rei de Portugal postergou o anúncio oficial por cinco meses e a República adicionou outros dois meses. Nesse intervalo, os diretores da Companhia das Índias Ocidentais mostraram-se fervorosamente ativos. Assumiram a responsabilidade de que seu plano de expansão territorial para o norte e para o sul, bem como a consolidação do domínio holandês fossem executados antes que o documento chegasse ao Brasil.

O plano era obviamente contrário ao espírito do tratado e à política de aproximação cordial com o novo aliado, mas a Companhia das Índias Ocidentais não se deteve. Quando a boa fé contrapõe-se, na balança, aos interesses comercias, o último prevalece. É o que ocorria, e João Maurício estava de acordo com essa política dúbia. Primeiro, a província de Sergipe del Rey foi conquistada, ao sul, uma área com pastagens macias apropriadas para milhares de cabeças de gado, um atrativo campo de armazenagem de carne para a sempre crescente população do Recife... O plano de Adriaen van der Dussen — acabar de uma vez por todas com o formigueiro da Bahia — foi logo descartado por João Maurício. Era muito mais sensato usar os poucos soldados disponíveis para capturar dos portugueses a mal defendida estação de escravos de São Paulo de Luanda, na costa oeste da África, "diretamente oposta ao Recife". Em 30 de maio, o almirante Jol lançou velas com 21 navios e 3 mil soldados sob o comando do coronel James Henderson com direção a Angola. Sem demora, tomaram a estação de escravos a partir da qual os espanhóis exportavam uns 15 mil escravos por ano para as minas de ouro do México.

Benguela, também, caiu para os holandeses, bem como as ilhas de São Tomé e de Annabom. Os escravos eram indispensáveis para as plantações de cana-de-açúcar no Brasil: eram originários do povo Banto, que vivia entre o Congo e Angola, muito mais tratáveis que os Ardra, os Mina e os Calabar, da estação de escravos de Elmina.

A conquista de São Luís, capital da província do Maranhão, ao norte, marcou o término da política holandesa de expansão no Brasil. A Nova Holanda atingiu assim seu tamanho máximo, com uma linha costeira de 1.500 milhas de comprimento. Os portugueses, que acreditavam serem os holandeses seus aliados, por força do tratado de paz, mal podiam acreditar no que viam. O modo traiçoeiro com que a província do Maranhão foi-lhes subtraída, causou grande indignação. Tais ações poderiam ser esperadas dos *Heeren XIX*, mas os portugueses estavam amargamente desapontados com o nobre e magnânimo João Maurício, que tentava enganar seus novos aliados com brutais mentiras somadas a preciosa hipocrisia. Sob o ponto de vista legal, todavia, João Maurício continuava coberto: o tratado de paz com o Brasil não havia ainda sido ratificado, o que ocorreria em Recife, no dia 3 de julho de 1642.

Apesar de os diretores da Companhia das Índias Ocidentais estarem profundamente arrependidos do estabelecimento de tratado com Portugal — pois as ações haviam caído uns bons trezentos pontos, desde 12 de junho de 1641 — o povo holandês era de opinião diferente. A paz significava tranqüilidade no comércio de sal com Setúbal, um negócio que estava na base de florescentes empresas de pesca de arenque; a paz também significava uma substancial diminuição da pressão dos exércitos espanhóis em Flandres.

A duplicidade, ou, em outros termos, a esperteza política de João Maurício emergiu, entre outras coisas, das impressivas festividades que organizou nos jardins de seu palácio para a celebração da ascensão de João IV ao trono, no exato momento em que estava planejando uma série de ataques a cruciais centros militares e econômicos portugueses.

João IV, Rei de Portugal.

Festividades em Vrijburg

Por dias a fio, os jardins do palácio de Vrijburg foi o palco de corridas, torneios, peças de teatro e esportes eqüestres. Todos os açucareiros portugueses, independente de sua importância, receberam convite do governador-geral. Foram organizados banquetes gigantescos que algumas vezes duravam até 24 horas. Um brinde se seguia a outro, ouvia-se trombetas e músicas marciais em todos os lugares. Elegantes damas holandesas, francesas e inglesas freqüentemente mostravam-se muito mais resistentes aos rios de bebida servidos do que os próprios homens. Mauritsstad foi profusamente decorada. Canhões estrondavam e bandeiras vermelhas tremulavam de todos os cantos dos fortes. Nos torneios, fanfarras de trombetas pontuavam o aplauso entusiástico de milhares de espectadores. Na primeira fileira de camarotes, decorados com coloridos véus de seda, xales indianos, damascos listrados de vermelho, cortinas e faixas, João Maurício estava invariavelmente sentado ao lado de sua querida Dona Anna Pães d'Altro. Três meses depois da ascensão de João IV ao trono, toda a atividade de guerrilha cessara.

A primeira Assembléia Legislativa

Poucos meses antes, João Maurício havia dado um exemplo único de política de reconciliação, ao unir os açucareiros, fossem holandeses fossem portugueses, em uma assembléia legislativa. O objetivo era oferecer a todos a oportunidade de expressar seus agravos e de encontrar soluções comuns. Essa primeira assembléia foi um grande sucesso e medidas foram tomadas para a proteção dos interesses dos moradores, os açucareiros portugueses, que reouveram suas armas confiscadas ao tempo da guerra contra o conde de la Torre. Agora, poderiam novamente defender-se dos desertores ladrões e dos escravos rebeldes fugidos.

Severo castigo foi estabelecido para qualquer um que decidisse matar um boi, o animal de carga por excelência — um sacrifício sem sentido que ocorria não sem freqüência. Os plantadores portugueses passaram a ser protegidos da arbitrariedade dos intolerantes oficiais holandeses que tornavam a vida tão difícil; procedimentos profissionais foram simplificados e tomaram-se atitudes contra abusos cometidos pelos coletores de impostos. Corrupção, homicídio e licenciosidade certamente não foram erradicados, mas, pelo que já foi dito, pode-se considerar que o governador-geral empenhou-se ao máximo para melhorar a atmosfera de "seu" Brasil.

A dificuldade que encontrou na organização de estruturas de colaboração entre os representantes das diferentes confissões religiosas tinha por origem a aversão que os calvinistas sentiam pela "superstição papista" e pela população judaica de Pernambuco. Ficavam mesmo embravecidos pelo comportamento impetuoso dos judeus, sua barulhenta maneira de falar, e pela estrita observância de sua fé. Quanto aos portugueses, falhava a linguagem, pois eles "não têm idéia dos fundamentos da religião cristã e o caminho da salvação é inteiramente desconhecido para eles".

As mulheres holandesas e as mulheres portuguesas

O contraste entre os holandeses e os portugueses era agravado por suas diferentes raízes culturais. Os portugueses ficavam horrorizados com a intemperança dos holandeses, cujas mulheres bebiam ainda em maior quantidade que os homens. A posição das mulheres holandesas indicava um avançado grau de emancipação e os maridos ouviam a opinião de suas esposas sobre problemas políticos e sociais com grande respeito.

A situação das mulheres portuguesas era diferente. Seus direitos e deveres limitavam-se ao trabalho doméstico e ao dever de permanecerem em silêncio. Duarte Nunes Leão, o cronista, contava com algum desprezo que as mulheres holandesas eram alegres e elegantes, em forte contraste com as portuguesas que passavam o dia todo sentadas em casa, eram freqüentemente corpulentas e andavam com dificuldade sobre seus sapatos de salto alto de cortiça, como se tivessem correntes em suas pernas.

Apesar das possíveis reclamações sobre a aparência das mulheres portuguesas, elas eram abençoadas com uma adorável e modesta natureza que atraía fortemente os homens holandeses. Muitos deles casaram-se com mulheres portuguesas e converteram-se ao catolicismo. Em alguns casos, isso levou a tal identificação com os interesses portugueses que, em suma, pode-

Vista de uma vila no Brasil. Frans Post. Royal Collection, Londres.

se falar de comportamento traiçoeiro. Alguns oficiais esqueceram seus juramento de lealdade à Companhia das Índias Ocidentais e ao conde e desertaram para o inimigo. Há o exemplo de um oficial que abriu aos portugueses uma fortaleza holandesa, essencial para a defesa do Recife. Entrou, em decorrência, para o serviço dos portugueses, voltando-se contra seus próprios compatriotas, e tornou-se ancestral de uma famosa família portuguesa que agora ocupa posição de destaque na sociedade brasileira.

Os amores perigosos de João Maurício

Apesar de João Maurício nunca ter-se casado, observava um saudável interesse pela beleza feminina. De início, começou um relacionamento com Margaretha Soler, filha de um ex-agostiniano, o pregador português Vincent Joachim Soler, que havia passado para o lado dos holandeses, convertendo-se ao calvinismo. Quando João Maurício obtivera dela o suficiente, mandou-a de volta para a Holanda. Entrementes, a filha do comandante da guarnição, sargento-major Baía, tinha preso seu olhar. Mais tarde, teria um tempestuoso caso com a mui atraente viúva de um rico açucareiro, Pedro Correia da Silva, Dona Anna Pães d'Altro.

Karel Tourlon

Quando o relacionamento com essa rica e poderosa mulher, a ex-noiva do líder rebelde português André Vidal de Negreiros, parecia tornar-se um compromisso sério para João Maurício, ele deixou-a casar com o beberrão Karel Tourlon, que assim adquiriu distinção social bem como um atrativo e conveniente posto. Foi indicado comandante da guarda pessoal do governador-geral e secretário de governo. Sob a cobertura dessa união legal o caso de João Maurício com Anna Pães podia prosseguir sem perturbações, um fato que agravou amargamente o novo marido. Quando Tourlon depois de um certo tempo descobriu o que estava acontecendo entre sua esposa e seu empregador ele elaborou um selvagem relatório sobre a vida amorosa de João

Maurício para o conde Frederick Henry, ao qual acrescentou que João Maurício tinha o hábito de cercar-se de portugueses de duvidosa estirpe que seriamente ameaçavam aos interesses da população holandesa e que enriqueciam-se escandalosamente às custas dos membros mais pobres da sociedade. João Maurício foi chamado à razão pelos diretores. Ao ser interrogado, Tourlon confessou. Foi prontamente dispensado de seus postos e colocado no primeiro navio de volta à Holanda.

Dirck van Hoochstraten

Karel Tourlon não foi o único homem rancoroso vis-à-vis o governador-geral. Havia também um soldado, que servira no Brasil por quase quinze anos. Vivia com o modesto salário de sargento-major, havia perdido a esposa e, por conta de João Maurício, sentia-se amargamente frustrado: em certa ocasião, o governador-geral prometera nomeá-lo a secretário de governo e comandante da guarda pessoal, por conta de seus excelentes serviços no Brasil, postos que acarretariam um considerável aumento de salário. Podemos imaginar sua frustração quando essas funções foram passadas a Karel Tourlon. A partir desse momento Dirck van Hoochstraten, que já estava inflamado pela dispensa de seu amigo Arciszewski, passou a agir diretamente contra João Maurício. Despachava cartas e toda sorte de material censurável para os *Heeren XIX* e compilara um extensivo dossiê sobre todas as peculiaridades de sua conduta.

A última gota

Essas cartas foram a gota d'água, tratando-se dos *Heeren XIX*. Convocaram o governador-geral à Holanda. Entretanto, antes de chegarem a essa decisão, estavam convencidos que João Maurício não era mais indispensável aos seus interesses no Brasil, pois ele não parecia estar mais em posição de melhorar as relações entre os holandeses e portugueses, que de mais a mais deterioravam-se. Agora que o tratado de paz havia sido concluído, os portugueses sentiam-se moralmente fortificados contra os conquistadores e começaram a rebelar-se abertamente contra o discurso dos calvinistas. Os moradores começaram a brutalizar seus credores holandeses e recusavam-se terminantemente a cumprir suas obrigações, a saldar seus débitos. Pior ainda, juntaram-se aos rebeldes, convencidos que o único holandês bom era aquele que estivesse fora do país, pois assim não poderia reclamar um único centavo. Além disso, ao se libertarem dos "flamengos", as consignações compulsórias de açúcar também acabariam.

A arrogante atitude dos portugueses açucareiros surpreendeu fortemente os holandeses coletores de impostos e os usurários de dinheiro, que preferiam ficar em segurança no Recife. A Companhia das Índias Ocidentais estava incomodada pelas minguadas entregas de açúcar e culpava João Maurício. Quanto a ele, estava saturado de lutar uma batalha perdida de antemão, municiado pelas errôneas considerações dos *Heeren XIX*.

Maurício está cheio

Uma rebelião estourou no Maranhão. Em outubro de 1642, os holandeses abandonavam a província que tinham conquistado um ano antes. Ocorreu uma violenta retaliação por parte dos exasperados holandeses de Luanda, agravando o ódio recíproco. Os calvinistas continuaram a atormentar seus oponentes católicos, enquanto ambos odiavam os judeus, que eram bons negociantes e ganhavam dinheiro rapidamente. Os judeus, é claro, eram um elo indispensável em qualquer transação comercial pois, ao contrário dos cristãos holandeses, dominavam fluentemente a língua portuguesa. Assim, não era mais uma questão de tolerância, e a peremptória recusa dos *Heeren XIX* em aceitarem qualquer proposta inteligente ou algum conselho de boa vontade induziu João Maurício a escrever uma outra carta para os Estados Gerais, solicitando, dessa feita, permissão para voltar à Holanda.

Havia, assim, um recíproco sentimento de insatisfação por parte dos diretores e de João Maurício, que foi repatriado. Ambas as partes estavam saturadas. Em 9 maio de 1643, os Estados Gerais resolveram "que deveriam escrever de maneira discreta para o conde Maurício de Nassau, para os efeitos que ele deveria retornar para cá e continuar a prestar serviços a seu país..." Uma vez mais, os diretores fizeram uma desesperada tentativa de tirar um rio de dinheiro da América do Sul para a Holanda, mas as grandes expectativas despertadas pela expedição de Brouwer e Heckermans para o Chile foram destroçadas e os diretores arrancaram os cabelos de raiva.

"Grandes dificuldades e perigos"

As notícias da demissão de João Maurício foram recebidas, na Nova Holanda, com grande consternação. Alguns holandeses dirigiram uma passional petição aos *Heeren XIX*, descrevendo a partida de seu governador-geral como "grande estrago e injúria para todos os holandeses". Significaria perder qualquer chance de jamais fazerem os portugueses "pagarem suas enormes dívidas na terra...; e muito há de se temer que os holandeses virão a enfrentar grandes dificuldades e perigos, como a revolta dos portugueses e a

A viagem de volta do conde João Maurício.

pilhagem de nossos próprios soldados que, freqüentemente, são privados de seus víveres e de seus soldos". Muitos pioneiros decidiram retornar para a Holanda com João Maurício, enquanto um certo número deles emigrou para o Suriname, onde seus conhecimentos do comércio de açúcar poderia assegurar seu futuro.

Em 4 de maio de 1644, João Maurício confiou a administração a uma junta na sede do alto conselho. Todos os notáveis estavam presentes e o discurso proferido pelo renunciante causou profunda impressão: era um testamento político que revelava uma visão perspicaz da situação social.

O testamento político

Foi um discurso que não é sem relevância para os dias de hoje. João Maurício, óbvio, não estava particularmente em bons termos com o homem da rua: "Não se deve confiar cegamente no homem comum, que não tem julgamento ou decência. A maior parte do que diz é preconceituoso, mistura coisas falsas e dúbias com a verdade, de acordo com o momento, e deliberadamente usa tudo em seu próprio interesse. Uma vez que nada possui, inveja o rico, odeia tudo o que é velho, espera pelo novo e, como resultado de suas próprias reduzidas circunstâncias, ambiciona por mudanças. Sim, se ele pode agradar aqueles mais altos do que ele, sente uma covarde satisfação de colocar aos outros em perigo ou prejudicá-los..." Sobre as autoridades militares, falou como segue: "em relação às autoridades militares, eu recomendaria boas maneiras, benevolência e acessibilidade para que a autoridade não sofra. Regentes são poucas vezes reverenciados caso se comportem com familiaridade. Estejam seguros, entretanto, que a experiência ensinou-me que as autoridades não são menos reverenciadas, sem dúvida que são mais respeitadas, se estiverem visíveis e acessíveis..."

Sobre a relação com o soldado comum, disse: "Tenha a certeza que o soldado pensa bem de ti e deseja obedecer-te porque ele acredita que tu tens valor em vez de ser forçado a obedecer pelos sem valor. Esteja pronto a ouvir seus pedidos, tu deves evitar toda a ociosidade ou o desperdício de víveres por demoras desnecessárias; não o tire do sério nem o deixe pensar em traição, não permita sua deserção ou que cometa violência contra os cidadãos..."

João Maurício aconselhou enfaticamente os holandeses a serem polidos com os portugueses. "O povo português deseja com ardor ser tratado polidamente. Ofensas sérias devem ser tratadas seriamente, mas se a transgressão não excluir uma punição mais leve, escolha a clemência e contente-se com uma punição mais leve ou a com demonstração de remorso." Comerciantes problemáticos devem ser tratados com firmeza, disse João Maurício, pois "em suas demandas por dinheiro devido à Companhia, as mãos dos comerciantes são tenazes e será mais fácil para vocês tirarem de Hércules sua clava do que deles seu capital". Por fim, acrescentou uma séria consideração sobre uma mais tolerante comunhão entre protestantes e aqueles de outras confissões: "...e por mais que eu queira desejar que todos comunguem vossa fé, é melhor tolerar aqueles que pensam de outro modo do que pôr em perigo o estado por grandes distúrbios. Cada homem ama a religião que lhe foi ensinada quando criança e deseja ater-se a ela: deixem os portugueses reter seus padres e a organização eclesiástica que receberam de seus pais".

A jornada de retorno

Em 11 de maio de 1644, João Maurício partiu da capital. A viagem foi pelo caminho de Olinda, passando pela Paraíba onde a frota estava pronta para levá-lo à Holanda. Toda a província apareceu. Os membros do alto conselho, os xerifes, os manufatores de açúcar, os comandantes dos fortes e uma grande escolta militar acompanharam o *rei sem coroa* pela estrada norte, apinhada de entusiásticos espectadores. A jornada prosseguiu de vilarejo em vilarejo, com as notas das *Wilhelmus* e o estrondo de armas. Portugueses, cidadãos judeus e brasileiros presentearam-no com petições. Houve também uma delegação de 23 representantes dos Tapuia que queriam despedir-se de seu senhor. O chefe Nhandui enviou três de seus filhos com um séquito de vinte homens que queriam acompanhar João Maurício para a Holanda.

Dois dos filhos de Nhandui e três membros das tribos Craptê e Waypebar seguiram viagem com o príncipe. Os viajantes acamparam nas praias da Paraíba e quando chegou a hora da partida alguns brasileiros ergueram João Maurício em seus ombros, com altas saudações, através das ondas até o seu barco. Na manhã seguinte, uma vasta multidão de homens, de mulheres e de crianças nadou até o navio de seu amo, na intenção de protegê-lo dos perigos nessa sua viagem até a longínqua Holanda. João Maurício, com palavras gentis, conseguiu persuadi-los a deixarem-no viajar só.

E assim, em 22 de maio de 1644, um homem popular lançou velas do Brasil, amado e respeitado por amigos e inimigos. Com sua sábia política de reconciliação, foi um brilhante exemplo para seus contemporâneos que pode ser emulado até hoje. Uma esquadra de treze navios velejou para casa, transportando 1.400 almas, incluindo soldados, membros do clero e oficiais, bem como uma valiosa carga de madeira corante, ouro africano, tabaco, marfim, conservas, açúcar e peles que perfaziam 2,5 milhões de florins. Assim terminou um notável período de prosperidade, marcado por um espírito de tolerância e por um desejo de cooperação.

Capítulo 6

Revolta

Foi em pleno verão do ano de 1644 que o ex-governador, conde João Maurício de Nassau chegou às estradas de Texel. Decidiu permanecer vários dias em Den Helder, recuperando-se assim de uma longa e desagradável viagem. Ele havia sido atacado por enjôos, e agora deveria acostumar-se ao peculiar clima da Holanda. Algumas semanas depois, estava suficientemente bem para apresentar aos Estados Gerais um relatório sobre os negócios de Estado no Brasil.

Na capital da corte, os últimos retoques estavam sendo dados no interior de seu palácio. Antes de esperar pelos Estados Gerais, organizou um par de jantares para seus amigos em sua agradável Suykerhuys, construída em estilo clássico holandês em Vijverberg. Os convidados olhavam maravilhados: o *hall*, o vestíbulo e a escadaria estavam adornados com afrescos. No *hall* e nos vestíbulos, os condes e duques de Gelre e os príncipes de Orange-Nassau estavam retratados; na escadaria, os convidados contemplavam admirados as representações em tamanho natural de pagãos e bárbaros, homens e mulheres mouras, negros e brasileiros, tapuias selvagens, hotentotes e outros povos selvagens, em resumo "as mais estranhas criaturas de Deus", para usar as palavras do pintor, atendente e guarda-caça Jacob de Hennin. Pela primeira vez, viram um verdadeiro engenho de açúcar brasileiro e a residência de um açucareiro português. Observaram atentamente a espaçosa Mauritsstad. E a decoração de todo o palácio não era menos imponente: sofás, poltronas e baús feitos inteiramente de marfim, criados por carpinteiros portugueses a partir de materiais importados de Luanda; havia, ainda, tamanduás, tatus e peixes empalhados, pinturas de Albert Eckhout e Frans Post e centenas de estudos de desenhos, aquarelas e óleos de índios e negros, de animais, plantas e frutas.

Também despertou admiração a colcha de um sofá feita de iridescentes penas de pássaros indianos. A coleção incluía pedaços não trabalhados de marfim, preciosos tipos de madeira e todos os tipos de corantes e penas. Os convidados de João Maurício também foram servidos de um substancial aperitivo, um "*drink* temperado com pimenta brasileira" que poucos homens conseguiram fazer descer garganta abaixo. Finalmente, João Maurício apresentou uma dança de guerra, obra de uma companhia constituída por uma dúzia de índios Tapuia que trouxera consigo em seu retorno para a Holanda. Uma verdadeira apoteose; para surpresa dos pregadores presentes, estavam os índios completamente nus — algo que não só deu lugar a muita fofoca mas também para "beaucoup et raillerie et risée parmi toute sorte de gens..."

O relato de João Maurício a seus superiores foi impressivamente lúcido: analisou o declínio econômico do Brasil, não hesitou em revelar os erros da administração dos *Heeren XIX* e findou sua explanação com uma instigante proposta: o melhor a fazer, seria que a Companhia das Índias Ocidentais, junto com a empresa irmã — Companhia das Índias Orientais —, continuasse a guerra contra o inimigo. Os dignitários dos Estados Gerais sentiram um profundo descrédito por parte do ex-governador do Brasil. Sua análise econômica do Brasil pode ter sido habilidosamente apresentada, mas o fato era que João Maurício havia contribuído para o declínio, com sua extravagância cultural. Além do mais, observavam com muita apreensão que João Maurício vivia em um estilo profundamente chocante para um frugal cidadão holandês. E, sem dúvida, João Maurício vivia magnificamente dos dois milhões de florins, dinheiro dos prêmios, que havia poupado durante sua aventura brasileira.

Deve-se também acrescentar que a extemporânea volta causou a João Maurício consideráveis preocupações financeiras. Os pagamentos para a conclusão das obras de seu palácio exorbitante não estavam todavia garantidos, obrigando-o a voltar ao trabalho assim que possível. Quando foi indicado governador-geral do Brasil, em 1636, afortunadamente também tinha sido acordado que reassumiria suas antigas funções em seu retorno à República, no comando de um regimento Walloon, dos exércitos dos Estados. A seu pedido, foi prontamente dado a João Maurício uma companhia de cavalaria. Ele tomou parte nas lutas da região holandesa de Flandres, capturando a ponte de Lokeren. Logo após, com a morte do tenente-general de cavalaria

Charles II com os delegados da Casa dos Lordes e da Casa dos Comuns de Londres no grande salão da Mauritsstad, em 30 de maio de 1660. O jantar foi oferecido ao rei da Inglaterra por ocasião da restauração da monarquia na Inglaterra. À esquerda está um retrato da filha de Frederick Henry, Louise Henriette, com seu marido Frederick William, eleitor de Brandenburg. Gravura de P. Philippe, segundo J. Toorenvliet.

Stakenbrouck, ofereceu-se-lhe o posto do general, sob o alto comando direto de William II, filho do conde Frederick Henry. Alguns anos mais tarde, foi atendido em um antigo desejo: em 26 de outubro de 1647 ele foi designado conde de Cleves, Mark e Ravensberg. Isso acarretava um formidável acréscimo de renda da ordem de 6 mil táleres por ano, e significava ainda trabalhar a serviço de seu íntimo amigo, o eleitor de Brandenburg Friederich Wilhelm, que vivera anos em Leiden e que, no ano anterior, casara-se com Louise Henriette, filha de Frederick Henry, para reforçar os laços entre a República e Brandenburg.

No Brasil, a ausência de João Maurício pouco se fez sentir, nos primeiros meses. Uma decisão do consistório calvinista de agradecer a Deus por Suas graças e oferecer uma oração para a sofredora humanidade da Europa, foi aceita. Contudo, a serena tranqüilidade na Nova Holanda não passava de ilusão.

Quando de sua partida, João Maurício havia deixado o governo do país nas mãos de seus companheiros regentes: o governador em exercício era Pieter Bas, um antigo ourives de Haarlem. Cumpria a ele todas as honras, até a chegada de seu sucessor. Havia o mercador de Amsterdã, Hendrick Hamel, e Adriaen Van Bullestraten, de Middleburg, originalmente um mestre-carpinteiro; formavam, com o secretário Hendrick de Moucheron, o alto conselho, o mais alto corpo de governo. Eram homens capazes que haviam sido cuidadosamente educados na escola administrativa de João Maurício.

No outono de 1644, corria um alarmante rumor, oficialmente confirmado nos primeiros dias de 1645: os portugueses, afundados em dívidas com os holandeses, preparavam uma revolta. Caso conseguissem tirar os holandeses do Brasil, estariam matando dois pássaros com uma só pedrada: ficariam livres de seus credores e o Brasil, livre de um incomodo ocupante.

O alto conselho, sobressaltado, despachou o comandante do poderoso forte Pontal de Nazaré, Dirck Van Hoochstraten, e o presidente da alta corte, Gijsberth de With, à Bahia para reclamar ao governador-geral do Brasil, Antônio Telles da Silva, que grande quantidade de devedores portugueses transferiam-se para a Bahia, onde eram recebidos de braços abertos. Isso deveria ser considerado como gesto não amigável em relação a um Estado amigo. Nesse ínterim, Van Hoochstraten e de With ficaram observando quaisquer sinais de preparação de uma revolta. Não viram nada que levantasse suspeitas e então retornaram ao Recife, de mãos vazias.

Os portugueses prepararam o levantamento em grande segredo. Desde a partida de João Maurício, as relações entre holandeses e portugueses deterioraram-se rapidamente. Aos hesitantes pedidos dos portugueses pela devolução de Luanda, de São Thomé e do Maranhão, a República respondia com desprezo que tomaria mais um par de suas províncias a menos que segurassem a língua. Havia uma grande mágoa entre os moradores e os setores intelectuais da população brasileira.

O plano para a revolta, que poria fim à ocupação holandesa em um único ataque, começou a tomar forma. A força mestra era André Vidal de Negreiros, um nativo nascido na Paraíba, experiente líder guerrilheiro que havia alcançado distinção na guerra contra os holandeses. Seria apoiado por João Fernandes Vieira, filho de um criminoso deportado de Lisboa e de uma prostituta da Madeira. Nos anos de governo de Maurício, Vieira subira de auxili-

André Vidal de Negreiros, coronel no exército rebelde. Departamento de Iconografia. Fundação Joaquim Nabuco, Recife.

João Fernandes Vieira, à idade de dezessete anos, na defesa do forte de São Jorge, em 1630. Desenho de José Washt Rodrigues, in História do Brasil *de Pedro Calmon, vol. II, p. 544.*

ar de açougueiro para conselheiro de finanças, administrador e confidente de alguns homens de negócio e de oficiais de governo altamente bem colocados. Sua influência era grande: foi xerife do Recife e havia sido íntimo amigo do governador-geral. Aparentemente, era extremamente bem disposto em relação aos holandeses, mas, de fato, era um amargo inimigo que atacaria impiedosamente no dia do acerto de contas. O inteligente Vieira não havia passado desapercebido por João Maurício: uma figura como Vieira era admiravelmente apropriada para um exército misto. E, como Amador da Rouge, herdeiro de uma distinta família brasileira, foi indicado comandante de uma companhia de cavalaria. Nessa época ambos conheceram um capitão de cavalaria holandês, o próspero proprietário de um famoso haras, Caspar Van der Ley, de quem se ouvirá falar no devido tempo.

Vieira estava agora no topo da escala social. Apesar de sua origem humilde, que o tornava socialmente inaceitável para uma grande parte dos ricos portugueses açucareiros, conseguiu casar-se com a amável filha do conselheiro da corte, Francisco Bereguer de Andrade, conhecido como integrante da linhagem da melhor família no Brasil. Uma vez vencida essa barreira social, Vieira foi defrontado com um outro problema: Antônio Cavalcante, cavalheiro brasileiro empobrecido mas eminentemente respeitado, recusava-se peremptoriamente em aceitar o emergente auxiliar de açougueiro. Cavalcante, pai de duas lindas filhas que ele queria casar bem, deparava-se com o obstáculo insuperável da falta de dinheiro. Vieira sugeriu que casasse suas duas filhas aos dois irmãos de sua esposa, Maria César: escolher-se-ia um dia especial para esse duplo casamento, que se transformaria na maior festa do ano. A falta de dinheiro seria amplamente compensada pelo fato de que Vieira daria dois engenhos de açúcar para cada casal, como um dote.

João Fernandes Vieira, coronel no exército rebelde. Departamento de Iconografia. Fundação Joaquim Nabuco, Recife.

"A maior festa do ano", para esse casamento, foi não só o clímax social de 1645, como também marcou o início da revolta que iria varrer o país inteiro. Vieira e Vidal tinham trabalhado em todos os detalhes de seu plano. A festa de casamento teria lugar na casa do próprio João Fernandes, no dia de São João, 24 de junho. Todos os holandeses importantes foram convidados, e eles certificaram-se de estar presentes pois sempre que houvesse muita comida e bebida de graça os holandeses estavam em evidência. No clímax da festa, rebeldes armados invadiriam o salão de jantar e passariam todos os holandeses — homens, mulheres e crianças — pelo fio da espada. Assim, a elite dos ocupantes seria eliminada de um só golpe. Simultaneamente, um torneio organizado na Paraíba e no Rio Grande do Norte, com muitos participantes holandeses, daria a oportunidade de dar cabo do inimigo.

Estava tudo perfeitamente organizado. Todavia, um dos conspiradores perdeu a coragem quando ouviu falar dos assassinatos. Tratava-se do açucareiro Bernardino de Carvalho. Suava aterrorizado com o simples pensamento de tamanho banho de sangue e contou todos os planos a seu irmão Sebastião. Os dois decidiram escrever uma carta para Pieter Bas, o governador, com todos os detalhes da revolta e fizeram a carta ser entregue pelo médico judeu Abraham Marcado. Foi convocada uma reunião de emergência do alto conselho: agora, tratava-se de pegar os líderes rebeldes o mais rápido possível. Vieira foi convidado por um mensageiro a vir ao Mauritsstad para discutir os termos finais do tratado de paz, mas ele desconfiou e, junto aos seus amigos Amador da Rouge e Cavalcante, desapareceu na floresta.

A revolta estourou, com enorme violência, no dia 20 de junho, quatro dias antes do casamento. No mercado de Pojuka, um vilarejo a seis milhas do Recife, pequenos grupos de brasileiros falavam excitadamente sobre a traição da revolta quando um garoto judeu passou por eles e repentinamente tornou-se objeto de gritos e insultos. Ele serviu ao povo como uma válvula de escape para seus sentimentos de ódio, pois foi, devido a um judeu que a revolta falhara. Os brasileiros correram atrás do rapaz que conseguiu escapar. Aos gritos de "Vida longa ao rei de Portugal, fora com os holandeses", alguns grupos reuniram-se. A guarnição holandesa na vila consistia somente de trinta homens e de um tenente, Jacob Flemming, que, obviamente, foram incapazes de apaziguar a malta. Os soldados portugueses juntaram-se ao tumulto e começaram a saquear tudo. Amador da Rouge tomou-os sob seu comando e mandou preparar forcas para pendurar todos aqueles que se recusassem a pegar nas armas contra os holandeses.

Bas tomou medidas imediatas, nomeando o coronel Hendrick Haus comandante das forças de combate e indicando o capitão Jan Blaer como segundo-em-comando. E assim, um exército de 500 holandeses avançou contra os rebeldes portugueses, arrasando tudo o que encontrasse pelo caminho, levando, assim, a população para os braços dos rebeldes. Foi oferecida a recompensa de 3 mil florins pela cabeça dos líderes, desde que fossem entregues vivos aos holandeses.

Os rebeldes avançaram no Recife por todos os lados: Mauritsstad estava totalmente exposta. Não poderia ser defendida e foi reduzida pela metade para poder cercar-se de fortes e trincheiras. As casas e as ruas, além da linha de demarcação, foram demolidas. As esplêndidas árvores, cercando o Vrijburg, foram cortadas e o castelo ficou isolado em meio a selvageria. Os judeus ofereceram 600 mil florins pelo palácio para transformá-lo em uma sinagoga, mas sua oferta foi rejeitada. Os holandeses recusaram-se a deixar o palácio ser degradado como lugar de adoração judia. As duas torres que estavam na linha de fogo foram derrubadas. Os baluartes e as fortificações do Recife, que haviam sido seriamente danificadas pelas fortes chuvas, foram restauradas apressadamente, a hospedaria foi convertida em guarita e os fortes de Bruyn, Frederick Hendrick, Ernestus e Prins Willem foram calafetados. A ponte de Boa Vista foi posta fora de ação pela "retirada de duas cangas".

Não havia o que se temer no lado sul do Recife, pois o forte de Van der Dussen situava-se no cabo de Santo Agostinho e era totalmente impenetrável devido a sua posição. O forte era conhecido como Pontal de Nazaré ou, simplesmente, Pontal. A fortificação estava amplamente guarnecida, muita munição e rações para uma longa espera. Os 400 soldados e cidadãos armados estavam sob o comando de um hábil oficial, o capitão Dirck Van Hoochstraten. O segundo-em-comando era o capitão de cavalaria Caspar Van der Ley. Van Hoochstraten havia sido preferido ao famoso coronel Haus para esse importante posto e os quinze anos de serviço dos dois oficiais no comando devem ter desempenhado um papel importante para essa indicação.

O Pontal dominava toda embarcação que aportava. A artilharia cobria a entrada sul do porto, enquanto a entrada norte era virtualmente inacessível: entre os longos arrecifes e os íngremes rochedos que se estendiam longe, mar adentro, havia uma estreita vala entre os muito numerosos bancos de areia. Devido às perigosas correntes, o inimigo poderia ser atirado direto

Cena de batalha mostrando os holandeses e os escravos brasileiros próximos a um engenho de açúcar, em 1645. No primeiro plano, capitão Jan Blaer. Gravura de Mattheus Vanden Broeck. Amsterdã, 1651.

contra os bancos de areia; assim, havia ainda menos perigo por esse lado. Um posto de sentinelas foi instalado no principal portão da Boa Vista, voltado para o continente, enquanto havia um posto avançado em Olinda, o chamado Jodenwacht.

A meio caminho da península, ficava o reduto Juffer de Bruyn e, um pouco para o sul, o castelo de São Jorge. No mesmo nível, ficava o forte d'Água, sobre um arrecife, dominando a aproximação norte da baía; a oeste de São Jorge, na foz do Beberibe, ficava o impenetrável forte Waerdenburgh. Mauritsstad estava cercada pelo forte Ernestus ao norte, Boa Vista a oeste e Hendrick ao sul. Frederick Hendrick formava o terceiro vértice de um triângulo de fortificações, com o Pontal e o Forte Prins Willems, situados no meio de banhados e conectados a Mauritsstad por um canal.

Recife estava assim a salvo, embora isolada. A água potável, agora deveria seria obtida do outro lado do rio e lá era território inimigo. Assim, a população dependia de água salobra de poços perfurados próximo aos bastiões.

Era o verão de 1645. Um índio da tribo Tapuia relatou ao comandante Haus a notícia de que Amador da Rouge estava a curta distância, acompanhado de outros líderes rebeldes, Vieira e Antônio Dias Cardoso. Deveriam estar a cerca de trinta milhas, próximo ao vilarejo de Santo Antônio, no alto e espinhoso monte das Tabocas. Haus e Blaer avançaram imediatamente contra o inimigo com uma força de 400 brancos e de 300 nativos. Os portugueses pareciam ter se entrincheirado no virtualmente inacessível topo da montanha: os mil homens estavam armados de foices, de lanças, de espadas e de todas as armas possíveis com as quais pudessem defender-se do inimigo. Para Haus, a única solução seria um ataque frontal às posições portuguesas. Isso significava simular um ataque partindo do oeste enquanto o capitão Sickema e o tenente Schot conduzissem a manobra diversionária.

Se da Rouge, Vieira e Cardoso — que estava encarregado do treinamento de batalha dos moradores rebeldes — tivessem caído nas mãos do inimigo, teria sido o fim da revolta. Haus atacou as linhas inimigas por quatro vezes, em seqüência, e em cada ocasião foi rechaçado com pesadas perdas. Quando a resistência dos portugueses parecia sujeitar-se às forças inimigas, Vieira prometeu às unidades negras sua liberdade se conseguissem repelir os holandeses. Isso deu-lhes asas e, por fim, conseguiram pôr os holandeses em fuga, deixando 200 mortos no campo de batalha. Os portugueses, por sua vez, haviam perdido 400 homens.

Seis líderes rebeldes do segundo escalão foram capturados. Vieira, Dias Cardoso e da Rouge conseguiram escapar. O tenente Huyckersloot, Hamel Jr., o subtenente Ringholat e o capitão Andries Van der Loo, então comandante do corpo de guardas do governador, morreram. O porta-bandeira Jacques Bollan, Sickema e o tenente Schot saíram com ferimentos leves.

O Recife podia ainda respirar: afortunadamente, a batalha teve lugar a várias dúzias de milhas e os fazendeiros, uma vez mais, aventuraram-se fora de casa: trouxeram suas verduras e suas frutas para a cidade, e os índios Tapuia reapareceram com suas mercadorias de peles, tão conhecidas entre os empregados da Companhia das Índias Ocidentais.

Os sentimentos agora voltavam-se contra os "spics", como os portugueses passaram a ser chamados após a saída dos espanhóis. Isso teve início quando, no início de agosto, uma grande frota portuguesa, totalizando 28 vasos, singrou em direção a Mauritsstad. O posto avançado Juffer de Bruyn, o forte d'Água e o forte de Bruyn não atiraram nos navios. Nas estreitas ruas e o para o lado do porto podiam ouvir-se vozes gritando: "Nós fomos traídos..." Para o horror da população, os armazéns abertos forneciam toneladas de manteiga, de diferentes variedades de feijão, de toicinho salgado e de charque sendo carregadas para os navios portugueses por escravos negros. "O alimento de nossos inimigos", resmungavam. O que mais poderia fazer o governo quando os "amigos" da República pediam provisões e pagavam por elas em ouro puro? Esse desafortunado episódio era o prelúdio de um fatal desenvolvimento militar que forçou os holandeses a passarem para a defensiva, de uma vez por todas.

Em 14 de agosto, o comandante da guarda no principal portão da Boa Vista deixou entrar na cidade um oficial e seus homens: o oficial pediu para ver o governador imediatamente. Era o capitão de la Montaigne, comandante francês do forte mais ao sul, o Zerinaim. De la Montaigne era portador de péssimas notícias: ele e seus soldados formavam a guarnição do forte e haviam sido sobrepujados por 1.500 homens sob a fanática liderança de Vidal, Diaz, Camarron e Accognes. Após um cerco de nove dias, ele e seus quarenta homens renderam-se ao inimigo: havia terminado suas rações, sua pólvora e seu chumbo. Tinham sido bem tratados, mas os trinta brasileiros que se renderam foram sumariamente enforcados em paliçadas. Outro golpe para Pieter Bas sobreveio quando ouviu da frota que havia aportado em Recife, no começo de agosto, para comprar uma grande quantidade de provisões, que tropas inimigas haviam desembarcado próximo a Tamandaré. "À la guerre comme à la guerre..." A perda de Zerinaim foi o arauto de uma catástrofe conhecida como "a traição do Recife", e esse foi o momento da virada.

A traição de Recife

Dirck Van Hoochstraten sentia-se frustrado. Esteve a serviço da Companhia das Índias Ocidentais no Brasil por mais de quinze anos sem conseguir alcançar o sucesso que esperava. Sua esposa havia morrido após o nascimento de seu filho e poucos anos antes seus dois filhos, Suzanne e François, também haviam morrido. Era sozinho no mundo. Não tinha futuro e uma promoção financeiramente atrativa estava fora de questão. Uma manhã, o comandante do Pontal recebeu um pacote. Estava endereçado a Dirck Van Hoochstraten e a Casper Van der Ley, e havia sido atirado para dentro do forte. Van Hoochstraten abriu-o e encontrou uma carta. Estava escrita em nome de João Fernandes Vieira e assinada pelo coronel Morcive, e continha uma proposta cuidadosamente formulada de rendição para o Pontal, em troca de uma substancial recompensa. Van Hoochstraten e Van der Ley juntar-se-iam ao exército português e seriam promovidos. Van Hoochstraten seria feito coronel de um regimento de infantaria; a Van der Ley seria dado um posto de elevado *status* social: sua admissão na Ordem de Cavalaria do Hábito de Cristo, e sua família poderia juntar-se aos círculos da mais alta nobreza portuguesa. Van Hoochstraten também obteve um adoçante de 80 mil florins. Entretanto, Van der Ley era menos atraído pelo dinheiro, pois era de família rica, além de ser proprietário do mais famoso haras do Pernambuco. Com essas propostas, Vieira mostrou um arguto entendimento da natureza humana. Não era apenas Van Hoochstraten que não via mais perspectivas na aventura brasileira, mas o futuro também era obscuro para Caspar Van der Ley, em parte por conta de sua esposa portuguesa. Se os dois cavalheiros concordassem com a proposta, continuava a carta, logo seriam abertas negociações na Bahia com o vice-rei e com o bispo. No decurso dessas conversações, os detalhes da rendição seriam cuidadosamente arranjados.

O maneta Henrique Dias, comandante da legião dos negros. Departamento de Iconografia. Fundação Joaquim Nabuco, Recife.

Era necessário, nesse intervalo, o maior cuidado. O alto conselho deveria ser informado sobre as bases da proposta de Vieira e ser enfaticamente assegurado que Van Hoochstraten e Van der Ley não tinham intenções de participar do malévolo jogo do inimigo. Nessa ocasião, o alto conselho recompensou Van Hoostraten por seus leais serviços com uma principesca soma de dinheiro e com a promessa de que logo seria promovido. Van Hoochstraten, astuciosamente, apontou que um substancial aumento de chumbo, de pólvora e de víveres era necessário para a defesa da fortaleza. Mandou a mulher e os filhos para o Pontal, com a desculpa que o inimigo poderia ser esperado a qualquer momento, mas na verdade porque ele queria reduzir ao mínimo as chances de descoberta de sua traição.

Era a terceira semana de julho quando Van Hoochstraten disse a Viana em que dia o forte deveria ser atacado e por quanto tempo ele simularia uma defesa, respondendo ao fogo e negociando. O forte iria render-se depois de três semanas. Uma testemunha ocular de sua traição, Isaac Sweers de Nijmegen, que finalmente conseguiu chegar às linhas holandesas após muitas desventuras, escreveu em seu diário: "o inimigo veio para sitiar o forte com 3 mil homens, moradores portugueses e soldados enviados da Bahia para ajudar às tropas e, depois de três ou quatro dias de cerco, reclamaram pelo forte, sabendo muito bem como estava ajustado o acordo com o comandante Hoochstraten..." Seiscentos e cinqüenta homens finalmente renderam-se. Van Hoochstraten informou seus oficiais e seus soldados da desesperante posição, aconselhando-os a depor as armas e a aceitar as generosas condições do inimigo. Continuar lutando, por outro lado, implicaria em morte certa... Todo soldado que passou para o serviço português recebeu uma razoável recompensa de 30 florins. Quem recusasse, poderia contar com um tratamento duro.

Não só Isaac Sweers conseguiu escapar do campo português, Jan Stomp, até recentemente corneteiro de Caspar Van der Ley, também evadiu-se para o Recife, deixando para trás sua esposa Anna, a cozinheira dos oficiais.

A traição de Van Hoochstraten e de Van der Ley resultou na queda da fortaleza mais importante da Nova Holanda. A entrada sul do porto estava então totalmente aberta e o porto do Cabo de Santo Agostinho poderia ser usado para o desembarque de tropas inimigas. A traição espalhou um sentimento de absoluto desânimo na populosa cidade. Um "entusiasta que estava lá no começo da rebelião e ainda é residente de lá, considera" — isso foi escrito no ano de 1647 —, "de se lamentar que tanta gentileza e tanta honra sejam mostradas a tais pessoas que traíram seu país tão vergonhosamente por um punhado de ouro, ganhando para toda sua família e para seus descendentes uma eterna e irradiante infâmia".

Antônio Felipe Camarão, comandante da legião dos índios. Departamento de Iconografia. Fundação Joaquim Nabuco, Recife.

O Pontal caiu para os portugueses, em 13 de agosto de 1645. Três dias depois, o exército de Haus e de Blaer foi esmagadoramente derrotado pelas tropas de Camarão, Vidal, Moreno e Dias. Essas tropas foram deixadas na praia do recém-conquistado porto do cabo Santo Agostinho, o que apanhou as forças de Haus e de Blaer de surpresa. Os 270 europeus suplementados por várias dúzias de ameríndios refugiaram-se na antiga casa de fazenda de Anna Pães d'Altro, a Casa Forte. Haus foi forçado a entregar-se ao inimigo mais numeroso quando a casa fortificada foi bombardeada e reduzida a ruínas. Os brasileiros e mulatos prontamente foram mortos pelos rebeldes. Blaer e Haus foram aprisionados. O major Wildschut, os tenentes Trelanus, Zacheus e La Motte também foram capturados. Por causa de seu arrogante comportamento, La Motte foi entregue aos índios Tapuia e esfolado vivo. Blaer foi coberto com breu em fogo e morreu da morte que havia infligido em muitos de seus inimigos.

Haus não foi castigado e voltou para o Recife um ano depois. Os soldados holandeses reconheceram a derrota e passaram para o exército português. Pois todas as ações em terra no Recife agora dependiam de tropas auxiliares transportadas pelo mar. O rebeldes viram, para sua surpresa, que os holandeses estavam preparados para traírem seu povo e seu país por dinheiro: um sargento holandês parecia estar pronto a entregar o reduto de Olinda, o Jodenwacht, para o inimigo pela soma de mil florins. Os dezessete soldados foram mortos e, além dos mil florins, foi oferecido ao sargento o posto de porta-bandeira. Entretanto, no que se refere ao governador da Paraíba, os rebeldes cometeram um erro de julgamento: quando o secretário da corte de justiça da Paraíba, o português Fernandes Bouilloux tentou subornar o governador com a soma de 15 mil florins. O governador mandou prender e executar o portador da proposta no ato.

O Recife estava agora cercado. Afortunadamente, as barricas de água estavam cheias até a borda, e sua utilização estava restrita ao consumo fundamental. A água potável certamente poderia ser substituída por vinho e cerveja, que anteriormente haviam sido importados em grandes quantidades, mas os suprimentos de alimentos estavam baixos. As casas eram freqüentemente revistadas à procura das despensas escondidas, uma vez que os suprimentos guardados nos armazéns eram distribuídos tão justamente quanto possível entre a população. O pão era de má qualidade e cheirava a alcatrão e a breu. Isso porque eram assados em fogo feito com madeira de navios e de iates quebrados. A população também reclamava amargamente de "grande dor no peito e no estômago". A carne era comida crua, pois era mais palatável que a cozida em água salobra.

Os portugueses riam para dentro: simulavam ataques nos bastiões, forçando os holandeses a vigiarem suas posições dia e noite. A moral da infantaria tinha chegado a um ponto particularmente baixo. Muitos ficavam caídos nas ruas morrendo em meio a seus excrementos. A admissão nos hospitais era ainda pior, pois lá a morte era certa. Os soldados sentiam-se traídos pelo governo do Recife: onde estaria a esquadra de socorro e as novas tropas de reforço? Não demonstravam mais qualquer respeito pelas autoridades superiores. Os membros do alto conselho eram, com freqüência, puxados pelas ruas por suas barbas, insultados com todo o tipo de ameaças e de acusações.

A cidade era uma verdadeira anarquia quando os soldados correram, em um estado de quase amotinação, aos gritos para a casa de um membro do alto conselho que oferecia um refinado almoço para todos seus membros do colegiado. À vista de tão esplêndido serviço posto à mesa, pães crocantes e diferentes tipos de vinho brilhando nas jarras, mudou o humor dos soldados. Sentaram-se como se convivas fossem, em turbulenta alegria. Comeram e beberam tudo, esquecendo-se do resto. O incidente encerrado, satisfez todas as partes: os membros do alto conselho escaparam vivos e os soldados encheram suas barrigas.

Os negociantes judeus ofereceram 100 mil florins para manter o espírito elevado das tropas. Contudo, por essa soma não se podia comprar muita coisa. As negociações para se manter a paz e a ordem estavam destinadas ao fracasso. Devido às tensões, os notáveis, no Recife, eram literalmente reféns dos soldados e dos cidadãos. Sentinelas foram colocadas nas portas de suas casas para evitar que se escondessem. Não podiam sair depois de escurecer e, durante o dia, eram alvo constante de insultos e abusos.

Os hospitais estavam superlotados, e todo o lugar cheirava a escorbuto e a carne em decomposição exalados da boca dos doentes. Em seu *Cruydt-boeck*, que apareceu em 1554, com 750 ilustrações, o belga Rembertus Dodonaeus — ou Dodoens, como era conhecido — descreveu a doença como segue: 'É uma doença muito difícil e trabalhosa, que dura por um longo tempo. Aqueles que a adquirem, primeiro tem as gengivas ulceradas e inchadas e eles perdem seus dentes. De suas bocas vem um mau cheiro pútrido. Suas coxas ou pernas são com freqüência marcadas com manchas azuis, como se tivessem sido espancados ou beliscados, enquanto sua face e todo o corpo é muitas vezes de cor pálida. Seus pés ficam inchados e aquosos. O Dr. Olaus Magnus diz que essa é uma doença que usualmente surge nos exércitos e no campo, ou em cidades e lugares sitiados e que é causada por uma longa falta de comida salgada..."

Os doutores tinham tido uma longa experiência na luta contra "as feridas que estouram na boca, o excesso de saliva ou baba": a cura era o espírito de cocleária, obtido pela destilação de uma mistura de rabão rústico e cocleária. Contudo, água, frutas e verduras frescas também servem. Entretanto, não havia como encontrar cocleária e ninguém poderia esperar por limões e laranjas da República.

Na Holanda, os *Heeren XIX* estavam a par da situação no Recife. Entretanto, os interesses comerciais em Portugal e em territórios portugueses além-mar fizeram com que decidissem contra o envio de qualquer auxílio. Uma operação de resgate ostensiva poderia facilmente levar a uma guerra contra Portugal e isso exporia o retorno da frota da Companhias Unidas das Índias Orientais a todos os tipos de perigo. Além do mais, a guerra implicaria em comboios, um sistema de segurança que custaria dinheiro. Suprimentos navais também estariam ameaçados, pois onde poderiam carregar limões e água potável se os barcos não podiam ancorar nos Açores, nas ilhas do Cabo Verde, de Madeira e da Guiné? Amsterdã acreditava que era melhor esperar: não fazer nada era o caminho mais barato. E Amsterdã possuía a maior quantidade de ações na Companhia das Índias Orientais e portanto sofreria mais se qualquer expedição falhasse. O mais incomodo oponente de Amsterdã era a Zelândia, que considerava como dever sagrado combater o catolicismo em todo o mundo. Sob um ponto de vista comercial, Amsterdã acreditava que o Brasil estava acabado. Além do Recife e de Mauritsstad, só as ilhas de Itamaracá e de Fernão de Noronha e os dois fortes Cabedelo da Paraíba e Ceulen, do Rio Grande do Norte, continuavam em mãos holandesas. Balthasar Van der Voorde, um membro da Corte de Justiça no Brasil, viera relatar os negócios de Estado da Nova Holanda. Chegou com convincentes evidências de que a revolta gozava de todo o apoio do vice-rei do Brasil, Telles da Silva, e que estava expresso em cartas caídas em mãos holandesas que também o rei João IV favorecera os rebeldes. Assim, Holanda e Portugal estavam em estado de guerra e, a menos que alguma assistência fosse enviada imediatamente, o empreendimento brasileiro estaria acabado.

Estava claro. Amsterdã mudou de opinião. Os *Heeren XIX* decidiram, como primeira medida, formar um novo governo para o Brasil. Pieter Bas, Adriaan Van Bullestraten e Hendrick Hamel deveriam ser trocados. A presidência do alto conselho foi oferecida ao prefeito de Groningen, Walter Van Schoonenburgh. Ele representava essa cidade nos Estados Gerais. Para o conselho, cogitou-se nos seguintes nomes: Michiel Van Goch, pensionista de Flushing e antigo diretor da câmara da Zelândia, Simon Van Beaumont, fiscal e advogado de Dordrecht, Abraham Trouwers, antigo diretor da câmara de Amsterdã e auditor da Companhia das Índias Ocidentais e o homem de negócios de origem alemã, Hendrik Haecxs, que residia em Amsterdã e que já havia passado cinco anos no Brasil. O advogado de Dordrecht, Heremijt, foi incluído como secretário. Depois de muita hesitação, todos aceitaram o convite sob a condição que o seu termo de trabalho deveria ser limitado a três anos. Os *Heeren XIX* soltaram um suspiro de alívio quando, em 18 de novembro de 1645, "o presidente e os conselheiros representando o alto governo do Brasil" prestaram juramento na presença dos Estados Gerais.

Capítulo 7

O começo do fim

Em abril de 1646, a população do Recife estava alarmada pelo relato de que uma parte desses confiáveis aliados, os índios Tapuia, tinha virado contra os holandeses em decorrência de um sério incidente. O que havia acontecido? O tenente-coronel George Garsman, comandante das forças de luta, teve um violento desentendimento com o chefe da tribo dos Tapuia, o abrasileirado alemão Jacob Rabbe, durante uma discussão no Rio Grande do Norte. O destemperado Garsman havia puxado sua pistola e atirado em Rabbe. Exatamente o que precedeu a briga não ficou bem claro, mas a causa era óbvia para todos: o sogro de Garsman, um açucareiro português, havia sido assassinado a sangue frio pelo bando comandado por Rabbe, algum tempo antes, junto a alguns outros moradores. Garsman, dizia-se, sempre quis vingar esta morte.

Jacques Bollan, o porta-bandeira do tenente-coronel, também estava envolvido no incidente. Um pedido dos Tapuia para que ele lhes fosse entregue foi rejeitada pelo alto conselho. Ambos compareceram perante uma corte marcial e foram inocentados. Garsman imediatamente demitiu-se do exército, enquanto Jacques Bollan foi transferido para o forte Prins Willem, onde havia grande falta de oficiais, após uma epidemia de escorbuto.

No Recife, a falta de comida era tão assustadora que a população estava pronta a desistir de lutar contra o inimigo se recebessem a garantia de uma viagem em liberdade para a Holanda. Os judeus, entretanto, não queriam nem ouvir falar em rendição, pois isso significaria morte certa para eles. O desespero geral foi ainda agravado quando uma carta do líder rebelde, João Fernandes Vieira, foi lida nas esquinas e nas praças públicas. Dizia que a Companhia das Índias Ocidentais e os Estados Gerais tinham concordado com o rei de Portugal em devolver o Brasil holandês aos portugueses e, dessa forma, acabar definitivamente com todas as hostilidades, em troca de livre comércio e do direito de reter todos os bens móveis e imóveis. Farinha e peixe ainda estavam à venda em algumas lojas, mas a um preço colossal. Bacalhau meio podre alcançava a soma de doze stuyvers, bacalhau salgado, dezesseis, e farinha, uns bons sessenta a libra. Cães, gatos e morcegos todos serviam como comida.

O salvamento

Surgiu então um raio de esperança. Eram três horas da tarde do dia 22 de junho de 1646, quando pesado fogo de canhão ecoou pela cidade. Para satisfação de todos o trovoar do forte d'Água, bem como dos fortes Waerdenburgh e Ernestus, bem como do reduto Juffer de Bruyn misturou-se com o repique dos sinos das igrejas. Soava como música. A população correu pelas ruas estreitas para o lado do mar e viu dois navios holandeses deslizando para o porto. Eram o "Vergulde Valck" e o "Elisabeth", ambos da câmara de Amsterdã, e formavam a vanguarda de uma frota de socorro de vinte outros navios. A população faminta olhava em silêncio, enquanto os marujos desembarcavam barris de laranjas e de limões, mantas de *bacon*, queijos Leiden e Gouda para o cais. Que banquete! E alguns dias depois, o zelandês "De Reegenboogh" singrou para o porto com uma companhia de soldados. Domingo, durante o grande serviço de ação de graças, na igreja do convento, o iate "Hagen en Veldt", também da câmara da Zelândia, chegou no Recife com víveres e outros 84 soldados. Recife estava salva!

A travessia da esquadra de socorro não havia sido nada tranqüila. Não só a frota tinha sido batida por constantes tempestades que se sucederam , como ainda os novos membros do governo que chegavam ao Brasil estavam sempre em acirradas discussões. Isso era previsível: uma disputa política muito comum entre os eternos rivais da Holanda e da Zelândia, que saiu completamente fora do controle pela ausência de um comandante-em-chefe da esquadra. O zelandês Van Gogh e o holandês Van Beaumont discutiam sobre tudo, desde a bandeira a ser hasteada, até a autoridade legítima para dar as ordens na esquadra. Os marujos da Zelândia, obviamente, ficaram do lado de Van Gogh e se recusavam a executar as ordens de Van Beaumont, pois ele não era mais do que um vice-almirante. Van Gogh decidiu seguir um curso próprio com os navios da Zelândia e isso redundou em que a frota singrou o Recife desarrumada. Não foi antes do fim de julho que o "Gouden Leeuw", da câmara de Amsterdã, chegou com o comandante das forças armadas, coronel Sigismund von Schoppe.

Esse rígido soldado, com seu bigode vermelho revirado e encerado, tinha feito bom uso de sua licença na República. Em seu braço, levava sua jovem esposa, a bela irmã do general de Mecklenburg e comandante de Rostock, Margaretha Elisabeth von Calcum gennant Lohausen, da Rhineland. Os diferentes membros do alto conselho também tinham chegado nesse ínterim. Van Gogh e Van Beaumont tinham posto de lado seu desentendimento, o presidente Van Schoonenburg também trazia sua esposa, Louise Van Solms, como também estavam Hendrick Haecxs e Abraham Trouwers, ainda em boa saúde mas destinado a morrer poucas semanas depois, com sintomas, como diagnosticariam mais tarde, de envenenamento. Abraham Trouwers, antigo diretor da câmara de Amsterdã, amado pelas classe trabalhadoras e pela classe média, foi "solenemente enterrado na igreja do Recife, em 21 de agosto". Mas ninguém estava mais satisfeito pela chegada da frota que os judeus. Seu líder Aboab da Fonseca, expressou a gratidão de seu povo em um esplêndido poema "Zekher asiti lenifla'ot El", no qual meditava sobre os milagres de Deus.

Von Schoppe em ação

Joost Banckert. Almirante da Zelândia.

Mesmo as frescas tropas de von Schoppe logo caíram vítimas da temida doença do escorbuto. Von Schoppe, entretanto, era inexorável: qualquer um que pudesse andar era posto em ação contra o inimigo, pois a cidade tinha de livrar-se do aperto de ferro dos rebeldes a qualquer custo. Os ataques eram seriamente enfraquecidos pela impotência das tropas devastadas pela doença. Von Schoppe usou métodos aterrorizantes para tirar qualquer dúvida de deserção de seus homens: mesmo as execuções públicas de um recalcitrante porta-bandeira e de dois soldados não surtiu efeito. Novos métodos eram doravante necessários. Von Schoppe finalmente decidiu transferir as inúmeras vítimas de escorbuto para as ilhas das Índias Ocidentais, onde frutas podiam ser encontradas em abundância e, por instigação sua, os hospitais foram cuidadosamente limpos e providos de janelas de tamanho adequado. Elaborou um plano para quebrar o poder do inimigo e isso só poderia ser feito cortando as linhas de comunicação do inimigo com a "espinha dorsal" da Bahia. Para esse propósito a ilha de Itaparica tinha de ser capturada. Se Itaparica caísse na mão dos holandeses, o comércio seria paralisado e o inimigo forçado a retirar suas tropas de Pernambuco. O Recife seria então libertado de seu aperto.

Uma idéia brilhante e uma entusiasmada expedição lançou velas para a Baía de Todos os Santos, em 4 de fevereiro de 1647. O comandante-em-chefe da tropa de 26 navios era o recém indicado almirante da Zelândia, Joost Banckert. Comandava os 2.400 homens que, a bordo estavam sob as ordens de Sigismund von Schoppe. O alto conselheiro Van Beaumont embarcou também, como um "observador".

Apesar das preparações, os resultados obtidos pela expedição foram desapontadores. Contrário a todas as expectativas, Itaparica veio a mostrar-se extremamente bem defendida. Von Schoppe foi logo forçado à defensiva e finalmente foi cercado na extrema ponta da ilha. Nem a frota conseguiu ameaçar as comunicações com a Bahia. Apesar de tudo, essa ação teve um ponto

João Maurício e o embaixador de Portugal Sousa Coutinho, no Haagsche Bosch, em uma chuvosa noite de agosto.

a seu favor: o rei português João IV foi obrigado a desistir de qualquer pretensão de neutralidade e comprometer-se abertamente contra a República. A Bahia tinha de permanecer em mãos portuguesas a qualquer custo e ele decidiu despachar a real frota oceânica, a Armada Real do Mar Oceano. Três meses mais tarde, os Estados Gerais tomaram a decisão de dar um fim à revolta. Contudo, isso fora precedido de intermináveis puxa-encolhes entre os Estados da Holanda e da Zelândia: a Zelândia não estava preparada para assinar um tratado de paz com a Espanha se a Holanda não estivesse pronta para apoiar a Companhia das Índias Ocidentais com uma grande quantidade de dinheiro e de homens. Mas a Holanda não queria uma guerra aberta com Portugal. A Companhia das Índias Ocidentais estava à bancarrota, Amsterdã acreditava, e Portugal era um excelente parceiro de negócios desde que não houvesse guerra. Ademais, Amsterdã almejava firmemente pelo colapso da Companhia das Índias Ocidentais, pois assim poderia assumir sem problemas o comércio de marfim, de ouro e de escravos.

Nessas desafortunadas circunstâncias, o embaixador português na Haia, Sousa Coutinho, jogou a Holanda e a Zelândia uma contra a outra, para seu grande contentamento. Finalmente, Amsterdã assumiu a derrota: declarou-se pronta a subsidiar uma grande frota de libertação, caso a Zelândia estivesse preparada para assinar o Tratado de Münster, que poria um fim à guerra contra a Espanha, que já durara 80 anos.

A Companhia Unida das Índias Orientais, conseqüentemente, decidiu dar a sua organização irmã, a Companhia das Índias Ocidentais, um subsídio de um 1,5 milhão de florins e os Estados Gerais assumiriam o pagamento de doze navios e 6 mil homens. A Companhia das Índias Ocidentais estava pronta a arcar com o custo de nove fragatas e 1.350 soldados de seu próprio orçamento. Tudo o que ainda era necessário para selar o acordo era um comandante-em-chefe. Quem poderia ser?

Witte Corneliszoon de With, popularmente conhecido como "Dubbel-With".

João Maurício de Nassau, de novo

O grande pensionista Jacob Cats fez tudo o que podia para persuadir o Conde João Maurício a aceitar o alto comando da expedição. João Maurício só estava preparado a considerar a requisição do conde sob certas condições: exigia um exército de 12 mil homens, bem como o reconhecimento de estar investido da mais alta autoridade cívica e militar, sem ficar exposto a intrometida insistência dos *Heeren XIX* que haviam infernizado sua vida no passado. Quanto às condições financeiras, pedia 40 mil florins de verba de representação mais 20 mil florins para gastos com equipamento, além de um salário principesco e uma pensão de 5 mil florins.

A Companhia das Índias Ocidentais achou que a sua autoridade havia sido seriamente ameaçada pelas exigências de João Maurício. Os Estados Gerais não tinham intenção de atender suas exageradas pretensões financeiras. Ouviram-se rumores que João Maurício nunca havia pensado em aceitar o alto comando e, pior ainda, que ele havia sido subornado pelo embaixador português Sousa Coutinho. A soma foi até mencionada: 400 mil florins em ouro.

Seria mesmo verdade que foi visto junto a Coutinho, andando para cima e para baixo, misteriosamente, no Haagsche Bosch, em uma noite chuvosa de

General Francisco Barreto de Menezes.

Vieira, Dias, Vidal e Camarão, na guerra contra os holandeses.

agosto? A verdade era menos romântica: João Maurício não queria sofrer uma segunda derrota no Brasil. Ademais, esperava ser logo indicado conde das terras de Brandenburg de Cleves e Mark. "Mas" — disse João Maurício — "se não puderes aceitar as condições que eu submeto ao alto comando, recomendaria a considerar seriamente Sigismund von Schoppe como comandante-em-chefe." O conde William II, não concordou, e preferiu dois oficiais holandeses que dividiriam o alto comando: os coronéis Thomas e Enno Ferentz. Os Estados Gerais estavam preparados para dar a esses oficiais um importante posto no exército que estava por se formar, mas que correspondesse tão-somente a suas próprias patentes. A isso os dois oficiais objetaram: von Schoppe nunca tinha sequer alcançado o posto de coronel na República e ele agora fora promovido a tenente-general. Eles não aceitavam unir-se ao exército em uma posição subordinada. Os Estados Gerais permaneceram inflexíveis: os oficiais holandeses que fizeram sua carreira na República não tinham a experiência da guerra na selva, bem como a estratégia e a tática da guerra de guerrilha. A indicação como tenente-general do herói de guerra von Schoppe, com sua grande experiência nos trópicos, era totalmente justificada nesse caso, apesar de não ser holandês e sim alemão.

Era ainda necessário um almirante, e a escolha caiu no vice-almirante da Holanda e da Frísia Ocidental, Witte Corneliszoon de With, de 48 anos. O homem tinha um currículo impressivo: vice-almirante da Companhia Unida das Índias Orientais, aos 26 anos, nomeado "conselheiro" e capitão do capitânia "De Amsterdam" na esquadra da prata de Piet Heyn, e indicado vice-almirante da Holanda e da Frísia Ocidental com 36 anos. Os Estados Gerais estavam até preparados para acomodarem-se com suas características menos atrativas: sua intolerância e seu temperamento incontroláveis eram acompanhados por uma imensa determinação e coragem. De With aceitou sua indicação como comandante da frota com entusiasmo: era sua chance de escapar da opressiva autoridade de seu principal rival, o almirante Maarten Harpertszoon Tromp.

O recrutamento

O recrutamento da tripulação foi extremamente mal preparado, em grande parte devido ao descuido dos Estados da Holanda: o Almirantado de Amsterdã falhou em prover os barcos com víveres, demorando mais tempo que o previsto, e quando o tambor tocou para reunir os marujos e que finalmente alguns recrutas apareceram, não se tentou fazê-los embarcar imediatamente, fazendo com que desaparecessem tão rápido quanto surgiram.

Afora os marujos, o recrutamento dos militares foi um problema, possivelmente, ainda maior, porque era bem sabido que todos os que fossem como voluntários para o Brasil nunca voltariam vivos para casa. Foi publicada uma brochura para despertar o interesse de se servir no Brasil. Esperava-se que os 8 mil soldados franceses aquartelados na República, e que logo ficariam sem trabalho por causa da paz com a Espanha, fossem alistar-se como voluntários. Contudo, apesar dos atrativos prospectos, das rações grátis durante a travessia, do salário de terra de cinco florins por mês, bem como da informação que até mais dinheiro poderia ser ganho nas terras do Brasil, o interesse permaneceu notavelmente fraco.

Os Estados Gerais haviam originalmente colocado seu limite máximo em cinco regimentos compostos de doze companhias de cem homens cada, totalizando, assim, 6 mil homens. O oficialato não era o problema mais difícil a ser resolvido. Seriam comandantes os coronéis Pieter Keerweer, Cornelis Van den Brande, Johan Van den Brincken, Louis de la Touche e Jonkheer Willemm de Zoete Van Haulthain. No final de dezembro de 1647, todavia, apenas 2.487 homens estavam inscritos, sem contar que 81 deles eram apenas garotos.

Witte de With ainda tinha alguns problemas pessoais para resolver: tinha de reclamar por mais 32 mil florins dos Estados da Holanda, que queria pagos antes de sua partida, "para o alívio da minha esposa", como dizia. Adiantamentos eram comuns naqueles dias e eram normalmente reembolsados pelos Estados depois do retorno do oficial. Todos os capitães tinham de providenciar a alimentação de sua própria tripulação e, após o término da viagem, tinham o direito de contabilizar o dinheiro por homem e por dia. Desde que a contabilidade do almirantado não estivesse muito apertada financeiramente, esse era um sistema muito vantajoso para os capitães.

Witte de With conseguiu seu dinheiro, e agora tinha de apressar-se: Hendrick Haecsx novamente enfatizou claramente a urgência da situação na presença de suas altezas. Ouvira de um capitão de Hamburgo que os portugueses estavam preparando uma gigantesca tropa para libertar a Bahia. Havia obtido essa informação em sua viagem de volta do Recife para a Holanda, no início de agosto de 1647, quando veio relatar a difícil situação em que von Schoppe encontrava-se na ilha de Itaparica. Mas os *Heeren XIX* desdenharam as sombrias palavras de Haecxs: "os portugueses não esperarão a nossa chegada no Brasil e partirão ante de nós", ao que Dubbelt-Witt respondeu, "acho que eles vão encontrar coisas diferentes do que aquelas que esperam no Brasil".

Era verdade: em 18 de outubro de 1847, a Real Armada do Mar Oceano portuguesa, composta de oito galeões, oito fragatas, duas caravelas e três navios mercantes, armados sob o comando de Antônio Telles de Menezes, velejou de Tagus com ordens de tirar von Schoppe de Itaparica. A bordo estavam 2.350 soldados, mil marujos e 450 "cavalheiros-voluntários". Três semanas mais tarde, uma segunda esquadra portuguesa lançou velas com o objetivo de expelir rapidamente os holandeses de Angola. Em 22 de dezembro, a frota de Menezes chegou ao largo de Itaparica só para descobrir que von Schoppe já havia evacuado a ilha. Ironicamente, os mercadores de Amsterdã haviam contribuído entusiasticamente a essa rápida criação da frota portuguesa, pois os portugueses pagavam extremamente bem pelo material bélico enviado da Holanda para Portugal.

A situação era alarmante: a frota portuguesa havia lançado velas em meados de outubro e as armas das tropas holandesas ainda tinham de ser inspecionadas no final de dezembro. A inspeção trouxe à luz o fato de que as armas estavam tão mal coladas que se despedaçariam no tórrido sol brasileiro. O mecanismo de disparo de muitas armas estava defeituoso, as armas para luta corpo a corpo eram inúteis e 50 dos homens não tinham nenhuma arma que fosse. O enérgico Haecxs, que iria junto para o Brasil com Witte de With, foi à Haia furioso, xingou os *Heeren* como pôde e finalmente conseguiu novas armas. Mas os diretores recusaram-se a fazer qualquer coisa acerca dos navios abominavelmente preparados. Nada se poderia fazer para melhorar a horrorosa catinga nos baleeiros adaptados: os 150 homens a bordo teriam simplesmente de fechar seus narizes. Alguns dos navios também sofriam uma séria falta de espaço: os barcos estavam tão cheios que "mais de vinte soldados tinham de deitar-se no deque, diretamente sob o céu azul". Por volta do fim de dezembro, os prospectos deveriam parecer bastante sombrios. De todas as falhas, a apavorante falta de material cirúrgico e médico era de longe a mais grave. Durante os testes de tiro organizados por um comitê de investigação, como resultado de tantas reclamações, mais de uma centena de armas explodiram na linha de tiro.

Guerreiro brasileiro, levemente trajado.

Soldado holandês, menos ágil.

A travessia

A travessia foi pavorosa: uma raivosa tempestade de quatorze dias. Não se cuidou dos soldados amontoados uns em cima dos outros. As acomodações da tripulação exalavam "uma catinga pestilenta". De With registrou em seu diário que os enfermos "estão alquebrados pela sujeira e seus dedos e pés estão podres com gangrena". A frota chegou no Recife em completo desalinho. De With chegou primeiro, no capitânia "Brederode", em 18 de março, e por último apareceu o capitão Paul Coolen, que chegou no "Eendracht", em 26 de agosto. Pelo fim de março, quando a maior parte da esquadra havia chegado, o alto conselho exigiu ação imediata. O inimigo estava à margens do Capibaribe, diretamente na margem oposta ao antigo palácio de João Maurício: de lá uma bateria mantinha o Recife sob fogo constante. Quando os oficiais insistiram nos dois meses de pagamento extra prometidos a eles quando as tropas foram reunidas, o alto conselho argumentou nada saber sobre o assunto e que não havia a possibilidade para tal gasto. O alto conselho sabia da gravidade de tal decisão, mas o pagamento em "dinheiro holandês" prometido aos homens na Holanda causaria problemas. O dólar real holandês valia três florins no Brasil e o pagamento a essa taxa de câmbio implicaria em uma discriminação inaceitável para com os outros homens. O alto conselho, finalmente, contornou a dificuldade com uma decisão muito pouco sábia: o dinheiro prometido seria pago apenas para os oficiais. Essa decisão haveria de ter uma grande influência no curso das vindouras ações militares. "Se é assim que ficam as coisas, deixe que lutem aqueles que receberam o dinheiro: nós não lutaremos sem pagamento". Tal era o estado de espírito do soldado raso.

Barreto

Em Janeiro de 1647, o rei João decidiu indicar o peruano de 31 anos, Francisco Barreto de Menezes, comandante-em-chefe das forças portuguesas no Brasil. Barreto era um homem com larga experiência no combate dos holandeses. Embarcou para a Bahia, de acordo com suas instruções, mas foi atacado no caminho por dois navios corsários da Zelândia. Sua caravela foi incendiada e ele foi trazido a bordo do navio, muito ferido e inconsciente. Aprisionado no Recife, conseguiu escapar após quinze meses, graças a alarmante ineficiência de seus guardas. Juntamente com alguns poucos amigos, por fim alcançou suas próprias linhas e foi recebido com salvas por Vieira, Vidal, Camarão e Dias. Finalmente, o mui esperado mestre-de-campo-general estava entre eles e esse foi um estímulo moral da mais alta ordem. Com a chegada de Barreto os portugueses consolidavam seu sentimento de invencibilidade.

Guararapes

Foi na noite de 17 de abril de 1648. O tenente-general von Schoppe à frente de 4.500 homens avançou para o sul, ao longo da linha costeira, passando pela ilha de Antônio Vaz, em direção do Melckhuysje. No caminho, uns cem rebeldes foram surpreendidos em seu sono por uma unidade de índios Tapuia e foram postos à espada. Só um foi feito prisioneiro. E ele contou que mais para o sul, próximo a Guararapes, 300 portugueses esperavam entrincheirados. Ao nascer do dia, von Schoppe marchou em direção a Guararapes. As colinas tornaram-se mais e mais íngremes e tornaram-se montanhas interrompidas por numerosos banhados.

Enquanto isso os portugueses esperavam pacientemente os holandeses. Tinham a vantagem de uma excelente posição estratégica. Atrás deles, as montanhas. Antes dessas, os traiçoeiros banhados. Ademais, usavam roupas leves, eram rápidos e manobráveis, em contraste com os holandeses, cujas pesadas armaduras impediam-nos até mesmo de escalar uma colina. Para Barreto, esse era o primeiro confronto aberto com o inimigo. Em vez de 300, comandava 2.300 soldados.

Os holandeses chegaram. Os banhados pareciam impenetráveis. Deveriam encontrar um caminho para então atravessá-lo. Foi o que fizeram. Oito peças de artilharia foram postas em posição e após um fogo assassino com balas de seis libras, os holandeses correram montanha acima e partiram para o combate corporal com os portugueses entrincheirados. Os homens de Barreto desembainharam seus sabres e fizeram um furioso contra-ataque. O coronel Hendrick Haus tinha sido atingido duas vezes por balas, ainda assim matou um português com sua pistola e puxou da espada. Os portugueses ofereceram-lhe quartel, mas Haus recusou e perdeu a vida. O coronel Van der Elst também morreu. Os portugueses lutaram como leões, com "suas mangas enroladas, botas altas até as coxas e longas meias acima dos joelhos", como um oficial holandês descreveu o uniforme português.

Montado em um cavalo branco, Barreto urgia seus homens. Forçaram seus inimigos para o banhado onde muitos morreram miseravelmente. O pânico instaurou-se nas tropas holandesas. Von Schoppe, que cavalgava desesperado em seu cavalo para dentro e para fora das forças inimigas, estava bastante ferido no calcanhar. A retaguarda entrou em cena bem na hora de juntar-se à luta. "Bravos corações, meus piedosos homens, lutem como leões!" Assim dizia o coronel Van den Brande, e os soldados estouraram para a montanha gritando. Haulthain lutou ombro a ombro com Van den Brande e os portugueses vagarosamente começaram a ceder espaço ante o fogo dos mosquetes. A vitória dar-se-ia com a conquista, mas então, para seu amargo desapontamento, Van der Brande repentinamente recebeu ordens de cessar a luta e manter a posição assegurada na montanha com suas tropas. Nenhuma das partes estava mais em condições de atacar. Os portugueses não comiam havia dias e os holandeses estavam exaustos com o calor. Quando a noite caiu, os holandeses retornaram para o Recife, deixando para trás 500 mortos e 556 soldados seriamente feridos. Os portugueses haviam perdido 80 homens e 400 estavam gravemente feridos. Uma pesada chuva facilitou o recuo pela montanha e, ao longo do único caminho através das colinas, estavam os sobreviventes de volta para casa. A batalha certamente terminou com a vantagem para os holandeses pois menos de 500 soldados desertaram para o inimigo. Afinal, os soldados não tinham prometido deixar a luta para aqueles que tinham ganho um pagamento extra?

A desmoralização dos soldados holandeses emerge do fato que a guarnição de Olinda, ao norte do Recife, um bastião com uns 350 homens, foi surpreendido na madrugada dos dias 21 e 22 de abril, por um grupo de 50 portugueses. Fugiram sem dar um tiro. Os homens retornaram para o Recife gritando — "Dinheiro, dinheiro! Isso é o que vai acontecer até que o tivermos recebido!" O alto conselho reagiu caoticamente e muito tarde, por recomendação de de With, pagaram um mês de soldo para todas as tropas, distribuíram ração extra de vinho e anunciaram uma anistia geral. O motim havia sido evitado, mesmo assim, era o começo do fim.

Capítulo 8

A campanha decisiva

Dubbel-With e o alto conselho

Enquanto o exército sofria uma derrota após a outra, a frota estava ociosa. Ao almirante Witte de With, popularmente conhecido como Dubbel-With, foi recusada a permissão de prosseguir com os ataques, apesar de seus reiterados pedidos. O alto conselho acreditava que, em vista da escassez de alimentos, dos inadequados suprimentos militares e da falta de dinheiro, dever-se-ia promover o mínimo possível de ações. Ademais, a perda de navios seria a pior coisa que poderia acontecer para a colônia. Dubbel-With não podia resignar-se a essa atitude negativa e hesitante. As tensões entre o almirante e o alto conselho podiam ser cortadas com uma faca. Dubbel-With estava certo quando aconselhava defender a estação de escravos de Luanda contra os portugueses que avançavam. Não foi tomado qualquer cuidado especial e Luanda estava perdida. Na opinião do alto conselho, Angola não tinha importância, pois estava fora do território brasileiro.

Em 18 de setembro o almirante finalmente recebeu permissão para atacar: havia chegado a notícia que estavam em cruzeiro, ao largo da Bahia, alguns galeões portugueses. Quase na mesma hora, entretanto, de With e o alto conselho iniciaram uma briga. O almirante estava pronto para partir desde que pudesse levar a bordo provisões para três meses, de acordo com as instruções dos Estados Gerais. O alto conselho foi inflexível e recusou o cumprimento das instruções, uma vez que os suprimentos no Recife eram insuficientes. Após muita discussão, de With finalmente conseguiu de seu jeito, mas o alto conselho estava sedento por vingança.

Witte de With lançou velas com sete navios. Em 28 de setembro, estava ao largo da Bahia. Repentinamente, apareceram no horizonte dois galeões portugueses. Eles viram os holandeses ameaçando-os de dois lados. A única esperança era chegar à segura Bahia, mas Witte de With interceptou-os. Van Hoboken ofereceu um cativante relato da batalha.

Às três da tarde, de With aproximou-se ao "Nossa Senhora do Rosário" e ao "São Bartolomeu" de boreste, ficando de vento em proa. Seu objetivo era o "Rosário", mas quando passava atirou no "Bartolomeu" com todas as armas de um lado de seu capitânia, o "Brederode". O "Rosário" recebeu uma segunda carga e, imediatamente depois, de With tentou atingi-lo com o esporão a sotavento. A manobra falhou porque, naquele mesmo momento, o barco português virou-se para o porto e tentou correr de vento em proa. De With virou-se também e os dois navios caíram de vento em proa com as velas para boreste, de modo que de With agora estava de barlavento antes do inimigo. O navio ganhou então tal velocidade que atingiu seu oponente e o gurupés do "Rosário" varreu a bombordo o barco de de With da popa à proa e arruinou o cordame. A bujarrona e a gávea foram arrancadas da verga e, para a fúria de de With, os dois navios desengataram. Apesar dos danos a seu cordame, disparou no inimigo de novo com todas as armas de um lado e voltou ao ataque. Mas então, o contra-almirante de Zeeuw estragou o jogo e "golpeou-o nocivamente antes da proa". Isso era uma coisa desairosa para se fazer com um almirante e de With imputou a de Zeeuw a balda de ser "ladrão de sua honra". A colisão foi fatal. Primeiro de With tinha de livrar-se de seu contra-almirante e, então, já era muito tarde para tentar forçar o "Rosário" a render-se.

As velas de de With estavam muito danificadas. Ele teve de contentar-se em apenas assistir o vice-almirante Gillissen e o capitão Cort abordarem o "Rosário" dos dois lados. O comandante do "Rosário", Dom Pedro Carneiro, preferia explodir a render-se e pôs uma tocha no paiol de pólvora. Junto ao "Rosário", o "Utrecht", do capitão Cort, foi pelos ares. O navio de Gullissen, o "Huys Nassau", também estava perdido e os escombros boiavam em volta sem que algo se pudesse fazer. De With viu os remanescentes do navio boiando em direção à ilha de Itaparica e se consolou com o pensamento que tinha escapado por pouco.

Não foi a perda do "Utrecht" que lançou maus fluidos no alto conselho, e sim o que veio a acontecer com os destroços do capitão Gillessen. O que aconteceu ao certo? No dia posterior à batalha, os portugueses rebocaram os restos para a Bahia. Conseguiram calafetar o navio inteiro e fizeram bom uso das más relações entre o almirante e o alto conselho, acusando de With de covardia. Devemos lembrar, é claro, que os membros do alto conselho estavam querendo agarrar de With. Uma dúbia testemunha, um oficial português capturado de nome da Silva Dorta, declarou que de With havia comportado-se com muita hesitação quando atacou o "Rosário". Afirmou ainda que esse navio não tinha sido explodido por seu comandante, mas por um tiro de um navio holandês no barril de pólvora.

Essa era uma acusação séria e de With tinha de responder ao alto conselho. Apesar dos argumentos de de With em sua defesa, o alto conselho não ficou convencido. A erupção veio logo depois. Um navio inglês, chamado "Concordia", foi forçado a render-se por dois esquifes holandeses, ao norte da Bahia. De With considerava a tripulação do navio inglês inimiga, uma vez que transportavam material bélico para os portugueses. Conseqüentemente, tratou os ingleses como prisioneiros de guerra. O alto conselho não teria feito nada disso, uma vez que os holandeses não estavam em guerra com Portugal. Os ingleses, portanto, não eram prisioneiros de guerra mas cidadãos livres. O alto conselho também estava indignado com o fato de que de With deveria ter instruído os esquifes a hastearem a bandeira inglesa no tombadilho superior, abaixo da bandeira holandesa, quando o "Concordia" foi rebocado ao porto do Recife, à vista de todos os habitantes da cidade. Esse hábito estava reservado para os inimigos. Haecxs estava furioso, não só porque os ingleses poderiam usar isso como desculpa para declarar guerra à República, mas também porque, de acordo com o capitão Adriaen Van Loenen, de With havia tomado parte no saque ao navio inglês. Isso foi demais para de With. Às acusações de Van Loenen e de Haecxs, o almirante respondeu com profunda emoção: "'meu coração está cheio o suficiente de pesar sem precisar ser falsamente acusado por tais atos pelas costas". Quando convocado ante a corte marcial, Van Loenen finalmente admitiu que ele próprio tinha armado o saque, em vista do que foi demitido do serviço.

Recife, um covil de ladrões

Apesar das brigas entre os governantes e o almirante, da fraqueza do exército, da frota danificada, da fome e dos cofres vazios, grandes cargas de açúcar do Brasil continuavam a fluir na República. Como se explica esse fenômeno? Quando Dunquerque foi capturada pelos franceses, em outubro de 1646, e foi dado um fim ao regime de terror dos corsários sitiados no famoso porto, os zelandeses decidiram fixar-se em águas brasileiras. Os *Heeren XIX* aprovaram a iniciativa e estabeleceram um novo conjunto de regras para os corsários, de modo a limitar suas atividades a certas leis. Pouco tempo depois, uma "mesa do Brasil" foi fundada em Middelburg. Essa mesa enviou

A batalha de Guararapes. Detalhe da pintura de Vítor Meireles, no Museu Nacional de Belas Artes no Rio de Janeiro. Em primeiro plano um português caído com um lanceiro holandês atrás.

dois capitães corsários para o Recife, passando a agir como diretores de um grande negócio e responsáveis por enviar os lucros para a Zelândia. Esses novos empresários eram Hubrecht Brest e Nicolaes Van Elfsdijck. Bem organizados, tinham seu próprio suprimento de víveres e fragatas rápidas fortemente armadas que capturavam incontáveis navios portugueses de açúcar, para a grande satisfação dos *Heeren XIX*. O Recife, então, tornou-se um covil de ladrões.

Nos primeiros dois anos, os zelandeses trouxeram uns duzentos navios ao porto de Recife, responsáveis por um lucro total de cerca de 300 mil florins em ouro. Os armazéns estavam então repletos de grandes estoques de açúcar, de equipamentos navais, de munição e de armas interceptadas. É desnecessário dizer que a Companhia das Índias Ocidentais tinha uma parte substancial no butim.

O exército, gradualmente, recuperou-se do estado de declínio ao qual havia sido reduzido após a derrota de Guararapes. Fez um certo número de investidas com sucesso no "Recôncavo", região das plantações de cana-de-açúcar dos moradores, onde um grande número de plantações foi consumido pelas chamas e onde uns bons mil e quinhentos cestos de açúcar foram capturados. De With considerava essas ações como totalmente inúteis: teria feito mais sentido fazer com que a frota assegurasse aos holandeses a supremacia nos mares.

Quando uma surtida foi realizada no rio Camamu, no sul da Bahia, no início de 1649, o problema das provisões tornou-se novamente um pomo de discórdia. De With estava certo: o pão estava cheio de vermes; o peixe salgado, cheio de ácaros; o farelo estava fervilhando de gorgulhos; a carne e o toicinho haviam sido comidos pelo sal; e as ervilhas eram duras como balas. O estado dos navios era uma outra constante fonte de discussão. Os navios haviam sido violentamente atacados por brocas, depois de quatro meses de serviço sem jamais terem sido limpos. Mas o alto conselho rejeitou o pedido de de With para que fossem cuidadosamente reparados em estaleiro na Paraíba. Permitiram-lhe tão somente limpá-los ao largo da costa, em mar tão agitado que era impossível fazer o trabalho adequadamente e de With teve de abandonar seu plano. Após patrulhar a costa por cinco meses sucessivos, entrou no Recife com seus navios batidos e imundos. De With era então um homem profundamente frustrado, cujas rações eram sempre restritas, a quem só era permitido um número mínimo de navios e que era permanentemente confrontado com um alto conselho absolutamente incapaz de formular uma política naval apropriada.

De novo Guararapes

A mancha de Guararapes tinha de ser removida. O alto conselho era favorável a uma nova expedição militar, especialmente depois que as várias surtidas nos recôncavos mostraram que o soldado holandês ainda sabia como segurar suas armas. Foi levantada uma força de 3.500 homens, sob o comando do coronel Van den Brincken, substituindo von Schoppe, que ainda não havia se recobrado de seus ferimentos. Supridos com ração para uma semana, a força lançou-se em direção a Guararapes, na noite de 17 de fevereiro de 1649. Rumo sul, para o Melckhuys, e então em rumo da ilha: a rota era familiar. Para seu alívio, Van den Brincken descobriu que seus homens haviam atingido Guararapes antes do inimigo, e ele tomou posição no topo das colinas.

Nesse ínterim Francisco Barreto avançou contra os holandeses com 2.600 homens. Quando viu que eles tinham enterrado a si mesmos nos baixios, Barreto executou um brilhante movimento: estacionou sua tropas na mata baixa, ao pé das colinas, e não fez nenhuma outra ação naquele dia. Durante a noite manteve os holandeses acordados com ameaças e imediatamente após o sol surgir, ele e seus homens procuraram abrigo sob a luxuriante sombra das árvores, sabendo que o calor se tornaria insuportável dentro de poucas horas. No topo das colinas os holandeses não tinham abrigo nenhum. O sol queimava nos topos nus e ao meio dia os soldados estavam penando por água. Estavam desesperados, condenados a esperar por um ataque que nunca ocorria. Barreto sabia o que ia acontecer: nenhum ser humano poderia agüentar o esfolamento provocado pelos raios e os holandeses teriam logo que descer. Certamente, após alguma deliberação Van den Brincken decidiu enfrentar a jornada de volta para casa, não à noite, sob a cobertura da escuridão, mas como um bravo, ao meio do dia, e com a visão completa do inimigo. Eram três da tarde quando o exército começou a descer os declives, ao longo de um caminho que levava ao interior da mata.

Esse era o momento esperado por Barreto: correu para o inimigo com formidável violência. Os holandeses foram forçados a subir os aclives de volta, a pressão era imensa. O retorno dos exaustos holandeses tornou-se vôo batido pelo pânico. O coronel Van den Brincken perdeu sua vida. O major Van Hertzbergen conseguiu quebrar o cerco passando pelo inimigo a todo o galope. O capitão Toelast permaneceu atrás da colina com dois canhões e lá morreu. João Fernandes Vieira correu atrás dos holandeses em fuga pelo que eles valiam. Os soldados portugueses deitavam as garras sobre os mortos e feridos e saquearam até não poder mais. Mais de mil homens, do lado holandês, perderam suas vidas, entre os quais contavam-se cem oficiais. Toda a artilharia de campo caiu nas mãos do inimigo.

Com essa segunda derrota em um ano, o exército holandês foi posto fora de ação. Dos 5.600 homens que puseram os pés no solo brasileiro, em fevereiro de 1648, mais de três mil estavam mortos ou tomados como prisioneiros. As vitórias de Guararapes são escritas em ouro nos anais da história do Brasil: marcaram o início da vitória final e a base para o desenvolvimento de uma consciência nacional entre o povo brasileiro.

Êxodo

O exército estava destruído, e a marinha? No ano anterior, sete navios, "lânguidos com tanto uso e inutilizados", haviam retornado com sucesso à Holanda. Doze navios disponíveis continuavam sob o comando de Dubbel-With. Após a perda do "Huys Nassau" e do "Utrecht", esse número caiu para dez. O governo não tinha escolha a não ser pedir ajuda à República. Van Beaumont e o coronel Haulthain partiram para a Holanda. Van Beaumont nunca voltou ao Brasil. Apesar de repetidos pedidos, os já idosos Van Scoonenburgh, Haecxs e Van Gogh não receberam permissão para voltar à Holanda, pois não haviam substitutos disponíveis. O coronel Cornelis Van den Brande, que sentia-se inútil sem um exército para comandar, tampouco obteve permissão para voltar. Ao comissário de açúcar, Johannes Nieuhof, foi permitido voltar depois de nove anos no Brasil e ele disse, com um suspiro de alívio, que era bom sair o quanto antes.

Joannes Nieuhof. Gravura anônima de seu póstumo Gedenkweerdige Brasiliaense Zeeen Lant Reize, Amsterdã 1862.

E assim, no meio de verão de 1649, 250 emigrantes velejaram para casa no Coninck Davidt. Milhares de homens desapontados ficaram para trás, incluindo aqueles que eram incapazes de pagar suas contas à Companhia das Índias Ocidentais. Com relação a dívidas não pagas a Companhia era inflexível. Se o devedor conseguisse embarcar como clandestino e chegar a Amsterdã em segurança, ainda não estava seguro de sua liberdade, pois era freqüentemente preso e mandado de volta para Recife, nos ferros.

Um outro homem ficou para trás: Witte de With. Inicialmente havia recebido permissão de voltar para casa, mas alguns dias antes de sua partida, sua permissão foi retirada em função de um inesperado ataque inimigo ao Recife. Pela primeira vez, Witte de With referia-se, em suas cartas aos Estados Gerais, à sua declinante condição física: havia perdido muito peso e sentia-se velho. Sua vista estava fraca e vinte meses no Brasil haviam-no enfraquecido seriamente. Sugeria como aconselhável pressionar por uma paz seguramente garantida, pois o Brasil só poderia ser conservado ao preço de sacrifícios muito grandes. Estava particularmente desencorajado pelo estado de seus navios: a madeira dos vasos parecia estar grandemente danificadas, abaixo da linha d'água, atacada por vermes. Em alguns pontos, as brocas haviam roído três polegadas de carvalho. Quando Witte de With informou ao alto conselho sobre seus navios, observou cinicamente que não precisavam preocupar-se com falta de lenha das padarias.

Witte de With no fim de seu juízo

"Quanto a mim, se eu tiver de terminar minha vida aqui — e eu espero que não seja assim —, preferiria servir aos turcos, desde que pudesse servir livremente ao meu Deus, do que a Companhia das Índias Ocidentais. Sim, eu sinto que posso dizer que um homem honesto é bom demais para terminar sua vida nesse lugar miserável, e espero que Deus Todo Poderoso um dia nos vá salvar dessa miséria." Os problemas domésticos de de With contribuíram para esse seu estado de espírito sombrio. Sua esposa havia morrido e ele estava preocupado com suas seis crianças. Sua finanças estavam no caos, parcialmente por causa do estranho sistema pelo qual o comandante tinha de cobrir os custos de sua equipe naval. Ele havia adiantado 70 mil florins para o Estado de seu próprio bolso e estava obcecado com a idéia que sua esposa havia sucumbido por ansiedades financeiras. Seu único desejo era voltar para a Holanda. Pensava em Job Forant, capitão do "Dolfijn", que havia voltado para casa, ou melhor desertado, na primavera. Forant tinha decidido que já vira o suficiente do Brasil, quando observou que podia quebrar pilhas inteiras de madeira de seu navio com suas próprias mãos. A madeira do navio mais parecia um favo de abelhas do que carvalho, mas recusaram a Forant a permissão para consertar seu "Dolfijn". Então, decidiu tomar as leis em suas próprias mãos.

Nesse ínterim, a tripulação do "Overrijssel" também havia retornado para casa, sem o consentimento do governo. De With defrontava-se com um dilema cruel. De acordo com o artigo 53 de suas Instruções, ele era responsável pela manutenção de seus navios. Entretanto, de acordo com o artigo 52, tinha de submeter-se ao alto conselho. Que artigo devia prevalecer? Deveria ele "obedecer e respeitar" o alto conselho? Estava dividido entre dois deveres. Deveria ele recolher sua frota e voltar para casa, ou deveria reconhecer a autoridade do alto conselho e permanecer no Brasil? Sua requisição para repatriação havia sido aprovada, em princípio, mas ainda necessitava da confirmação oficial que nunca chegava.

Uma grande briga estourou entre Witte de With e von Schoppe, que proibia terminantemente ao almirante seu retorno para a Holanda, mas de With gritava para o conselheiro que o artigo 53 tornava ele, de With, totalmente responsável pelo estado dos navios e que portanto tinha de tomar as medidas necessárias para a manutenção de sua frota. Além do mais, dizia de With, o alto conselho tinha dissipado seu pedido por sua costumeira negligência com os navios do país.

Para tornar as coisas piores o alto conselho derivava seus poderes dos Estados Gerais, como era também o caso de de With. Isso significava que ele e o alto comando estavam trabalhando no mesmo escalão de poder e de With não poderia estar subordinado ao alto conselho. Desafiou assim o alto conselho a provar o contrário. Teve ainda muitos problemas com um de seus capitães, Barent Kramer, que se recusava a cumprir suas ordens e foi ouvido dizendo que estava "cheio do almirante". A punição de Kramer foi apropriada: sua língua foi perfurada com uma sovela, foi multado em 600 florins e demitido da marinha. De With também examinou suas instruções cuidadosamente com seu secretário, com o fiscal e o com o pregador da frota e todos concordaram que as atuais circunstâncias justificavam um retorno para a Holanda. Assim, decidiu: retornariam para a Holanda a qualquer custo.

Logo antes de sua volta, de With fez com que o "Haerlem", o "Eendracht", o "Zutphen" e o "Het Wapen van Nassau" fossem pilotados para trás dos arrecifes para abrigá-los do mar revolto. Mas é mais provável que quisesse evitar que os navios seguissem seu exemplo.

Deserção

Cedo, na manhã de 9 de novembro, Witte de With lançou velas com dois sujos e carcomidos vasos, o "Brederode" e o "Gelderland". Em uma carta de despedida ao alto conselho, prometeu apresentar um relatório na Holanda sobre o "penoso estado do Brasil", na esperança que o governo tomasse seu partido "sem muito desprazer e com conivência".

Quando, após grandes adversidades no mar Irlandês, de With finalmente abrigou-se no porto de Beaumaris, em Gales, foi obrigado a pedir ajuda da Holanda por conta da falta de víveres e da total ruína das velas e do cordame.

Os holandeses são forçados a subir as colinas. A segunda batalha de Guararápes. Gravura de Ladajnc. Departamento de Iconografia. Fundaj.

A tripulação estava em mau estado. Fazia um amargo frio — início de janeiro de 1650 — e os homens, acostumados ao clima tropical, quase não tinham qualquer roupa nas suas costas. Entretanto, nenhuma ajuda chegou da Holanda e de With decidiu enviar um de seus homens a Liverpool, para obter alguma bolacha de bordo. De With teve de empenhar todas suas posses para obter oito mil libras de pão, o que significava rações para sete semanas. Muitos membros de sua tripulação já haviam fugido e portanto era mais que hora de chegar à Holanda, na primeira oportunidade. Uma violenta ventania o atirou de volta à baía de Beaumaris. Finalmente, conseguiu contornar a Escócia e chegar ao Goereese Gat, sem maiores dificuldades. "Quando o sol estava sueste, entrara no porto e, quando estava no sul, lançou âncora ante Helvoetsluys". O "Gelderland", sob o comando do jovem Van Coulster, havia conseguido entrar no Goereese Gat três semanas antes.

Witte de With viajou à Haia e instalou-se em uma hospedaria em Wagenstraat. Poucos dias depois dirigiu-se ante seus superiores, os Estados Gerais, quando contou, sob um gélido silêncio, suas vicissitudes.

Passada uma semana, foi preso em seu alojamento pelo comandante da guarda do conde, capitão Gleiser, e transferido para Gevangenpoort. Essa foi uma profunda humilhação. Os prospectos pareciam obscuros. A demanda não seria surpresa: "execução com uma espada até a morte" e o confisco de todas suas propriedades. Entretanto, a sentença, publicamente anunciada em 16 de fevereiro de 1651, foi extraordinariamente misericordiosa: o confisco dos soldos mensais ganhos e não ganhos desde sua partida para o Brasil e o pagamento dos custos do julgamento. Isso era tudo. Após pagar 7.200 florins Witte de With foi reabilitado. Obteve mesmo sua antiga patente e quando estourou a guerra contra a Inglaterra, comandou de novo uma esquadra.

O resultado do exemplo

Uma semana após a arbitrária partida de Dubbel-With do Brasil, a tripulação do "Witte Eenhoorn" seguiu seu exemplo. A caminho do cabo Santo Agostinho, onde o bloqueio permanecia, o capitão Pieter Adriaenszoon foi manietado. Aos gritos de "De volta ao lar! De volta ao lar!" os marujos armados com lanças e estiletes, mudaram seu rumo para a República e lançaram ferros no porto de Hoorn, no fim de maio de 1650.

Outros quatro navios ficaram atrás dos arrecifes: o "Haerlem", o "Zutphen", o "Eendracht" e o "Wapen van Nassau". O alto conselho hesitou em deixar esses navios saírem com a próxima maré-cheia, pois havia boa chance que eles também regressassem para a Holanda. Por outro lado, a menos que se aproveitasse a maré alta, os navios teriam de permanecer ociosos por mais um mês, atrás do arrecife. A perda de mais quatro navios era inaceitável: tudo o que restaria então seria um único navio da Companhia com quatro sujos e desgastados iates. Van Gogh assumiu ele próprio a solução do problema. Reuniu a tripulação de cada um dos quatro navios atrás do mastro principal e perguntou a eles se tinham qualquer reclamação. Sim, tinham: havia muito pouca comida. Van Gogh os assegurou que no futuro não lhes faltaria nada e prometeu-lhes um barril de cerveja por navio para beberem à saúde dos Estados Gerais. Essa proposta despertou o maior entusiasmo e os marujos prometeram unanimemente permanecerem fiéis ao juramento à República. O alto comando pagou um alto preço pela credulidade de Van Gogh: na manhã de 9 de dezembro, quando três navios já estavam no mar e o "Wapen van Nassau" era rebocado para o Recife com âncoras articuladas e cordas, um tiro de canhão repentinamente estrondou. Era o sinal combinado para o motim. Sem demora, os capitães foram manietados, as âncoras alçadas e as velas erguidas. Os navios não rumaram seu curso para sul, na direção do cabo Santo Agostinho, mas para o norte, na direção de casa. O alto conselho estava agora "em grande perigo, sim, no fim de seu juízo". Em março de 1650, os quatro navios chegaram à República.

Capítulo 9

Declínio

Março de 1650. Witte de With havia desertado. O exército holandês fora esmagadoramente derrotado em Guararapes. Mesmo esse dilúvio de marés más foi incapaz de trazer um acordo entre os dois furiosos rivais nas Províncias Unidas: Zelândia e Amsterdã. Enquanto brigavam sobre quais medidas adequadas tomar, sobre como ajudar ao Brasil, a vida no Recife havia sofrido uma parada. O próximo e inevitável fim pendia ameaçadoramente sobre a cidade: os 10 mil habitantes só tinham suprimentos para seis semanas. Os 3 mil soldados rodavam pela ruas como emaciados pedintes e comiam restos da sarjeta. Entretanto, apesar da fome, da exaustão e da impotência, o Recife conseguiu sobreviver ainda quatro anos inteiros. Para isso, haviam várias razões. Em primeiro lugar, na primavera de 1650 uma outra frota com suprimentos chegou no porto do Recife: uma esquadra de socorro de dez navios, sob o comando do zelandês tenente-almirante Willem de Zoete, Heer Van Haulthain, com víveres para onze meses. Em segundo lugar, os portugueses estavam tão exaustos e esfarrapados quanto seus inimigos. Sofriam de uma crônica falta de armas, de munição, de roupas e de alimentos. Nem um pingo de chuva tinha caído desde 1648 e as colheitas dos dois anos anteriores haviam sido desastrosas. A cidade da Bahia encontrava-se sob estado de emergência por algum tempo. Em 1648, um violento assalto dissipara os diminutos suprimentos. Quando os soldados retornaram de Guararapes, amotinaram-se, exigindo pagamento de seus soldos atrasados e saquearam os depósitos de alimentos.

Barreto cortou pela raiz a sublevação, os líderes rebeldes foram enforcados sumariamente. Na primavera de 1650, um verdadeiro pânico estourou entre os habitantes da Bahia. A frota da Companhia do Brasil ancorou no porto, após sua primeira viagem. Isso significava que muitas centenas de marujos dos 84 colossais navios haveriam de ser alimentados pela cidade afora, obviamente às custas dos habitantes. A falta de suprimentos era atribuída ao fracasso das colheitas. Mas a falta de armas, de munição e de roupas tinha outra causa. O fato é que o estado geral de inquietude entre a população portuguesa deve ser imputado à Companhia do Brasil, pois que esse empreendimento comercial, fundado com capital judeu e organizado segundo o exemplo da Companhia das Índias Ocidentais, havia monopolizado a importação de todas as mercadorias essenciais, que passaram a ser vendidas a preços criminosos. Assim, só os muito ricos podiam comprar roupas, munição e armas bem como farinha, vinho, óleo de oliva e bacalhau.

A terceira causa residia na própria pessoa do rei português, João IV. Apesar do triunfo em Guararapes, o monarca tinha pouca esperança que o Brasil holandês jamais voltasse para o domínio português. Pois uma vitória definitiva requeria superioridade naval e a frota lusa havia sido posta fora de ação, em decorrência a uma medida punitiva tomada pelos ingleses: o bloqueio de Tagus, em que a frota não podia velejar nem para dentro nem para fora. Isso foi resultado de uma desastrada ação diplomática realizada pelos portugueses. João havia dado asilo político aos monarquistas, príncipes Rupert e Maurice, e isso havia enfurecido Cromwell. O rei João, portanto, tinha de ser cuidadoso no jogo com os holandeses e acima de tudo manter a Companhia Unida das Índias Orientais fora da luta. Qualquer ato de agressão poderia facilmente despertar a fúria da organização irmã da Companhia das Índias Ocidentais e isso significaria o fim da frota portuguesa e o fim dos assentamentos nas ilhas Molucas e no Ceilão, na China e na Índia.

João estava bem preparado para entregar a província de Pernambuco aos holandeses, pois isso significaria o retorno do comércio pacífico e a segurança dos assentamentos asiáticos. Aqueles rebeldes brutais, selvagens e libertários, a exemplo de Vieira e de seus companheiros, podiam ter-se feito úteis em Angola.

Graças a atitude fatalista do rei português, a frota holandesa ganhou novamente ascendência no mar. Haulthain conseguiu até marcar uma pequena vitória sobre uma frota de 60 vasos, cinco vezes o tamanho da sua. Desafortunadamente, não completou o trabalho, porque, quando a sala de pólvora de um dos maiores galeões pegou fogo, a esquadra fugiu em pânico, e ele se recusou a desferir o golpe final, apesar dos apelos de seus homens, e abordar os navios inimigos. Haulthain nunca conseguiu recuperar-se dessa chance perdida: um mês depois, seus homens desertaram. Como aqueles de Dubbel-With, uns dois anos e meio antes, os navios de Haulthain estavam em um estado deplorável, por conta das dificuldades de manutenção. Encorajado pela bem sucedida deserção de de With e pela punição leve que recebera na Holanda, a decisão logo foi tomada: voltar para casa de uma vez, se necessário sem o consentimento do comandante. Lançaram velas em março de 1652. Haulthain ficou para trás, e foi recompensado por sua lealdade em relação à Companhia com um novo posto de comando: foi apontado comandante do forte Cabedelo, na Paraíba. A esquadra havia desaparecido: tudo o que restava no porto do Recife eram alguns poucos corsários zelandeses, pertencentes à mesa de corso da Zelândia.

"João Fernandes Vieira correu atrás dos holandeses em fuga pelo que eles valiam..." Gravura de Ladajne. Departamento de Iconografia. Fundaj.

Os holandeses e os portugueses agora enfrentavam-se uns aos outros exaustos, esfarrapados e esfomeados, como boxeadores cansados que já não podiam mais desfechar o golpe final. Em relação aos holandeses, essa sombria situação clareou um pouco quando, no verão de 1652, uma frota de socorro com seis navios cheios de ração a bordo velejaram ao Recife. A natureza também contribuiu, pois, repentinamente, começou a chover pesado e, em poucos meses, houve a primeira colheita bem sucedida de mandioca desde há muitos anos.

Guerra com a Inglaterra

No fim de maio de 1652, Maarten Harpentszoon Tromp recusou-se a deixar seus navios serem visitados em águas inglesas ou a dar a costumeira saudação à bandeira. Isso resultou em uma declaração de guerra. A Holanda em guerra com a Inglaterra — um prospecto agradável para o rei português. Pois a República estava agora de mãos e pés amarrados e não mais tinha que temer por uma operação de auxílio no Brasil holandês. Por fim, chegara o momento de dar atenção ao conselho de Francisco Barreto de Menezes e fechar Pernambuco em uma decisiva ação combinada de forças de terra e do mar. A Companhia do Brasil preparou uma vasta armada. A vitória seria acelerada caso os holandeses pudessem ser persuadidos a render-se por dinheiro, e, para tal propósito, dúzias de baús cheios de peças de ouro foram levados a bordo.

Os Estados Gerais estavam cientes dessas preparações para o golpe final. Um relatório detalhado tinha chegado-lhes. Em outubro de 1653, uma ação de grande escala contra o Recife estava bem próxima. Sabiam também que a operação seria comandada pelo recém-indicado governador da Bahia, Dom Jerônimo de Ataíde, conde de Atouguia. Contudo, a Holanda não estava mais preparada para gastar dinheiro em operações militares no Brasil. Pelo bem das boas relações comerciais com Portugal, a insensata guerra deveria ser terminada tão logo quanto possível. Vemos então navios de Amsterdã viajando em comboios da Companhia do Brasil. "Fazer negócios com o diabo e sua mãe em vez de queimar as próprias asas" era, e continua sendo, uma característica do espírito comercial holandês. O comércio de sal com Setúbal estava indo bem e não deveria ser ameaçado por atos de guerra.

Nem os Estados Gerais queriam qualquer outra demonstração de força, pois uma guerra aberta com Portugal significaria que os navio holandeses no Mediterrâneo e no Atlântico seriam constantemente saqueados por quaisquer piratas que hasteassem a bandeira portuguesa. Um sentimento de culpa em relação aos pobres diabos no distante Brasil foi amainado pelo envio de navios com suprimentos, que continuaram a ancorar no Recife, durante a guerra com a Inglaterra.

Henrique Dias. Detalhe de um desenho de Vitor Meireles, "Batalha dos Guararapes", no museu Nacional de Belas Artes.

O fim

Em 20 de dezembro de 1653, uma esquadra portuguesa de 66 velas avultou-se ameaçadoramente ante o Recife. Havia quatro caravelas, quatorze "bem equipados navios", enquanto o resto era de nacionalidade inglesa, portuguesa e holandesa. Sete navios holandeses permaneceram ao largo da costa, junto a três navios pertencentes à mesa de corso e quatro vasos portugueses que recentemente haviam sido apreendidos. A situação alimentar na cidade estava excelente, graças à chegada de vários cargueiros, poucas semanas antes. Os habitantes da cidade estavam ebulientes e gritavam despreocupadamente: "Deixem os *Spics* irem em frente! Nós lhes daremos o inferno!" Mas os homens encarregados da defesa da cidade já haviam desistido. Os soldados deixaram a grande esquadra velejar em sua direção, os olhos no vazio. Esperaram resignadamente. Não haviam sido pagos por tempos imemoriais, suas rações de comida haviam sido reduzidas, sua roupas rasgadas nunca haviam sido substituídas e nenhum membro do alto conselho dera-se ao trabalho de visitá-los na fortaleza para dizer uma única palavra de esperança e de encorajamento.

Quatorze anos de serviço ininterrupto no Brasil era a regra. Dois membros da mais alta mesa de governantes ainda estavam no Recife: o idoso Van Schoonenburgh e o adoentado Haecxs. Eles haviam perdido toda autoridade e os homens abusavam deles, como se bobos e traidores fossem.

Van Gogh havia ido a Holanda durante a primavera para pedir aos Estados Gerais apoio militar. É claro que nunca mais voltou. Juntamente com o tenente-general Sigismund von Schoppe, Van Schoonenburgh e Haecxs fingiam enfrentar a crise.

O ataque por terra foi liderado por Henrique Dias, André Vidal de Negreiros e João Fernandes Vieira. As várias unidades de defesa foram cercadas e sobrepujadas, uma a uma. Os soldados holandeses obtiveram uma inesperada assistência de 150 soldados da Paraíba, que conseguiram quebrar, a noite, o negligente bloqueio da armada da Companhia do Brasil. O rumor que os portugueses fariam a mais brutal vingança induziu o coronel Haulthain a fugir da Paraíba duas vezes mais rápido, junto às guarnições do seu forte Margrieta e do forte do Rio Grande do Norte. Refugiou-se nas ilhas das Índias Ocidentais. O "curto, conciso e verdadeiro relato da desgraçada rendição e deserção das principais conquistas no Brasil" de 1655 contém as alarmantes e as detalhas circunstâncias que finalmente levaram à capitulação.

Estátua de João Fernandes Vieira. Departamento de Iconografia. Fundaj.

O Recife esteve indefeso pelo lado do mar por dois anos: não havia paliçadas e as baterias estavam inutilizadas. Os comandantes dos vários fortes não tinham, é claro, ficado ociosos e reivindicaram suas vindícias, em tempo hábil, aos membros do alto conselho. Os pedidos do comandante do forte de Vijfhoeck, tenente-coronel Claes, para os conselheiros visitarem a fortificação foi negado porque alegaram terem coisas melhores a fazer. Quando ouviu de Schoonenburgh e Haecxs que não havia dinheiro para consertar os fortes, Huybrecht Brest, diretor da mesa de corso de Midelburgh, observou com alguma surpresa que 300 mil florins em ouro haviam recentemente sido pagos aos cofres por grandes vendas de açúcar. Onde estava esse dinheiro? Até mesmo von Schoppe teve um papel dúbio nesse episódio. Quando os membros do alto conselho pediram permissão para visitar os homens "no intuito de levantar seus espíritos', von Schoppe aconselhou contra, dizendo que nunca fez bem mexericar demais com os soldados.

O exército estava tão mal vestido que "muitos homens mal podiam cobrir suas partes íntimas'. Apesar disso, Haecxs e Van Scoonenburgh recusaram-se a fornecer qualquer roupa porque não havia dinheiro suficiente para isso. Haecxs argumentou com os homens do forte de Vijfhoeck que havia rações só para dois meses nos armazéns. A guarnição rendeu-se. Mais tarde soube-se que havia rações para uns bons dez meses. O forte Goch foi incendiado sem razão nenhuma. Ouviu-se rumores que von Schoppe havia recebido 90 mil florins do inimigo para a rendição, mas nunca veio à luz qualquer evidência. A rendição do forte Sulynus foi devida à falta d'água, pois o alto conselho havia recusado deixar que lá fosse armazenada água quando o forte foi cortado das aguadas pelo inimigo. Os soldados do forte Altena também jogaram a toalha. Sua ração diária consistia de flácido e fraco *bacon* de Moscou, enquanto o melhor *bacon* holandês estava sendo exportado para as Índias

Ocidentais. Renderam-se, mas não sem antes trocarem minguados tiros. Depois de três canhonadas, os barris explodiram. Apesar do ocorrido, Haecxs e Van Schoonenburgh insistiram na diminuição das rações dos soldados, mesmo com os depósitos cheios de comida. Assim, não é de surpreender que os soldados pusessem toda a culpa nos dois homens. Nem von Schoppe foi poupado: ele não conhecia seu negócio, não respeitava os direitos de seus oficiais e de seus homens, não tinha autocontrole e era notório por suas tiradas grosseiras. Haecxs tinha igualmente pouco autocontrole, mas Van Schoonenburgh era um fraco e crédulo bobo que acreditava em qualquer coisa.

Em 22 de janeiro de 1654, o alto conselho decidiu negociar com o inimigo. As negociações foram lideradas pelo presidente da alta corte e coronel de algumas companhias de cidadãos, Gijsberth de With, capitão Wouter Falloo

Recife: Forte Brum. Antigo forte holandês, hoje usado como quartel militar.

Recife: canhões do Forte Brum.

e o diretor da mesa de corso de Middelburg, Huybrecht Brest. Quatro dias depois, a rendição foi assinada. Ficou conhecida como a Capitulação de Taborda, em homenagem a um pescador que foi proprietário da área. Itamaracá, Fernão de Noronha, Recife e Mauritsstad tinham de ser evacuadas imediatamente. Os outros fortes, Paraíba e Rio Grande do Norte, haviam caído em mãos portuguesas, após a fuga do coronel Haulthain. Os holandeses ganharam suficiente espaço de embarque para retornarem para casa. Aqueles que desejassem permanecer, entretanto, eram cordialmente bem-vindos, e isso aplicava-se também aos judeus, apesar desses serem obrigados a adotar a cidadania portuguesa. Foi declarada uma anistia para aqueles holandeses culpados de terem cometidos atrocidades durante a guerra. Aqueles que desejassem partir, tinham três meses para acertar definitivamente seus negócios. De modo a defender o esquadrão que retornava, von Schoppe teve a permissão de levar uns vinte canhões de bronze e um número suficiente de peças de artilharia de ferro para bordo.

Em 28 de janeiro de 1654, o tenente-general Sigismund von Schoppe entregou as chaves da cidade a Francisco Barreto de Menezes. Trinta e dois fortes e vilas, 120 milhas de praia, 300 peças de artilharia foram perdidas.

"Mediante essa rendição, perdemos uma terra que poderia certamente ser chamada um reino por causa de seus mui delicados e ricos frutos que podem dar todos os anos, uma terra que nossa nação holandesa agora possuiu por vinte e quatro anos menos dezoito dias e que custou as vidas de tantos milhares de bravos soldados e de cidadãos antes que eles pudessem possuí-la..." Assim escreveu um sombrio cronista na época. "Sim, custou inestimáveis milhões de ouro que nosso Estado colocou na terra e que agora está sendo vergonhosamente rendida aos nossos inimigos, os portugueses."

A parada dos vitoriosos despertou o maior respeito em Haecxs e em seus companheiros. "Após o meio-dia, nossos homens saíram marchando de de Brune, de St. Joris e do Recife para Antônio Vaz, e os portugueses, com três regimentos com uns 4 mil homens entraram marchando. Todos os tipos de pessoas apavorantes de ver, tão bem armados e marchando em tão boa ordem como jamais era de se esperar..." Rijos, mas "todos tão nus e tão miseráveis, como se tivessem saído das galés", brancos, mulatos e negros, índios Tupi e Tapuia, todos marcharam pela cidade. O comportamento de Barreto foi exemplar e ele foi gentil e obsequioso com os derrotados.

Os judeus

Aos 5 mil habitantes judaicos do Recife, foi permitido dispor de suas mercadorias antes de embarcar. A maior parte seguiu para o Suriname a fim de tentar a sorte em plantações de cana-de-açúcar. Seiscentos judeus, acompanhados pelos rabinos Isaac Aboab da Fonseca e Mozes Raphael de Aquilar, retornaram à República. Alguns foram para Essequibo e fundaram um assentamento no rio Pomeron. Uns poucos foram para Curaçao e, em 1º de agosto de 1654, chegou em Nova Amsterdã Jacob Barsimon, enviado pela Companhia das Índias Ocidentais para ajudar a aumentar a população na nova colônia de Nova Holanda. Logo foi seguido por 23 de seus correligionários que haviam sido capturados por piratas espanhóis em sua viagem de volta à Holanda e haviam, subseqüentemente, sido deixados na praia de Nova Amsterdã por um navio francês que havia abordado o espanhol. Um homem, contrário à imigração judaica, era o novo governador da colônia, Peter Stuyvesant. Escreveu uma irada carta aos diretores da câmara de Amsterdã da Companhia das Índias Ocidentais, pedindo que se desse um término imediato a essa imigração, "por conta de sua habitual usura e ameaçador comportamento aos cristãos, temendo que com suas presentes necessidades sejam um incômodo no próximo inverno..." A resposta da Companhia das Índias Ocidentais foi curta e precisa. Era desarrazoado e indecoroso recusar aos judeus a entrada na colônia, pois haviam sofrido perdas substanciais com a queda do Brasil e haviam investido muito capital nessa Companhia. Isto resultou em uma torrente de imigrantes judeus. De início, não lhes foi permitido construir uma sinagoga, praticar o comércio no varejo, ocupar cargos públicos ou prestar serviço militar, mas um certo Asser Levi objetou fortemente contra essas medidas discriminatórias e ganhou seu ponto. Assim, todas as limitações foram revogadas de uma só vez.

Von Schoppe

Quando Sigismund von Schoppe embarcou com sua família, seu grande rival, Francisco Barreto, ofereceu-lhe, como sinal de respeito e consideração, uma grande carga de pau-brasil para levar consigo. Quando a esquadra chegou à Zelândia, quatro meses depois, em 23 de julho de 1654, após uma travessia particularmente adversa, von Schoppe foi levado à corte marcial. De início, ele — bem como Van Schoonenburgh e Haecxs — foi posto sob prisão domiciliar, mas como não pudesse mais arcar com as despesas de casa, pediu para ser transferido para Gevangenpoort e seu pedido foi aceito.

Uma acusação formal foi feita contra von Schoppe. Foi acusado de ter negligenciado escandalosamente seu dever para com seu país. Contudo, durante o julgamento ficou claro que outros eram culpados pela perda do Brasil — A República em si. A ação terminou, necessariamente, em absolvição. Após um julgamento de cinco meses, von Schoppe foi sentenciado, em 10 de fevereiro de 1655, ao confisco de seu salário e de qualquer compensação que pudesse pedir desde a data da capitulação, bem como a pagar os custos do julgamento, perfazendo a soma de £ 12.985,10. Após sua liberação, von Schoppe, junto com sua esposa, Elizabeth Van Louhuyse tot Louhuyse, como era então chamada, e suas três filhas, Clara, Amélia e Louisa, recolheram-se em Culemborg. No ano seguinte, a família mudou-se para a Silésia, a terra de origem da família Schoppe, onde haviam estado de posse de extensas propriedades por séculos.

Anna Pães d'Altro

E quem se saiu melhor da aventura brasileira? A deslumbrante beleza de Pernambuco, Anna Pães d'Altro, que tinha uma colorida vida amorosa por trás dela. O leitor lembrará a amante do conde João Maurício, a noiva de André Vidal de Negreiros, a viúva do rico açucareiro Pedro Correia da Silva e do capitão do corpo de guarda do conde, Karel Tourlon. Logo após a partida de João Maurício do Brasil, ela casou-se com o brilhante presidente da alta corte, Gijsberth de With, de 33 anos. Anna Pães d'Altro que era considerada traidora pelos portugueses, por conta das suas íntimas relações com holandeses notáveis durante a ocupação holandesa. Conseguiu persuadir seu novo marido a inserir uma cláusula no ato de rendição: "Mulheres portuguesas ou nativas casadas com holandeses ou aliados serão tratadas como se fossem holandesas. Os maridos serão autorizados a levar suas esposas para o país com eles." E assim, Anna Pães escapou da vingança de seus compatriotas e permaneceu a salvo ao lado de seu marido, que foi enviado como embaixador a Portugal, em 1657, e esteve no Brasil, como comissário, em 1651, de modo a acertar algumas diferenças remanescentes, após a paz com Portugal ter sido ratificada.

Placa de bronze na igreja de Olinda. O texto corre como segue: "Aqui no átrio da igreja: o capitão André Pereira Temudo, seguido por um grupo de bravos pernambucanos, sacrificou heroicamente a sua vida para vingar os ultrajes que faziam à pátria e à religião os criminosos invasores holandeses, em 1630."

Os termos da paz

Os termos foram acordados como segue: a coroa portuguesa concordava em comprar o Brasil da República pela soma de oito toneladas de ouro, isto é 8 milhões de florins, em dinheiro, ou na forma de açúcar, tabaco, sal ou "as taxas arrecadadas em portos portugueses". As áreas conquistadas permaneceriam em mãos de quem as possuísse. Os holandeses foram autorizados a comerciar livremente com Portugal e nas povoações e nas regiões da África e do Brasil pertencentes a Portugal, na condição de pagarem "taxas não mais altas do que os próprios portugueses". Os 8 milhões de florins foram pagos por Portugal com grande dificuldade. O Brasil teve de produzir a metade da soma, e adentrou o século XIX a liquidação de toda a quantia acordada, paga em forma de taxas.

Vidal e Vieira

O que aconteceu aos vitoriosos Vidal e Vieira? André Vidal de Negreiros viajou para Lisboa, logo após a capitulação, junto a seu amigo João Fernandes Vieira, de modo a informar o rei em pessoa sobre a grande vitória. Vieira foi agraciado com a Cruz da Torrada e de Santa Eugênia e apontado prefeito de Pinhel. Também foi apontado capitão-general de Angola e governador da Paraíba. André Vidal de Negreiros recebeu a Cruz de São Pedro do Sul e foi-lhe oferecida a prefeitura de Marialva e Moriera. Também foi indicado capitão-general do Maranhão e, logo depois, do Pernambuco.

O que restou...

Quais traços da influência holandesa restaram no Brasil? Umas poucas ruínas de fortes holandeses sobrevivem, como aquelas do forte de Bruyn, que agora degenerou para forte Brum. O mais bem preservado é o forte Orange, na ilha de Itamaracá. Dos nomes holandeses que passaram por formas corrompidas, a mais conhecida é o sobrenome Wanderley, descendente direto do capitão de Cavalaria Casper Van der Ley. Bem conhecida, também, é o nome Vantuil, pronunciado Wantwiel. Van der Ley e Van Tuil eram ambos oficiais que casaram-se com mulheres portuguesas. Depois, há também o nome de Holanda — nome de um popular cantor brasileiro, Chico Buarque de Holanda, cujos antepassados, muito provavelmente, devem ser procurados entre os colonizadores holandeses do Século XVII.

Nenhum estudo das relações batavo-brasileiras através dos tempos é completo, sem o vislumbre da posição dos pioneiros holandeses no séculos XVIII, XIX e XX. A isso, os dois últimos capítulos deste trabalho serão dedicados.

Capítulo 10

Contatos ulteriores

Com a capitulação de Taborda, em 1654, e com o acerto financeiro da aventura brasileira, em 1661, as atividades dos holandeses no Brasil não estariam encerradas. Longe disso. Dos assentamentos nos países vizinhos — Pomeron, Essequibo e Suriname — fizeram perigosas incursões no interior e velejaram centenas de milhas Amazonas, Essequibo e Orinoco adentro, sempre a procura de novos contatos comerciais com os habitantes das margens, índios de tribos que rapidamente davam um fim ao inimigo. As expedições passavam por cachoeiras e corredeiras e eram realizadas em barcos frágeis, mas os holandeses eram melhores que os portugueses, os ingleses, os franceses e os espanhóis, na política de aproximação com os índios, em conquistar sua confiança e em estabelecer excelentes relações comerciais.

Os holandeses, intrépidos mercadores dos séculos XVII e XVIII

Os primeiros contatos vão aos últimos anos do século XVI, quando os holandeses fundaram seus primeiros assentamentos na costa selvagem da Guiana. Uma das forças propulsoras foi o prefeito de Flushing, Jan de Moor, que havia estabelecido um empreendimento comercial e havia participado financeiramente nos projetos de colonização em Essequibo e de outras partes da Guiana.

Em relatório de 13 de junho de 1612, Sancho de Alquiça contou ao rei espanhol que havia sido estabelecido um assentamento na foz do rio Guayapoco, consistindo de 40 casas com 80 habitantes, holandeses e ingleses, plantadores de tabaco. Nessa mesma época, lá esteve um aventureiro chamado Jan Hendrickszoon Benckelaar, que empregou-se por três anos como auxiliar de agente no serviço de Jan de Moor, na costa de Essequibo. Sua decisão de aceitar esse emprego deveu-se parcialmente a seu desejo de investigar os persistentes rumores que, umas quatrocentas milhas adentro do rio Tacatu, no sopé das montanhas, havia cristais gigantescos em abundância, o suficiente para encher centenas de canoas. Com seus próprios olhos, ele vira alguns enormes cristais com um agente holandês que os havia trazido para a Holanda. Isso só poderia ser feito com apoio dos habitantes: suas relações com a população local deveriam, por conseguinte, ser extremamente boas. Isso está confirmado nos diários de John Scott. Seu livro *Descrição da Guiana*, publicado em 1670, menciona as amistosas relações entre os agentes comerciais do forte Kijk Overal, construído na foz do Essequibo, em 1616, e as tribos vivendo na bacia do rio Negro, a centenas de milhas para o interior.

As cataratas do Igaçú. O trovejante som da água de umas 250 cascatas podem ser ouvidos, claramente, a uma distância de 12 milhas. Esse impressionante fenômeno natural situa-se na fronteira entre o Brasil, a Argentina e o Paraguai.

Os holandeses como traficantes de escravos

O principal propósito dos contatos entre os holandeses e os nativos era a compra de escravos. Os índios Shawhaun e os Semicoral vendiam mulheres capturadas nas aldeias de tribos inimigas. Em 1637, o governador da Guiana expressou sua preocupação com o indômito espírito comercial dos holandeses que, com um amadurecido sistema de agentes e subagentes, haviam estabelecido um florescente comércio de escravos. Uns cem anos depois, um certo padre José Gumilla, que trabalhou por vinte anos como missionário em uma área onde os holandeses tinham sua estações comerciais, também tinha uma palavra a dizer sobre suas atividades. Em sua *Historia natural, civil y geographica de las naciones situadas en las riberas del rio Orinoco*, de 1741, tornou conhecido o tipo de homens que eram esses batavos. Desde que os holandeses estavam estabelecidos na costa, escreveu Gumilla, os índios deram para uma cupidez sem precedentes. Os holandeses, com certeza, tinham culpa: frotas inteiras com índios Caraíba, leais aliados dos holandeses, singravam os rios nos mais recônditos interiores e adquiriam os prisioneiros de tribos amigas. De acordo com Gumilla, o preço de um prisioneiro atingia, dois machados, dois cutelos, contas e outras bugigangas. Na eventualidade de estarem carregando muitas contas e ferramentas, os Caraíba deixavam seus produtos com seus distribuidores, deixando para trás um par de seus próprios homens para ficarem de olho na mercadoria. Os chefes das tribos asseguravam-se que nenhum fio de cabelo dos Caraíba fosse tocado, pois sua vingança era impiedosa: a aldeia era totalmente queimada e as mulheres e crianças tomadas como prisioneiras.

O chefes das tribos do interior viviam assim sob constante ameaça. Em seu retorno à costa os Caraíba, entregavam os prisioneiros a seus comissionados, os holandeses. Essa entrega cobria o adiantamento que os Caraíba haviam recebido e os holandeses asseguravam-se de nunca abandonarem o domínio sobre seus aliados, mantendo-os em permanente estado de dependência. Após entregarem os prisioneiros, recebiam um novo adiantamento destinado às compras de sua nova viagem.

Em várias passagens do relato de John Scott, está registrado que os holandeses estavam sempre presentes como supervisores dessas viagens ao interior. Scott dá um fascinante descrição de uma destas jornadas, 300 milhas Essequibo acima.

Matthias Matthijsen, el gran piloto

O ano era 1661. Matthias Matthijsen havia cuidado por 22 anos dos interesses comerciais dos hispânicos na vila de San Thomé, na Guiana. Era conhecido como o maior comerciante da costa selvagem e cognominado *El*

Rio Marcelino Ramos, no estado do Rio Grande do Sul. Kon. Inst. V. d. Tropen.

gran piloto Matamigo. Findas suas ligações comerciais com a Espanha, ofereceu seus serviços aos holandeses em Essequibo, que foram entusiasticamente aceitos pelo comandante da colônia holandesa, Groenewegen. Matthijsen e Groenewegen decidiram velejar com uma grande frota de canoas manejadas por índios Caraíba, em direção su-sueste, rumo a um lugar onde Matthijsen uma vez havia descoberto minerais em seus dias espanhóis. O objetivo da expedição era ver se esses minerais podiam ser comercialmente explorados. A empreitada falhou quando os Caraíba brigaram com os belicosos índios Manau, que viviam 300 milhas rio Negro acima. Os holandeses não ousaram brigar, pois estavam reduzidos a quatorze contra os 400 indisciplinados Caraíba, que não podiam mais ser postos sob controle. Continuar a jornada significaria morte certa. Decidiram, então, voltar para casa.

Matthijsen foi feito prisioneiro, em 1665, quando a colônia holandesa em Essequibo foi sobrepujada pelos ingleses. Os hispânicos tinham toda a razão em chamá-lo o grande navegador, pois ninguém conhecia o tão bem o Amazonas. Já em 1637, ele havia estudado o curso do grande rio como capitão, no capitânia da frota de Pedro Teizeiro. Matthijsen, dizia-se com muita admiração, conhecia oitocentas ilhas do Amazonas na palma da mão. John Scott era seu grande admirador e relata orgulhosamente haver adquirido todos os mapas oceânicos e papéis de navegação de Matthijsen, quando capturado pelos ingleses.

Os holandeses avançavam cada vez mais para o interior do Brasil. Em um relato de Manuel Rodriguez, *El Marañon y Amazonas*, o autor menciona um ataque surpresa dos holandeses contra os índios da tribo Omagua, em 1681, o que mostra que os arquiinimigos dos portugueses já haviam atingido a área entre a foz do Madeira e o Içá, no coração do Brasil.

Jan Reeps

Diederik, conde de Hogendorp Heervliet bij Kethel (1761-1822). Fotografia: Iconografisch Bureau, Den Haag.

Nem todas as tentativas holandeses de colonização foram bem sucedidas. Um relato detalhado de uma aventura mal sucedida, a última tentativa holandesa de colonizar a costa do Brasil, foi dada por um certo, Jan Reeps, mercador em Hoorn. Quando Reeps já havia amealhado sua fortuna, decidiu fundar um assentamento na área coberta pela Companhia das Índias Ocidentais, a oeste do Amazonas, "a fim de propagar a verdadeira fé cristã entre os povos cegos e selvagens..." Os Estados Gerais deram-lhe consentimento de instalar plantações até o cabo d'Orange, e de "negociar e fazer alianças e acordos [com os habitantes] e construir aquelas fortificações necessárias para a segurança". E assim lançou velas de Flushing, no início de setembro de 1692, com 40 homens em direção ao Brasil, na fragata "D'Amasone".

O empreendimento não foi um sucesso. Ao contrário. Dois anos depois, Reeps havia retornado para casa com dezessete sobreviventes. Teve sorte de voltar vivo após todos os percalços que encontrou em sua jornada. Naufragou na costa americana, ao sul do Amazonas. Após dificuldades apavorantes, tentou salvar sua pele com alguns sobreviventes, apelando aos portugueses em Belém do Pará, mas foi feito prisioneiro. Estava bem cônscio da ajuda divina, pois ele termina seu relato, *De ongelukhige reijse na de Custe Van America ende Amasones* — "A desafortunada viagem à costa da América e Amazonas" — com as palavras: "Deus Todo Poderoso, Senhor Jeová, seja agradecido e abençoado por ter me preservado tão miraculosamente em tantos perigos..."

"Durante as três primeiras décadas do século XVIII, os holandeses conseguiram manter relações amistosas com os belicosos índios Manau, no rio Negro, e um típico exemplo do espírito de aventura e de empreendimento emerge do relato que o governador de Trinidad, Francisco de Menezes, dirigiu ao rei espanhol. Conta que os Caraíba, à procura da lendária cidade de ouro, o El Dorado, passaram por alguns assentamentos de colonos holandeses no recôndito interior da Guiana. Para seu espanto, descobriram que os holandeses tinham fornos nos quais metais podiam ser derretidos.

Uma dignificada cena familiar, em uma manhã de domingo, no século XIX, no Rio de Janeiro. Um oficial do governo com sua bengala, chapéu de três pontas na sua ida para a igreja, à cabeça de sua família e de muitos escravos.

As conseqüências políticas de Taborda

A firme determinação da Companhia das Índias Ocidentais em retomar as relações comerciais com o Brasil, como simples parceiro, logo após haver perdido o país, foi fortemente abalada. O tratado de paz de 1661 havia encorajado sua confiança pois uma das principais condições era que aos holandeses deveriam ser dados os mesmos direitos de colonização e de comércio em Portugal e em suas possessões além-mar, prerrogativas essas que os ingleses já haviam obtido. No entanto, logo que os holandeses saíram o Brasil, tornaram-se vítima de um ilimitado espírito de generosidade portuguesa com os demais aliados. A corte portuguesa presenteou seus melhores amigos políticos — a Igreja Católica e as principais famílias do país — com uma série de grandes propriedades no Brasil. Os estrangeiros foram cuidadosamente excluídos da partilha. Só muito poucos europeus conseguiram estabelecer-se nas costas do Brasil, nesse início de século XVIII. Vimos que o holandês Jan Reeps foi feito prisioneiro pelos portugueses em 1692. Os huguenotes franceses, que conseguiram assentar-se no Brasil vinte anos mais tarde, foram exterminados pelos portugueses logo após sua chegada motivada por ódios religiosos.

Das solenes promessas de 1661, nada foi cumprido. Nunca mais um navio ricamente carregado de açúcar lançou velas de um porto brasileiro rumo aos Países Baixos. A iniciativa privada foi suprimida. Bosquetes de oliveira e parreirais não mais podiam ser plantados porque Portugal exportava óleo de oliva e vinho. Sal não podia mais ser extraído, pois o comércio de sal de Setúbal fora arrendado. Pelas mesmas razões, não se podiam construir fábricas no Brasil. Os portos brasileiros só estavam abertos para navios ostentando bandeira portuguesa. Os negócios estavam virtualmente parados. A situação só mudou quando a família real portuguesa mudou-se para o Rio de Janeiro, com medo da Revolução Francesa. A capital do Império Português foi mudada para o Brasil, os portos foram novamente abertos para outras nações e particularmente aos ingleses. Os Países Baixos, amarrados pelas mãos e pelos pés pelo domínio francês, não foram em nada beneficiados.

Entretanto, isto não durou muito, pois o grande artífice da economia holandesa, o rei William I, foi um dos primeiros a reconhecer o potencial econômico do Brasil para a Holanda. Imediatamente após a fundação da Nederlandse Handel-Maatschappij, a Sociedade Holandesa de Comércio, em 1825 — continuação dos empreendimentos comerciais privados, a Companhia Unida das Índias Orientais e a Companhia das Índias Ocidentais, que haviam entrado em colapso no fim do século XVIII —, uma carga de grãos foi enviada para o Rio de Janeiro. Entretanto, devido à ignorância dos requisitos especiais necessários ao transporte de produtos perecíveis, essa primeira transação comercial com o Brasil não foi bem sucedida. Logo depois, a Companhia Holandesa de Comércio decidiu retirar-se do continente latino-americano.

Foram necessários 35 anos para que o comércio com o Brasil fosse retomado. E a renovação dos contatos comerciais entre os dois países deve ser atribuída principalmente ao desenvolvimento do Brasil na cultura do café.

Uma semente, um "bouquet" *e um aventureiro*

Era em torno de 1690 quando as primeiras sementes e estacas foram trazidas para Java, procedentes de Mocca, na Arábia. Dezesseis anos depois, o Jardim Botânico de Amsterdã foi presenteado com uma planta viva. A planta de café deu-se muito bem na estufa daquele jardim, e a todos os visitantes era possibilitado levar para casa uma semente, como lembrança daquele dia no *Hortus*. E, então, aconteceu que um plantador do Suriname também levou algumas sementes de café de volta para seu país. A semente de café foi uma sensação e logo os cafezais estavam sendo plantados em Caiena. Em 1727, uma comissão brasileira chegou a Caiena com instruções de julgar e resolver a disputa de fronteiras entre a Guiana Holandesa e a Guiana Francesa. Ambas Guianas eram zelosas plantadoras de café e os dois países estabeleceram a pena de morte para a exportação de sementes da planta.

O Brasil estava ansioso por apoderar-se de algumas dessas plantas de café. O governo, conseqüentemente, despachou como presidente da comissão de arbitragem um homem que indubitavelmente teria sucesso em tirar de Caiena a planta estritamente guardada. Era advogado, inventivo, de mente afiada, hábil homem de negócios muito amado pelas mulheres. Seu nome era coronel Francisco de Mello Palheta. Em seu tempo livre, ele efetivamente cortejou a esposa do governador francês. Durante o jantar de despedida em sua homenagem, recebeu da esposa do governador um magnífico ramalhete de rosas. No *bouquet* ela havia escondido algumas sementes e estacas de café. O amor abre todas as portas, como Mello Palheta deveria saber, e assim o Brasil obteve a longamente esperada semente de café da mais charmosa maneira.

Surpreendentemente, um dos primeiros plantadores de café do Brasil foi um holandês, Jan Hopman, conhecido por ter sido o primeiro homem a reconhecer o valor do café como produto de exportação. Frades franciscanos também passaram a plantar café e uma das quatro sementes produzidas por Hopman foi plantada por esses padres barbadinhos no Morro do Castelo, que transformou-se na primeira árvore das plantações brasileiras de café. De início, as novas plantações foram cuidadosamente restritas à área em torno do Rio de Janeiro, mas o sucesso da plantação tornou-se irresistível. Logo, arbustos de café apareceram na terra roxa de São Paulo e nos estados vizinhos, onde a semente foi vista florescer.

Dirk, conde de Hogendorp

Apesar dos empreendedores na Holanda terem falhado em ver as possibilidades comerciais do café, havia um homem, nos Países Baixos, que enxergava as coisas de maneira diferente. Por nascimento, esse homem não era um empreendedor. Seu nome era Dirk Van Hogendorp, irmão do grande estadista Gijsbert Karel, e ovelha negra da família. Durante a ocupação francesa, escolhera o "lado errado". Como ajudante do imperador Napoleão, subira ao posto de comandante de divisão e, como comandante de Koninsberg, Wilna e Hamburg havia adquirido uma péssima reputação por conta de sua severidade com a população.

Com a queda de Napoleão, a carreira do conde Dirk estava acabada. Ele viajou para Paris e sentou-se para escrever um trabalho científico. Em 1817, com 55 anos, foi para o Brasil a fim de tentar sua sorte. Comprou uma plantação de café, nas cercanias do Rio de Janeiro, cidade de uns 100 mil habitantes, principalmente de escravos negros que trabalhavam nas plantações próximas. Dirk Van Hogendorp não era somente oportunista, também era idealista. Libertou todos os escravos que havia comprado com sua plantação de café na esperança de que estariam dispostos a continuarem trabalhando em suas propriedades, como homens livres. Entretanto, foi decepcionado. Todos se foram, a plantação ficou para semente e ele morreu no Brasil, na mas abjeta pobreza.

Na Holanda, o interesse pelo café brasileiro só começou quando o café de Java foi atacado pela temida doença da folha do café. A moléstia teve conseqüências catastróficas. A produção em Java caiu abruptamente em 75%, e os holandeses foram obrigados a procurar outros distribuidores. A Holanda tornou-se então uma importante compradora do famoso café de Santos, transportado, inicialmente, em navios alemães e ingleses, e mais tarde, por holandeses, para Rotterdam e Amsterdã, os centros a partir dos quais o café brasileiro iria finalmente encontrar seu caminho por toda a Europa.

O conde Dirk Van Hogendorp estava muito à frente de seu tempo: uns bons 50 anos depois que deu a seus escravos a liberdade, desenvolveram-se no Brasil sociedades para a abolição da escravatura. Os plantadores opunham-se a essa tendência. Acreditavam que sua existência seria ameaçada se a escravidão fosse abolida, pois todos os empréstimos adiantados pelo Banco do Brasil dependiam do número de escravos em carteira. Além disso, esses oponentes pensavam que a abolição da escravatura iria detonar uma fantasmagórica guerra civil. Contudo, geralmente a opinião pública era favorável à abolição. A escravatura tinha várias implicações políticas também em nível internacional e a Inglaterra repetidamente pressionava pela emancipação dos negros. Assim, o Brasil olhou para o futuro: a abolição da escravatura era simplesmente uma questão de tempo. Alguma coisa teria de ser feita com a perda da força de trabalho tradicional e o encorajamento de imigrantes colonizadores tornou-se da maior importância.

Os primeiros colonizadores no século XIX

Colonos assentavam-se no Brasil desde 1812. Em 1885, em seu "Relatório sobre a cultura do café na América", K. F. Van Delden Laëne escreveu: "A paisagem brasileira tem alguma coisa de monótona. É desprovida. Só aqui e acolá, encontram-se fazendas ou empreendimentos que são normalmente separados por horas de distância uns dos outros. Em São Paulo, viajar é ainda mais cansativo do que em Minas Gerais e no Rio de Janeiro. Pode-se viajar horas ao longo de campos — planícies graminosas impróprias para a maioria das culturas — e cerrados — extensos trechos de terra cobertos com ocasionais aglomerados de arboretas baixas — ao longo de áreas estéreis e incultas, antes que se chegue a outra estação e a alguma vida. Há poucos centros de indústria, aparte certas fazendas, e esses são exclusivamente na linha da estrada de ferro. Com a exceção de pistas de carreta em cascalhos, virtualmente não há estradas. Só uma estrada, indo de Petrópolis a Juiz de Fora, na província de Minas Gerais, com uma variante para Rio Novo, pode realmente reclamar pelo nome... A região cultivada de café não tem a menor

Vista do Recife atual.

variação. Eu não acho que um país tropical possa oferecer algo mais monótono... Visitei a colônia alemã de Pedro II, próxima a Juiz de Fora, fundada em 1860. Os colonos, que na maior parte perderam sua própria nacionalidade e, com poucas exceções, todos falam português, ganham suas vidas como peões, construindo a estrada de ferro ou como artesãos. Tanto quanto eu possa perceber, eles não praticam a agricultura. Em volta de suas cabanas, possuem um pedaço de terra onde cultivam algumas verduras, batatas e flores. Duas fileiras dessas casas, em cada lado da estrada, formavam toda a colônia que consiste de cerca de mil almas..." Essa é uma imagem que corresponde ao estilo de vida no Brasil do pioneiro holandês, no fim do século XIX e começo do século XX.

Nesse meio tempo, o Brasil havia indicado agentes de imigração na Europa. Para a manutenção só das plantações de café, como "grande lavoura", o Brasil necessitava oitocentos mil colonos após a emancipação dos escravos. Que a escolha dos agentes não era sempre afortunada surge do fato que, em vez de agricultores, o Brasil freqüentemente recebia grandes quantidades de ex-apenados alemães.

Antes da abolição da escravatura, o colono assentado no Brasil não era de modo algum livre para fazer o que quisesse. Era obrigado a trabalhar com o "fazendeiro" na mesma plantação que fazia uso do trabalho escravo, ou a trabalhar na estrada de ferro, como diarista. Caso contrário, tinha de procurar sua fortuna interior adentro, comprar sua terra e levar uma existência de abrasadora pobreza. Seus produtos eram invendáveis por falta de mercado e o custo de transporte para portos distantes era alto demais. Só quando o Brasil tornou-se uma República, em 1889, e a imigração caiu sob a responsabilidade dos estados federados, a colonização realmente tomou seu rumo. O papel desempenhado pelos holandeses nesse processo será o assunto do último capítulo.

Conclusão

Assentamento de grupos no século XX

Os primeiros colonos holandeses

Dos 2,5 milhões de colonos que assentaram-se no Brasil, na primeira década deste século, somente 5.500 eram de nacionalidade holandesa. A grande maioria era proveniente de Amsterdã, trabalhadores da estiva demitidos na grande greve de 1908. Viam o Brasil a terra de possibilidades ilimitadas, como a única solução... Assentaram-se na colônia da selva de Irati, também chamada Gonçalves Júnior, onde vieram a possuir um pedaço de terra com uma casa de campo, em condições atrativas, podiam ter ganhos extras na construção de estradas. De início, tudo era esperanças, mas uma adversidade segue-se a outra, cada colheita era arruinada por tempestades e granizo ou por pragas de gafanhotos, de ratos ou por porcos do mato. O sustento era então reduzido à construção de estradas. Os homens tinham de viver longe de suas esposas, em galpões onde brigavam constantemente e bebiam pasadamente. Em casa, na fazenda, suas famílias passavam fome pois todo o seu dinheiro há muito tinha ido em bebida. A colonização fracassou miseravelmente. Quase todos os assentados foram repatriados e nesses incluíam-se Leendert Verschoor e seu irmão Jan.

Carambeí

Os holandeses descobriram que a Companhia de Estrada de Ferro do Brasil queria fundar uma nova colônia próximo a Ponta Grossa, Carambeí. Uma região de planícies descampadas, um terreno dificilmente atrativo para assentar colonos. Entretanto, a Companhia estava decidida a cultivar as extensas áreas que havia aberto. Como "edulcorante", a cada colono era oferecida uma casa, um arado, nove vacas, dois bois, arame farpado e 50 hectares de terra pelo preço nominal de US$ 40. A fábrica de laticínios da Companhia garantia o preço do leite, mas, por outro lado, todos os produtos de laticínio tinham de ser vendidos para a fábrica. Os irmãos Verschoor estavam bem preparados para assentarem-se em Carambeí. O solo, sem dúvida, era menos fértil que em Irati, mas não havia o perigo dos gafanhotos e dos porcos do mato. Apesar da pobre qualidade da pastagem, a criação de gado era possível e, com algum esforço extra, as coisas certamente iriam bem. Em 4 de abril de 1911, Leen Verschoor comprou um pedaço de terra com casas e Jan voltou para a Holanda a fim de organizar um grupo de colonização.

Jan Vriesman, ex-operário no lago Haarlem, deixou Irati com seus quatro filhos e uma filha e assentou-se em Carambeí. Lindeert de Geus vivia em Gravendeel e tinha sido dispensado do serviço militar uns poucos dias antes. Era agricultor até a medula e esperava montar um negócio próprio, mas sabia não ter oportunidades na Holanda. Estava atraído pela idéia de emigração. Mas para onde? Então seu antigo camarada da vila, Jan Verschoor, apareceu de repente para uma conversa com a família de Geus. Jan falou por horas sobre o Brasil, a terra das possibilidades ilimitadas, as oportunidades que se abririam em Carambeí se um agricultor empreendedor chegasse em uma terra de clima maravilhoso onde também se podia criar gado. Arie de Geus, irmão de Leendert, não era agricultor, mas um gênio de habilidade com suas mãos. Havia também outro convidado, na casa dos de Geus, um professor cujo coração estava voltado para a fabricação de queijos. Seu nome era Jacob Voorluyis.

No outono de 1911, os irmãos de Geus, Jacob Voorluys e Jan Verschoor partiram para o Brasil, equipados com excelentes informações e um profundo conhecimento de agricultura, criação de gado e fabricação de queijos. O cunhado dos irmãos de Geus, Hendrik Harms, com sua esposa Teuntje de Geus, seguiriam logo após. Hendrik era açougueiro em Enschedé, conhecia todo o tipo de maquinários e era habilidoso carpinteiro, pronto para tudo no novo país. Essas eram as famílias que formaram a vanguarda da colônia holandesa de Carambeí: Vriesman, Verschoor, Harms, Voorluys e de Geus.

Em Carambeí, encontraram alemães, franceses e um belga, a maioria dos quais havia vindo trabalhar na estrada de ferro. Uma vez terminada a construção, voltaram para casa. Os holandeses, entretanto, iriam formar o coração de uma colônia que se tornaria a mais próspera no Brasil. Eles obtiveram permissão de seguir seu próprio caminho: Jacob Voorluys fazia queijos, enquanto os outros compraram onze vacas e um touro.

Sob a fumaça de Rotterdam, um pequeno plantador esfolava-se por uma subsistência mínima. Gerrit Los tinha uma família muito grande — três meninos e duas meninas — e não suportava mais trabalhar como escravo. Não se podia ganhar mais nada na Holanda, pois os mercados estavam saturados e os produtos estavam sendo retirados. Tinha de ir embora, e sua escolha foi o Brasil. Em 1913, juntou-se ao novo assentamento com sua esposa e filhos.

Dez grandes famílias estavam agora dedicadas à colonização, mas as obrigações religiosas tinham de ser lembradas. Os colonos pertenciam a várias igrejas reformadas — Cristãos Reformados, Reformados e "Oud-Een-en-Dertigers" — e todos formaram em perfeita harmonia a Igreja de Cristo. Isso não aconteceu automaticamente: o calvinista batavo-americano William Möller deu uma importante contribuição para essa união.

Foi em 1925 que Gerrit "Opa" Los estabeleceu uma cooperativa de trabalho, de crédito e de consumo. O objetivo da Cooperativa Agropecuária Batavo era servir aos interesses da comunidade e aumentar os lucros dos indivíduos mediante colaboração mútua. Foi construída uma fábrica de laticínios com a capacidade de mil litros de leite por dia. Nem a educação foi esquecida. Isso ficou a cargo do experiente professor Jacob Voorluys. Não se falava português na colônia holandesa. Carambeí era um enclave holandês em mundo estrangeiro. Não antes de 1930 uma escola brasileira seria fundada, na qual a filha de Hendrik Harms trabalhava como professora. As escolas brasileira e holandesa funcionavam no mesmo prédio. As primeiras turmas eram ensinadas em holandês pela senhora Blockhout, que também dava aulas de canto, e em português pela senhora Geralda Harms, enquanto as classes mais adiantadas eram ministradas em holandês pelo mestre. Atualmente, Carambeí tem um jardim de infância, duas escolas primárias e uma escola de gramática, somando um total de novecentos alunos.

A cooperativa tornou-se uma organização gigantesca, com uma fábrica mista de alimentos com capacidade de produção de 5 mil toneladas/mês, um supermercado com faturamento mensal médio de Cr$ 4 milhões, dois postos de gasolina, drogarias, armazéns cerealistas, silos, um engenho de arroz e um departamento de inseminação artificial, no qual são realizadas cinco mil fertilizações por ano. Além disso, a cooperativa trata da manutenção das estradas em volta de Carambeí. O centro de esportes e o prédio do clube também são trabalhos da cooperativa. Em resumo, Carambeí tornou-se uma colônia exemplar, tanto no aspecto técnico, como no social: ainda forma uma grande família que trabalha unida harmoniosamente.

Colônias agrícolas holandesas. Os nomes dos assentamentos de grupos holandeses está sublinhado.

A expansão das colônias

No todo, dez colônias holandesas estabeleceram-se no Brasil: nove no sul e uma no oeste. A colônia católica romana Holambra I — na comunidade de Campinas — e Holambra II — nas comunidades de Itapetininga e Angatuba — no estado de São Paulo; as colônias protestantes de Carambeí, Monte Alegre, Arapoti e Castrolanda, junto à colônia católica romana de Tronco, no estado do Paraná; e, finalmente, a colônia católica romana de Não-Me-

A Fazenda Aart Geus, a maior de Carambeí. Fotografia Ned. Emigratiedienst, Gravenhage.

Toque, no estado do Rio Grande do Sul e Tijuquinhas, próximo à cidade de Florianópolis, no estado de Santa Catarina. A mais jovem colônia é no oeste do Brasil, no estado do Mato Grosso, próximo a Maracaju, onde quinze jovens famílias estabeleceram-se, em 1972. Uma dessas colônias fracassou: Tijuquinhas, construída sobre banhados, precisava de um sistema de drenagem muito caro, que não foi executado. Contudo, observemos mais de perto essas várias colônias.

Holambra I

Foi no verão de 1948 que a Katholieke Nederlandse Boeren en Tuinders Bond — a União dos Agricultores e Verdureiros Católicos da Holanda —, tomou a iniciativa de fundar o assentamento de um grupo católico no Brasil. A esse assentamento foi dado o nome "Holambra" uma abreviação de *Hol*-anda — *Am*-érica — *Bra*-sil. No estado de São Paulo, a União dos Agricultores e Verdureiros Católicos da Holanda encontrou uma área de 5 mil hectares que faziam parte da fazenda Ribeirão com 7 mil hectares de extensão. O governo federal deixou esses 5 mil hectares serem colonizados pelos holandeses e reservou os restantes 2 mil hectares para outras nacionalidades. A terra em questão foi apropriada por 50 famílias e era coberta por mata secundária e por campos, nos quais não era possível a agricultura. A terra foi inicialmente usada para o plantio de café e foi subseqüentemente usada para pastagem de gado.

Em 14 de julho do mesmo ano, quatro holandeses encontravam-se em um solitário ponto do interior do Brasil, no coração da fazenda Ribeirão, localizada no município de Mogi Mirim, próximo ao córrego da Barra da Mata. O grupo era formado por um oficial de emigração, um representante da embaixada real no Brasil, um agricultor e um verdureiro. Enquanto recitavam a prece "Deus abençoe nossos trabalhos", a espada foi fincada no solo e, assim, o desenvolvimento da Fazenda Ribeirão começou. A Holambra funcionaria como cooperativa e, em 1950, deu-se o início à distribuição de tarefas. A meta original era uma cooperativa baseada no modelo israelense: trabalho comunitário segundo o sistema kolkhoz. O começo foi difícil. O solo apresentava problemas, surgiram doenças no gado e a maior parte achava que o sistema kolkhoz era inaceitável. Não podiam ordenhar sua própria vacas e não havia o sistema de propriedade privada. Todos os lucros iam para a cooperativa e os operários tinham de se contentar com um salário estabelecido

Benfeitorias do criatório de suínos de Jan Dijkstra, em Carambeí. Fotografia: senhora Brantjes.

pela cooperativa. A Holambra estava indo mal e uma reorganização era essencial. Um inspetor do governo chegou e tomou algumas medidas radicais. Um comitê de visitação também apareceu e o governo injetou 2,5 milhões de florins no novo assentamento. As medidas impopulares do novo inspetor do governo, senhor C. J. J. Hogenboom, levou muitas famílias a saírem. Em julho de 1951, as primeiras quatro famílias saíram de Holambra, logo seguidas por mais duas, que assentaram-se todas em Não-me-Toque, um nome bem apropriado, a milhares de milhas ao sul, no estado do Rio Grande do Sul.

Não-me-Toque

Essa colônia estava espalhada em uma grande área: o mais distante dos 50 colonos situa-se a 90 milhas de Não-me-Toque. A terra em torno de Panambi e Campo Real consistia de faixas de terras negligenciadas e abandonadas, antigamente propriedade de plantadores de café que mudaram-se para áreas mais férteis, ao norte. Não-me-Toque tornou-se uma próspera colônia que agora cultiva 10 mil hectares de soja e trigo. Agricultura é a principal atividade. Em função de sua estrutura, Não-me-Toque não é uma comunidade fechada. Não tem escola ou igreja próprias e os colonos são parte da sociedade brasileira. Uma condição para o sucesso em Não-me-Toque é saber o português. Instrução religiosa e educação estão nas mãos de padres.

Tronco

Um ano depois da fundação de Não-me-Toque, o assentamento de Tronco veio à luz. Em 1953, nove famílias assentaram-se em uma área de 450 hectares próximo a Carambeí. Eram famílias que não puderam agüentar mais a vida de Holambra. Nesse assentamento, o período inicial foi particularmente duro, mas foi dado amplo apoio pelas colônias das vizinhanças imediatas, Carambeí e Castrolanda. O principal meio de subsistência era a criação de gado leiteiro, cujo leite era vendido para a fábrica de laticínios de Carambeí.

Holambra mais uma vez

Holambra sobreviveu. Hoje, a colônia é formada por 160 famílias, 1.200 almas ao todo. Na vizinhança imediata, situam-se grandes centros consumi-

Colhedores de gladíolos em Holambra I. Fotografia Ned. Emigratiedienst, Gravenhage.

dores que tornaram possível tipos mistos de gerenciamento das terras. Há relativamente pouco gado e o esterco é usado na lavoura. As casas são construídas pelos próprios colonos. Ocupam uma área de colinas que lembra muito Limburg. Todas as casas têm bomba d'água e eletricidade. Garotas brasileiras ajudam nos serviços domésticos. Há uma igreja moderna e a cooperativa assegura-se que bons preços sejam obtidos na produção de ovos, milho, arroz, soja, feijão, mandioca, verduras, batatas, algodão, laranjas e produtos hortícolas. Atualmente, há, também, uma florescente floricultura com grande demanda por tulipas, gladíolos, crisântemos, rosas, lírios, cactos e outras plantas de vaso.

Originalmente, Holambra era um típico exemplo de reserva social. A razão para isso deve ser procurada na estrutura da colônia, em que a comunicação com o mundo externo estava totalmente nas mãos da cooperativa. Conseqüentemente, não havia necessidade dos holandeses aprenderem o português. Mas agora, a situação melhorou e só o português é falado nas reuniões da cooperativa. Com relação ao trabalho, há intensos contatos com a população e 1.800 brasileiros atualmente vivem e trabalham na fazenda. Atividades de grupo, como esportes comunitários, tiram os holandeses de seu isolamento. A velha guarda da colônia, entretanto, é a favor de uma comunidade holandesa fechada. Os jovens pensam ao contrário: falam fluentemente o português e têm amigos brasileiros, enquanto os membros mais velhos da comunidade dificilmente falam a língua local. Sentem-se isolados e quando qualquer coisa dá errado, suspiram e querem voltar para casa. Muitos deles repatriam-se. Os jovens tiveram sua educação secundária e profissional em escolas brasileiras, nas cidades de Campinas ou de São Paulo. São, por conseguinte, bilíngües e, depois de terminarem seus estudos, freqüentemente arranjam emprego na cidade ou em algum outro lugar fora da colônia. Há um profundo conflito de gerações, em Holambra, mas, como resultado da partida dos jovens, os negócios agrícolas hereditários estão diminuindo rapidamente.

Holambra II

A fim de criar uma saída para os jovens que não tinham a chance de começar um negócio próprio — uma vez que as propriedades são herdadas pelo filho mais velho —, um novo assentamento foi fundado, em 1960, e chamado Holambra II. Situa-se a 200 milhas de Holambra. A fundação desse assentamento foi supervisionada pelo serviço de emigração dos católicos romanos, o Katholieke Centrale Emigratie Stichting, Fundação Central de Emigração Católica. Holambra II tornou-se possível graças à assistência financeira combinada da Holanda, dos Estados Unidos e do Brasil. A Fazenda das Posses, com uma superfície de 15 mil hectares, foi comprada. O Banco Interamericano de Desenvolvimento tornou disponível US$ 1,25 milhão para o empreendimento. O empréstimo deveria cobrir um período de 25 anos, a 7% de juros anuais, pagos em moeda brasileira. Os emigrantes receberam condições de crédito facilitadas pois era um "projeto de desenvolvimento" para encorajar a agricultura no Brasil. O projeto está conectado a iniciativas de desenvolvimento lançadas, na época, pelos Estados Unidos na América Latina no programa chamado Aliança para o Progresso. Os americanos ficaram tão profundamente impressionados com a qualidade da agricultura e com a criação de gado pelas colônias holandesas que decidiu apoiar financeiramente Holambra II. As responsabilidades foram distribuídas como segue: A Holanda forneceria famílias, os Estados Unidos cobririam os custos de investimento do projeto e o Brasil entraria com os subsídios suplementares que se fizessem necessários. O nome completo do assentamento era Cooperativa de Imigração e Colonização Holambra. O presidente da cooperativa era o já mencionado senhor Hogenboom, que desempenhou importante papel nos primeiros dias da velha Holambra, ou Holambra I.

Como Holambra II está indo hoje? Sua principal atividade é agricultura: arroz, soja, milho e algodão são plantados para consumo, e girassol é cultivado para a obtenção de sementes. Trezentos e cinqüenta hectares de terra são plantados com macieiras. Trezentos holandeses e 50 suíços vivem lá. Em contraste com Holambra I, o contato com a população é mais intenso. A língua oficial é o português e alguns colonos são casados com esposas portuguesas. Nas escolas, crianças brasileiras e holandesas sentam-se na mesma classe.

Holambra II cobre uma área de 30 mil hectares e parte da terra é arrendada. Constitui-se em centro de desenvolvimento para todas as redondezas: os habitantes não vivem mais em cabanas de barro, mas em casas de tijolo providas de telhas e de eletricidade. Seiscentos brasileiros trabalham na agricultura e na cooperativa. A qualidade da educação é excelente. Na escola primária são ensinados história, geografia, história natural, agronomia, português, francês, inglês, matemática, pedagogia, música e economia. Também são oferecidos cursos grátis, bem como educação elementar para adultos. Apesar do notável cuidado devotado ao desenvolvimento dessa colônia, o interesse em Holambra II tem sido desapontador. As muitas centenas de famílias de emigrantes que eram originalmente esperadas não vieram. As causas foram um decréscimo no interesse de emigração, resultado do aumento da assistência social na Holanda, uma queda nos preços de mercado dos produtos da cooperativa, que inicialmente foram desapontadores, e o baixo crescimento econômico do Brasil.

Os brasileiros que vivem nas vizinhanças compram seus alimentos, os combustíveis e as ferramentas industriais na cooperativa. Uns 5 mil brasileiros são diretamente dependentes desse assentamento. As informações fornecidas pelos agricultores têm contribuído para a melhoria da organização agrícola. O industrialismo dos holandeses tem se mostrado contagioso e agora podemos ver agricultores brasileiros lavrando a noite com a luz de faróis.

Em anos recentes, houve um pequeno acréscimo no interesse pela emigração. Viagens *charter* brotaram como cogumelos. Cada ano uma média de vinte colonos passa suas férias na Holanda e uma grande quantidade de holandeses visita suas famílias no Brasil. No momento, os estudantes da Escola Avançada de Agricultura Tropical, em Denter, ficam um ano praticando na Holambra, enquanto jovens agricultores da Holanda também vêm para cursos de seis meses. Os emigrantes têm de estar preparados para uma nova vida antes de deixarem seus lares. Grande capacidade profissional é necessária em um país onde as condições, econômicas e sociais estão muito atrás vis-à-vis a Holanda.

Monte Alegre

Em 1849, um ano após a fundação da Holambra I, um segundo assentamento calvinista foi fundado no Paraná, próximo à cidade de Monte Alegre. A iniciativa para o assentamento foi tomada por um empreendimento brasileiro, Indústria Klabin do Paraná e de Celulose S.A., que com seus 4.500 empregados possuía assentamentos em Harmonia e Telemaco Borba. Os colonos holandeses assinaram um contrato de 30 anos com esta imensa fábrica de papel e celulose, pelo qual assumiriam o fornecimento de alimentos e, sobretudo, de grãos e de laticínios para os empregados. A agricultura logo mostrou-se um fracasso e os colonos mudaram para a criação de gado. Em 1958, uma fábrica de laticínios foi aberta e o assentamento cresceu para uma comunidade de 26 famílias, com 130 almas ao todo. Foi fundada uma igreja calvinista, de acordo com o artigo 31, e após longa procura um ministro ideal foi encontrado. Contratou-se um brasileiro para tomar conta da escola e uma professora para ensinar economia doméstica. Tudo parecia esplêndido até que os agricultores discordaram, sobre a nomeação de seu ministro para diretor da cooperativa. Uma parte não concordava por acreditar que um ofício espiritual não pode ser combinado com um mundano. A comunidade foi destroçada por brigas e o assentamento acabou.

Castrolanda

No ano da fundação de Monte Alegre, um empregado do Centro de Emigração Cristã, senhor J. C. Biesheuvel, viajou para o Brasil a fim de investigar as possibilidades da emigração. De volta a Holanda, deu algumas palestras, uma das quais foi assistida por um empregado do Centro de Emigração Cristã, em Drenthe, que ouviu tudo muito atentamente. Seu interesse na campanha de recrutamento era particularmente grande pois, há pouco, tinha estado em contato com um grupo de 30 famílias de Drenthe que queria emigrar para o Brasil. O Brasil era a terra de seus sonhos; mais importante ainda, era o único país em que a emigração de grupos ainda era possível. Uma cooperativa chamada Groepsemigratie Brazilië, constituída de 46 membros, foi fundada em 25 de julho de 1951. Eram todos de famílias protestantes e as condições eram de que o grupo se mantivesse em contato no Brasil e que cada membro contribuísse com pelo menos 20 mil florins na forma de bens de capital.

Em setembro do mesmo ano, a cooperativa de Castrolanda foi fundada. O governo brasileiro, juntamente com o governo do estado do Paraná, adiantou um empréstimo. Algumas organizações holandesas, o Ministério das Relações Exteriores, O Ministério dos Assuntos Sociais, o Banco Holandês e o Serviço de Emigração Holandês, todos tomaram parte no projeto. A área deveria ocupar um terreno não muito irregular; os pastos seriam de boa qualidade, nos vales, e o assentamento deveria ficar próximo a Carambeí, que já possuía o mercado necessário para os produtos e a Castrolanda que seria revitalizada, uma vez que o antigo assentamento estava debilitado por casamentos endogâmicos. No fim de outubro de 1951, um grupo de agricultores dessa colônia saiu de Hoogeveen. Todos tinham famílias grandes e não viam chance de uma agricultura lucrativa na Holanda. A colônia deveria criar gado leiteiro e todos os lotes seriam lindeiros, de modo que a comunidade manter-se-ia em permanente contato.

Escolheu-se uma área de 5 mil hectares, boa para 50 famílias. O Serviço de Emigração Holandês encontrou o ponto ideal, na vizinhança de centros consumidores, em um terreno relativamente plano, a menos de 12 milhas de Carambeí. Desde então, a superfície do empreendimento aumentou em 2 mil hectares, abrigando 65 interessados. Há uma escola e um pastor, que veio especialmente da Holanda. Castrolanda é um modelo bem sucedido de emigração de grupos, resultado de uma excelente preparação: a escolha da terra certa, boa organização e uma cuidadosa composição do grupo.

Desde 1957, Carambeí e Castrolanda, e, desde os anos 1960, os outros assentamentos no Brasil, têm sido beneficiados com a possibilidade de assistência técnica oferecida por um *expert* holandês em agricultura, especialmente em relação à organização. Há uma escola para criação de gado leiteiro, na qual os jovens do país podem fazer cursos práticos que duram dois

O centro de Castolanda. Fofografia: Elink Shuurman, 1962.

O alojamento da escola do Instituto Cristão, na saída de Castro, no estado do Paraná.

meses. Próximo à cidade de Castro, há uma escola secundária, que também oferece alojamentos. Em 1967, uma escola agrícola secundária também foi construída.

A questão agora é saber se realmente deu-se o contato desejado entre os membros das colônias de Carambeí e de Castrolanda. A resposta é não. Os colonos de Carambeí acham os colonos de Castrolanda arrogantes e presunçosos, enquanto esses consideram os colonos de Carambeí isolados demais. Com exceção de duas famílias reformadas holandesas, a comunidade de Castrolanda é reformada cristã. A educação é bilíngüe: nos dois primeiros anos, as crianças holandesas recebem aulas ministradas por um professor holandês e, pelos próximos quatro, são ensinados por uma professora brasileira pela manhã, enquanto as lições da tarde são em holandês.

Estudantes holandesas e brasileiros na Escola Agrícola Secundária do Instituto Cristão, Castro.

Vista de Arapoti. Fotografia Ned. Emigra-tiedienst, Gravenhage.

Arapoti

A exemplo de Carambeí, Castrolanda também tornou-se incapaz de receber mais famílias holandesas. Os jovens adultos dessa colônia sentiram necessidade de fundar um negócio próprio em uma nova área. Um empréstimo americano deu-lhes a possibilidade de começar uma nova colônia, no fim dos anos 1950. Em colaboração com o Centro de Emigração Cristã na Holanda, a terra foi comprada próximo a cidade de Arapoti, na Fazenda Bela Manhã. Em 1961, 45 famílias já haviam assentado-se lá, parte das quais veio da Holanda. Um pregador e um professor holandeses foram chamados, e agora vivem em Arapoti 200 holandeses e 800 brasileiros. A área total disponível é de 27 mil hectares, com 50 fazendas de tamanho médio de 250 hectares. A principal atividade é criação de gado. Forragem para gado, milho, arroz, soja e frutas são também cultivadas.

Maracaju

O assentamento mais jovem data de 1972. Situa-se no sertão do Mato Grosso do Sul, próximo à cidade de Maracaju, a 120 milhas da capital, Campo Grande. No momento, lá vivem dezesseis famílias, oito das quais vêm de Castrolanda e do Rio Grande do Sul, enquanto os outros são da Holambra, Não-me-Toque e Tronco. Maracaju tem ruas asfaltadas, conjunto de semáforos e, também, um barzinho. Tem um florescente clube holandês e duas igrejas, uma luterana e uma católica romana. No fim de janeiro de 1982, o décimo aniversário dessa nova colônia foi fartamente celebrado com uma grande churrascada oferecida à população de Maracaju, em agradecimento a sua hospitalidade e a sua ajuda nos últimos dez anos. Um jovem agricultor do Lago Haarlem, que inicialmente passou seis anos no Paraná, é agora o orgulhoso proprietário de 600 hectares de terra arrendada com outros 400 hectares de terra arada de sua propriedade. Os agricultores cultivam arroz, trigo e, acima de tudo, soja. As dezesseis famílias, em torno de 64 almas ao todo, possuem um total de 12 mil hectares de terra. Há muita conversa sobre a

Uma fazenda holandesa em Arapoti. Fotografia Ned. Emigra-tiedienst, Gravenhage.

A escola primária em Arapoti. Fotografia Ned. Emigra-tiedienst, Gravenhage.

chuva e todo o fazendeiro tem um medidor de chuva em sua propriedade. Esse assentamento também funciona em bases do sistema de cooperativas: os agricultores são todos conectados com a cooperativa Cotrijuí, do Rio Grande do Sul. Há grandes planos de construir uma fábrica de processamento de soja própria, de modo que a soja não tenha que ser transportada a Ponta Grossa, a 700 milhas de distância. Também, há planos para a construção de silos, sistemas de secagem e galpões para a estocagem de adubo químico. O Banco do Brasil oferece ajuda e adiantou um empréstimo para a estocagem de 350 sacas de arroz e de soja.

Comunidades fechadas

As colônias holandesas no Brasil são caracterizadas por serem particularmente fechadas, e isso lhes dá grandes vantagens. A técnica agrícola mantém-se atualizada, a coesão do grupo é garantida e leva à ajuda mútua, evitando o isolamento pessoal enquanto dá-se um exemplo que tem influência positiva no agricultores brasileiros.

Holanda-Garafão

Um assentamento ainda não foi discutido: o mais antigo de todos e palco de uma tragédia. É constituído de 50 famílias e está situado 400 milhas ao norte do Rio de Janeiro, na colinas do estado do Espírito Santo. Nos anos de 1850, um grupo de fervorosos calvinistas emigrou para o Brasil, todos pescadores da Zelândia. Na mesma época, várias famílias saíram da Pomerânia para o Brasil, em busca de liberdade e de segurança. Os zelandeses aportaram em Vitória e aventuraram-se para o interior. Chamaram o lugar em que se assentaram Holanda. Logo depois, algumas famílias alemãs juntaram-se a eles. De início, as relações entre holandeses e alemães eram muito tensas por conta das diferenças religiosas, e os zelandeses recusavam-se, terminantemente, a atender os serviços luteranos dos alemães. Mas o tempo cura muitas feridas. A gerações posteriores tinham menos princípios e os zelandeses começaram a ir a igreja como homens de uma fé diferente. Em seus lares, entretanto, viviam sua maneira ortodoxa de vida. Apesar das condições de vida altamente desfavoráveis, a população cresceu a tal ponto que algumas famílias assentaram-se em outro local. A oeste de Holanda, próximo a vila de Garafão, começou um novo assentamento.

A comunidade de Holanda-Garafão não pôde sobreviver. A falta de identidade individual custou-lhes um alto preço. O grupo vivia sem assistência médica, sem conhecimento do português, analfabetos e seriamente subnutridos, em casas sem qualquer conforto, esquecidos e negligenciados. Ao viver muito abaixo do nível mínimo de subsistência, a mortandade era terrível, sem qualquer condição sanitária aceitável, a comunidade devotava toda sua atenção para o além. A terra era trabalhada com a enxada; os outros implementos eram desconhecidos. De início, plantavam café, e depois, mandioca. Ambas lavouras entraram em colapso por causa da competição. Hoje, cultivam-se bananas. A população, entretanto, é totalmente dependente dos atravessadores, os compradores de seus produtos que, com freqüência, deixam-nos profundamente endividados. A língua oficial é o holandês, enquanto um dialeto pomerano é falado com os vizinhos alemães. Os habitantes não têm idéia que a Holanda é um reinado e o Natal é celebrado no dia 5 de dezembro...

O que irá acontecer a esses holandeses, os de Bruines, os Den Hollanders, os Teunissens e os Jansens? A missão da Igreja Reformada na Holanda também fez essa pergunta e medidas foram tomadas: um colaborador da Igreja Luterana foi destacado para o Espírito Santo e faz visitas regulares a Holanda e Garafão. A Zelândia também sentiu-se envolvida nos problemas de seus descendentes no interior do Brasil. Em 1980 alguns zelandeses tomaram a iniciativa de formar uma fundação "Zelândia-Brasil", com o objetivo de ajudar os habitantes da comunidade Holanda-Garafão a melhorar suas condições de vida. Desde então, várias centenas de milhares de florins têm sido usados para construir um centro comunitário em Holanda e para restaurar as casas esfaceladas. Em meio a tão brilhante capítulo da glória holandesa, caracterizado pela coragem, espírito de empreendimento e sucesso de muitas centenas de colonos , Holanda-Garafão é uma mancha negra. Entretanto, os sinais de desgraça foram detectados e a ajuda está a caminho.

Praia da Bahia. Fotografia: Koninkl Inst. V. d. Tropen. Amsterdã.

A famosa praia de Boa Viagem, do Recife, uma das mais lindas praias do Brasil.

Devemos agora perguntar-nos se os emigrantes holandeses deixaram qualquer marca no Brasil, além daquelas estritas ao domínio econômico. Há hoje algum artista trabalhando no Brasil, influenciando sua vida cultural profundamente, como Albert Eckhout ou Frans Post, no Século XVII? É certo que alguns emigrantes holandeses no Brasil chegaram à fama e suas exposições tem um estrondoso sucesso em todo lugar. O pintor Wim van Dijk vive e trabalha em Petrópolis, perto do Rio de Janeiro. Foi educado, antes da Segunda Guerra, em Paris, Rotterdam, Londres, Florença, Atenas e Milão e tornou-se famoso por seus murais de inspiração religiosa. Ele perdeu as duas pernas durante a guerra, mas não perdeu a esperança e emigrou para o Brasil, onde construiu uma vida nova. Sua obra, repleta de um forte sentimento religioso, tem sido freqüentemente exibida na Europa e nos Estados Unidos. Seus temas são derivados da maternidade, do coração e da raiz da vida. "Não sou eu que pinto, mas Deus que move meus pincéis..."

Dorith de Pénasse é uma outra bem conhecida artista holandesa. Ela tinha dezesseis anos quando ela e seus pais holandeses emigraram para o Brasil. Dorith vive com seu marido em Santa Teresa, lindo bairro do Rio de Janeiro, e lá trabalha com pedras preciosas. Sua obra é exibida em numerosas galerias em todo o país.

Nesse ponto, devemos também citar o nome do professor Pietro Bardi, o diretor do Museu de Arte de São Paulo. Nesse museu, a pintura holandesa do século XVII é tida em grande estima. O professor Bardi comprou para o museu pinturas de Frans Hals, Van Gogh, Ruysdael, Hieronymus Bosch, Nicolas Maes e vários trabalhos de Frans Post e, há vinte e cinco anos, fez a aquisição de sua vida quando conseguiu comprar um auto-retrato de Rembrandt, em um leilão em Nova York. A cultura holandesa não poderia desejar um melhor propagandista no Brasil e nenhum museu no país tem colecionado tão extensivamente como o Museu de Arte, pinturas holandesas do século XVII. Pode, conseqüentemente, ser considerado como o brilhante símbolo de um destino que tem ligado a Holanda ao Brasil por séculos. Esse destino foi enfatizado no verão de 1982, quando o Brasil apelou dramaticamente para o governo holandês por uma contribuição financeira para a restauração do antigo palácio do governador na histórica cidade de Olinda, que foi arrasada a escombros pelos holandeses, em 1631. Se o palácio fosse restaurado à sua antiga glória, o prefeito de Olinda, Germano Coelho, o usaria para abrigar um museu histórico com uma seção especial voltada aos holandeses no Brasil. Um simpósio seria organizado sobre a presença holandesa na América Latina e no Caribe. "Nós queremos reconstruir o passado para construir o futuro", disse Coelho. Esse é um plano que deve ser realizado.

Bibliografia

Dr G.van Alphen, *Jan Reeps en zijn onbekende kolonisatiepoging in Zuid-Amerika, 1692*, Van Gorcum & Co.N.V., Assen, 1960.

Mr W.J.van Balen, *Nederland, Portugal en Brazilië*, 1967. Nederlands Voorhoede, p.133 ff. Amsterdam MCMXLI, N.V. Amsterdam Boek- en Courant Maatschappij.

Caspar Barlaeus (and S.P.l'Honoré Naber ed. and transl.), *Nederlandsch-Brazilië onder het bewind van Johan Maurits Grave van Nassau, 1637–1644*, Den Haag 1923.

Batavo-Carambeí, Cooperativa Agro-Pecuária Batavo Ltda; Carambeí-Castro PR, 1978.

Beneficiën voor de soldaten gaende naar Brasil, 1647.

Dr.J.J.van den Besselaar, *Franciscus Plante en zijn 'Mauritias'*, lecture.

M.C.de Boer, *'De Val van Bahia'* in: Tijdschrift voor Geschiedenis, 58, 1943.

E.van den Bogaart, H.R.Hoetink and P.J.P.Whitehead, *Johan Maurits van Nassau-Siegen 1604–1679. A humanist prince in Europe and Brazil*. The Johan Maurits van Nassau-stichting, The Hague 1979.

Dr P.J.Bouman, *Johan Maurits van Nassau, de Braziliaan*, N.V.A. Oosthoek's Uitg.Mij., Utrecht 1947.

Charles R.Boxer, *The Dutch in Brazil 1624–1654*, Clarendon Press, Oxford, 1957.

Brasyls Schuyt-Praetjes ghehouden tusschen een Officier, een Domine en een Coopman noopende den Staet van Brasyl; mede hoe de Officieren en Soldaten tegenwoordich aldaer ghetracteert werden en hoe men placht te leven ten tyde doen de Portogysen noch onder het onverdraeghlijck Iock der Hollanders saten, dit door een onpartydich toe-hoorder gheanooteert, anno 1649

Centraal maandblad nrs. 10, 11 and 12 (1981) and 1-5 (1982).

K.F.van Delden Laërne, *Verslag over de koffiecultuur in Amerika, Azië en Afrika*, Martinus Nijhoff, 's-Gravenhage 1885.

George Edmundson, *'The Dutch on the Amazon and Negro in the 17th century, part I: Dutch trade on the Amazon'* in: The English Historical Review, 18, 1903. *'The Dutch on the Amazon and Negro in the 17th century, part II: Dutch Trade in the basin of the Rio Negro'* in: The English Historical Review, 73, 1904.

Emigratie-actualiteiten, 28 June 1982.

A.N.J.Fabius, *Johan Maurits de Braziliaan – Eeen Stoere Nassauer*. Bruna's Historische Bibliotheek, Utrecht 1915.

Fazenda Ribeirão, de Nederlandse kolonie in Brazilië, Cooperativa Agro-Pecuária Holambra, 1948.

Otto Glaser, *Prinz Johann Morits von Nassau-Siegen und die Niederländischen Kolonien in Brasilien*, Verlag Max Staercke, Berlin 1938.

H.Hack, *'Nederlandse Boeren in Brazilië'*, offprint from Tijdschrift der Nederlandsche Heide-maatschappij, May-September 1960.

Drs.A.G.N.Hildebrandt, *'Zeeuwen in Brazilië'* in: Neerlandia, 3, 1982.

Dr.W.J.van Hoboken, *Witte de With in Brazilië, 1648–1649*, N.V.Noord-Nederlandsche Uitgevers-Maatschappij, Amsterdam 1955.

Hoe en waar boeren de Nederlanders in Brazilië, Nederlandse Emigratiedienst 1974.

Holland-Herald, vol.12, no 1, 1977, *'The Dutch take a bow in Brazil.'*

S.P.l'Honoré Naber, *'Het dagboek van Hendrick Haecxs, lid van den Hoogen Raad van Brazilië 1645–1654'* in: Bijdragen en Mededeelingen van het Historisch Genootschap, 46, 1925, pp.126-311.

S.P.l'Honoré Naber and Irene A.Wright, *Piet Heyn en de Zilvervloot*, Kemink & Zoon, Over den Dom, Utrecht, 1928.

Jan Huygen van Linschoten, *Itinerario ofte Schipvaert naer Oost ofte Portugaals Indien (1579–1592)*, pts.1 and 3, Uitgave Linschoten-Vereeniging, Martinus Nijhoff, 's-Gravenhage, 1910 and 1934.

Journael nopende de Rebellye ende verraderlijcke Desseynen der Portugesen in Brazil voorgekomen, beschreven door een Lief-Hebber die selfs int begin der rebellye daer te lande is gheweest ende aldaer noch is residerende, Arnhem 1647.

Journael van de Reyse van de vlote uyt de Vereenighde Nederlanden na Brasilien vervattende alles 'tgene is voorgevallen..., Amsterdam 1648.

Dr Ir E.G.Kloosterman, *Nederlandse Boeren-emigratie naar Brazilië*, Directie voor de Emigratie, 's-Gravenhage 1969.

Prof.D.Ernst Heinrich Knescke, *Neues Allgemeines Deutsches Adels-lexicon*, 1868.

Kort, bondigh ende warachtigh verhael van 't schandelijck over-geven ende verlaten van de voornaemste conquesten van Brasil, onder de regieringe van de Heeren Wouter van Schoonenburgh president, Hendrick Naecx Hooghen Raedt ende Sigismondus van Schoppe Luytenant Generael over de Militie, 1654 tot Middelburgh, 1655.

Joannes de Laet, *Iaerlyck Verhael van de Verrichtinghen der Geoctroyeerde West-Indische Compagnie, in dertien boecken (1624–1636)*. Uitgave Linschoten-Vereeniging, Martinus Nijhoff, 's-Gravenhage.

Leopold Freiherr von Ledebur, *Adelslexikon des Preussischen Monarchie*, 1878.

Jean de Léry, *Le Voyage au Brésil (1556–1558)*, Payot, 106 Boulevard Saint-Germain, Paris 1927.

D.Los, *Dutch Group Settlement in Brazil*, Albani, 's-Gravenhage 1959.

Op weg naar een nieuwe kolonie, Gereformeerde Emigratie Stichting, Utrecht 1958.

Mauritshuis *Zo wijd De Wereld Strekt*, Stichting Johan Maurits van Nassau, Den Haag 1979.

K.van der Meer, *50 jaar Carambeí, hoe het groeide*, T. Wever, Franeker 1961.

Dr Th.J.Meijer, *'De omstreden nalatenschap van een avontuurlijk geleerde'*, in: Leids Jaarboekje, 1972.

Pierre Moreau, *Klare en Waerachtige beschryving van de leste beroerten ende afval der Portugesen in Brasil*, Amsterdam 1652.

Johan Nieuhof's *Gedenkwaerdige Brasiliaense Zee- en Lant-Reize, behelzende... een wijtloopig verhael der merkwaardigste voorvallen en geschiedenissen die zich geduurende zijn negenjarigh verblijf in Brasil... hebben toegedragen*, Amsterdam 1682.

NRC, 21 August 1982.

Hendrick Ottsen, *Journael van der Reis naar Zuid-Amerika*. Uitgave Linschoten-Vereeniging, Martinus Nijhoff, 's-Gravenhage 1918.

Geoffrey Parker, *The Army of Flanders and The Spanish Road 1567–1659*, Cambridge University Press, 1972.

F.J.G.ten Raa and F.de Bast, *Het Staatsche Leger 1568–1795*, vol.4, Koninklijke Militaire Academie, Breda, 1918.

Ambrosius Richshoffer, *Reise nach Brasilien 1629–1632*. In: *Reisebeschreibungen von Deutschen Beamten und Kriegsleuten in Dienst der Niederländischen West- und Ost Indischen Kompagniën*. Martinus Nijhoff, 's-Gravenhage 1930.

Peter Ringoir, *Verzuymd Brazil*, Bottenburg's Uitgevers-Maatschappij, Amsterdam 1950.

Dierick Ruiters, *Toortse der Zee-vaert 1623*. Uitgave Linschoten-Vereeniging, Martinus Nijhoff, 's-Gravenhage 1913.

Dr C.M.Schulten, *Geschiedenis van Brazilië*, 1500–1889, 1966. *Nederlandse Expansie in Latijns Amerika*, Fibula-Van Dishoeck, Bussum 1968.

Saeckere Naedere Missive gheschreven uyt Brasilien aen een seecker goedt vrindt waer in klaerlick verhaelt wordt het ghevecht hetwelcke tusschen de onse ende de Portugijsen op den 19 April is gheschiedt, 's-Gravenhage 1648.

Paulo Setubal, *Johan Maurits van Nassau*, Wereld-Bibliotheek, Amsterdam 1933.

J.S.da Silva Rosa, *Geschiedenis der Portugese Joden te Amsterdam, 1593–1925*, Menno Hertzberger, Amsterdam 1925.

'Sommier Discours over den Staet van de Noorder delen van Brasil' in: Bijdragen Historisch Genootschap, 2, 1879.

Hans Staden, *Zwei Reisen nach Brasilien 1548–1555*. Bearbeitet von Karl Fouquet, 2e. ergänzte Auflage. Trautvetter & Fischer Nachf. Marburg an der Lahne, 1963.

M.V.Vieira Monteiro, *La colonisation au Brésil*, Bruxelles 1897.

Herman Vuijsje and Jan Roelofsen, *Een Bedelaar op een Bank van Goud; Notities uit Latijns-Amerika: Het Verzuimd Brazil*. Het Wereldvenster, Baarn 1977.

J.C.M.Warnsinck, *Christoffel Artichewsky, Poolsch Krijgsoverste in dienst van de West-Indische Compagnie in Brazilië 1630–1639. Een Proeve tot Eerherstel*, Martinus Nijhoff, 's-Gravenhage 1937. *Van Vlootvoogden en Zeeslagen*, P.N.van Kampen & Zoon N.V., Amsterdam 1940. *Reisen van Nicolaas de Graaff 1639–1687; Vijfde Reise van maart 1650 tot eind 1653 naar de kust van Brasil met 't schip de Dolphijn onder de Heer Admiraal Houtuin*, Uitgave Linschoten-Vereeniging, Den Haag 1930.

Hermann Wätjen, *Das Holländische Kolonialreich in Brasilian: ein Kapittel aus der Kolonialgeschichte des 17. Jahrhunderts*. Den Haag-Gotha 1921.

C.J.M.Wijnen, *Holambra I. Nederlandse boeren in coöperatief verband in Brazilië*, Landbouw Economisch Instituut, 's-Gravenhage 1976. *Holambra II, een groepsvestiging van Nederlandse boeren in Brazilië*, Landbouw Economisch Instituut, 's-Gravenhage 1977.

Dr J.A.Worp, *'Elias Herckmans'* in: Oud Holland, Nieuwe bijdragen voor de geschiedenis der Nederlandse kunst, letterkunde, nijverheid enz., 11, 1893.